汉初藩国文化与文学

魏红星——著

燕山大学出版社
·秦皇岛·

图书在版编目（CIP）数据

汉初藩国文化与文学／魏红星著．—秦皇岛：燕山大学出版社，2021．7
ISBN 978-7-5761-0185-0

Ⅰ．①汉…　Ⅱ．①魏…　Ⅲ．①文化史—研究—中国—汉代　Ⅳ．①K234．03

中国版本图书馆CIP数据核字(2021)第083816号

汉初藩国文化与文学

魏红星　著

出版人：陈　玉
责任编辑：柯亚莉
装帧设计：方志强
出版发行：燕山大学出版社 YANSHAN UNIVERSITY PRESS
地　　址：河北省秦皇岛市河北大街西段438号
邮政编码：066004
电　　话：0335-8387555
印　　刷：中国标准出版社秦皇岛印刷厂
经　　销：全国新华书店

开　　本：710 mm×1000 mm　1/16　**印　　张**：22.75　**字　　数**：280千字
版　　次：2021年7月第1版　**印　　次**：2021年7月第1次印刷
书　　号：ISBN 978-7-5761-0185-0
定　　价：88.00元

本书出版承蒙燕山大学博士基金项目资助，
谨致谢忱！

走在虚与实之间：古代文学研究的必由之路

（代自序）

这本书收录了 2014 年 9 月至 2018 年 6 月我在河北师范大学攻读博士学位期间写下的文字，主要包括博士学位论文和部分文学创作作品。

我很早就感兴趣于春秋战国历史。春秋战国乱世既是平民阶层的地狱，也是思想者的天堂，尽管这天堂里不乏迷惘、挣扎和苦闷的气息。后来我又感兴趣于秦亡汉兴这段历史，并渐渐觉得汉初的文化与文学和春秋战国时期的文化与文学存在着紧密的联系，或者说就本质特征而言，汉初文化与文学其实更接近于先秦文化与文学，而跟汉初以后的汉代文化与文学距离较远。这个现象引起了我的注意和思考，于是我决定以汉初文化与文学为研究的基本范围，以汉初藩国文化与文学为研究的具体切入点，希望通过对汉初藩国文化与文学的比较深入的研究，带动和深化对整个汉初文化与文学的研究。2015 年 12 月，我开始写作《汉初藩国文化与文学研究》这篇博士学位论文，经过近两年的时间终于得以完成。现在，这篇博士学位论文又有幸以著作的面貌出现在读者面前。

读博期间，在构思论文之余，我陆续写下文字近百篇，有诗歌，有散文，还有一篇小说。这些文字，或书写现状或回忆往昔，或叙事或议论，皆如实记录了我在读博期间的生命体验。现在选择其中的56篇附于本书后部，且名之曰“浮云游子意——读博心影选录”。

应该说明的是，我之所以将讲究求实的学术研究与讲究求虚的文学创作归于一书，并非为了故弄玄虚，这实则是我长期以来的一种观念的反映，而本书所含博士学位论文和文学创作作品也正是这一观念支配下的产物。

这种观念就是：学者严肃的学术研究与学者生命体验的不断积累这二者之间应该是而且一定是相辅相成的关系。具体而言，真正的古代文学研究者，一方面务必悉心研究前人的文学作品，另一方面务必自觉进行本体的文学创作。在这个过程中，研究者通过“我者创作”获得明晰的深刻的生命体验，并将这种生命体验有机融入务求言必有据的“他者研究”，从而赋予“他者研究”以鲜活的灵魂和思想的深度，于是最终古代文学研究事实上成了一种虚实相间的学术活动，或者说，走在虚与实之间乃是古代文学研究的必由之路。

对于古代文学研究者而言，生命体验的积累至关重要。只有不断积累生命体验，古代文学研究者才能深切体会前人“为文之用心”。因为前代文学作品是前人生命体验的艺术概括与升华，而前人的生命体验又是与今人息息相通的，即便相隔千年亦是如此，毕竟基本的人性是超越时空的。试想茫茫宇宙间星球的寿命动辄以百万年、千万年乃至亿万年计，如果从宇宙视野观察人类历史长河中的千年之隔，实则宛若地球上的昨日与今日之隔，这弹指一挥的千年间，基本的人性又怎能不息息相通呢？

正因为古往今来基本的人性息息相通，所以古代文学研究者必须重视生命体验的积累，这样做实际上可以有效反哺文学研究，否则研究前人的作品就难免于隔靴搔痒。试问一个没有结过婚甚至没有谈过恋爱的古代文学研究者又怎能切实体会到

《红楼梦》中宝黛爱情的酸甜苦辣呢？人类爱情婚姻生活里的悲欢离合，以及其中所蕴含的种种只可意会而难以言说的微妙情感，古代文学研究者不可能完全通过文本阅读而只可能通过本人的亲身体验才能具体感知。同理，一个没有遭受小人困扰的古代文学研究者又怎能切实体会到《水浒传》中杨志卖刀遇到牛二无理纠缠时的无奈与愤怒呢？古今皆有小人，估计将来也不会绝迹。小人之所以为小人，就在于格局极其狭小、底线极其低下，常为芝麻一点利益而不惜丢掉声誉的西瓜。小人不同于恶人，君子与恶人斗则意义重于泰山，与小人斗则纯属浪费生命。因此中国社会的君子面对小人时往往很是纠结：倘若为芝麻小利与之针尖对麦芒一般地缠斗不休，则不仅大幅度拉低做人的底线，还将直接影响到人生现阶段目标的完成，委实不值；然而倘若置之不理，则不仅旁人不理解，自己也会感觉闹心。我在大学期间偶遇的沈某以及大学毕业后赴武汉工作期间偶识的胡某，就曾让我亲身体验过中国社会长期存在的这种既使人无奈又使人愤怒的“小人困局”——幸而类似于沈某和胡某这样的宵小之徒，在我来到北方后再也不曾遭遇，哪怕是一个也没有。不过现在想想，当初这种无奈与愤怒的生命体验对于我后来理解古代文学作品中君子面对小人时的心态倒也不无裨益。

文学作品是作者生命体验的艺术概括与升华，进行文学创作是古代文学研究者积累生命体验的最好方法。古代文学研究者只有将文学创作日常生活化，才能不断积累生命体验，并将这生命体验有机融入到古代文学研究之中，最终赋予古代文学研究以鲜活的灵魂和思想的深度。古代文学研究者如果忽视甚至鄙弃文学创作，那么其研究将很难深入到文学作品的内在维度，只能在诸如考证、统计等等这些所谓的“实”的方面操劳。诚然，考证、统计等实证研究也非常重要，但充其量仅仅只是古代文学研究的外围而已。这就好比攻击敌方阵地，占领敌方的外围阵地固然可喜，攻下敌方的核心阵地才是真正胜利的标志，而古代文学研究的核心阵地，显然就是揭示古代文学作品中的人情、人性、人物形象，以及人情、人性、人物形象得以生动表现的种种艺术方式。

登山则情满于山，观海则意溢于海，中国古代文学向来充满人文情怀，古代文学研究应该是而且也必然是魅力无穷的，然而现在却有逐渐沦为大众敬而远之的无趣之学的危险。之所以如此，很大程度上是因为古代文学研究者本人缺少文学创作的滋养，缺乏生命体验的积累，无法给予研究对象以义理之火的关照，从而使研究结果缺失鲜活的灵魂和思想的深度。在一些古代文学研究者看来，义理是虚的，考据是实的，做考据工作才是“硬”本领。殊不知古代文学研究的外围不能取代古代文学研究的内核，假若义理不存，则考据即使再全面再精确，也至多只是一堆质量可靠的燃料罢了。

考据工作只是文学研究的基础，探寻义理才是文学研究的出发点和归宿，古代文学研究必须讲究虚实相间，唯有如此，才能得之于心而立之有据。没有文学创作的滋养，没有生命体验的积累，没有义理之火的关照，古代文学研究者很容易沦为一个单调的数据搬运工和整日只知爬故纸堆的无趣者，根本不可能赋予古代文学研究以鲜活的灵魂和思想的深度，不可能让古代文学研究焕发出旺盛的生命力。

没有真性情的文学创作，就没有真性情的古代文学研究，从这个意义上讲，对于那些不将文学创作当作日常生活方式的所谓古代文学研究者，无论其名头多大，我总是情不自禁地表示怀疑。

本书除博士学位论文和“浮云游子意——读博心影选录”之

外，还附录了两幅中国历史地图，即《汉高祖十二年藩国示意图》和《汉景帝前元三年吴楚七国叛乱前藩国示意图》，以方便读者更好地阅读本书。此外附录了鲁迅所著《汉文学史纲要·藩国之文术》一文，以示不忘先生筚路蓝缕之功。最后附录了《论汉初的纵横之儒》和《历史题材电影应准确体现历史的核心文化精神》两篇读博期间所写的论文。《论汉初的纵横之儒》实际上是博士学位论文的组成部分，只是由于篇幅处理等技术原因，博士学位论文无法全部囊括，故特此收录；《历史题材电影应准确体现历史的核心文化精神》谈的虽然是电影，貌似与博士学位论文无关，但其所论"历史的核心文化精神"问题实质上与博士学位论文所论汉初文化文学的核心精神问题是脉络相通的。

是为自序。

2021 年 1 月 7 日于秦皇岛

总　目　录

汉初藩国文化与文学

目　　录

绪　论

一、研究的缘起与意义

先秦文化与文学是中国文化与文学的源头和基石，要想深刻理解中国文化与文学，首先必须深入理解先秦文化与文学。先秦文化与文学的产生当然不可能有一个非常明确的时间起点，但先秦文化与文学的终结时间却是有迹可循的，那就是西汉初期。

汉初文化与文学仍然带有先秦文化与文学自由蓬勃发展的生动气象，它既是先秦文化与文学发展的自然延续，又是先秦文化与文学发展的最后一个历史阶段。至于汉初之后的汉代文化与文学，则无论是作者的主体意识还是作品的美学范式都已经具备了有别于汉初的新的特征。由此可见，汉初文化与文学作为先秦文化与文学不可分割的一个重要组成部分，作为深入理解先秦文化与文学乃至于整个中国古代文化与文学的一个重要节点，确实值得研究者关注。

在汉初文化与文学发展的历史长廊中，非常显著的一个现象就是藩国文化与文学的发生、发展以及衰落，因此要研究汉初文化与文学，就不得不研究汉初藩国文化与文学。通过研究汉初藩国文化与文学，可以更具体更深刻地把握汉初文化与文学的基本状况，从而更好地把握中国古代文化与文学的发展规律。这就是本书研究汉初藩国文化与文学的缘由与意义所在。

二、研究对象的界定

本书所指的“汉初藩国”，当然不是指汉初的全部藩国，而是特指汉初在文化、文学领域取得了突出成就的五个藩国，即楚元王刘交时期的楚国、河间献王刘德时期的河间国、淮南王刘安时期的淮南国、吴王刘濞时期的吴国和梁孝王刘武时期的梁国。

要研究汉初藩国文化与文学，还必须界定“汉初”的起止时间。

中国古代的朝代更替多通过战争的方式进行，人们往往将一个新朝代的开始阶段称为初期。简而言之，所谓的朝代初期就是指一个新朝代逐渐摆脱战乱的影响而重新恢复正常的社会政治秩序、经济秩序和文化秩序的时期。至于一个朝代的初期到底是多长时间，却很难有一个明确的说法。究其原因，一是每个朝代重新恢复社会政治秩序、经济秩序和文化秩序的时间长短不同；二是同一个朝代社会政治秩序、经济秩序和文化秩序这三者的重新恢复有时并不是同时开始同时结束的，存在着或先或后的差异。总之，在界定朝代初期的具体时间时，容易出现由于采用的标准不同而造成界定的结果不同的现象。

一般而言，对于朝代初期的时间界定至少应该包含三个标准，即政治意义上的标准、经济意义上的标准和文化意义上的标准。根据每个朝代的具体情况，这三个标准既可独立使用，也可综合使用。学界对于“初唐诗歌”的时间界定就是这方面的一个典型例子。唐代存在了 290 年（618—907 年），如果以政治基本安定和经济基本复苏为标准，那么所谓的“唐初”就是指唐高祖和唐太宗时期，合计 32 年（618—649 年）；如果以诗歌为代表的文学正处于承前启后的过渡阶段为标准，那么所谓的“初唐文学”以及“初唐诗歌”的起止时间就是指唐高祖到唐睿宗第二次在位的时期，合计 95 年（618—712 年），约占唐代历史的三分之一。故钱锺书云：“诗自有初、盛、中、晚，非世之初、盛、中、晚。”[①]

汉初时间的界定自然也可以采用上述三大标准。长期以来主流学界特别是研究汉初政治和经济的学者对于汉初时间的界定，多偏重于政治和经济意义上的标准。以这样的标准所界定的汉初时间，一般是指汉高祖到汉景帝时期，合计 66 年（前 206—前 141 年）。之所以截止到汉景帝时期，是因为这个时期在吴楚七国之乱被平定后，汉帝国政局基本稳定，经济也得到恢复并开始加快发展[②]，而这正是一个王朝初期阶段即将结束的重要标志。

由于研究对象和研究角度的不同，本书对汉初时间的界定，主要着眼于政治和文化意义上的标准。具体而言，政治和文化意义上的汉初阶段，上自刘邦始为汉王（前 206 年），中经汉惠帝、高后吕雉、汉文帝和汉景帝，下至汉武帝元狩元年（前 122 年），合计 85 年。汉初五大藩王之中，淮南王刘安最后去世[③]，但将汉初时间的界定截止于汉武帝元狩元年，不仅是因为元狩元年是淮南王刘安去世的时间，而且还因为汉武帝在其统治的前

① 钱锺书：《谈艺录》，北京：商务印书馆，2011 年版，第 7 页。

② 汉初 70 年的历史，是社会经济从凋敝走向恢复和发展的历史，也是中央集权逐步战胜地方割据的历史。（田余庆、唐长孺：《大师讲史》中册，北京：中共中央党校出版社，2007 年版，第 6 页）类似的观点还可参见吕思勉所著《中国通史》，天津：天津人民出版社，2014 年版；林剑鸣所著《秦汉史》，上海：上海人民出版社，2003 年版。

③ 楚元王刘交卒于公元前 179 年（汉文帝前元元年），吴王刘濞卒于公元前 154 年（汉景帝前元三年），梁孝王刘武卒于公元前 144 年（汉景帝中元六年），河间献王刘德卒于公元前 130 年（汉武帝元光五年），淮南王刘安卒于公元前 122 年（汉武帝元狩元年）。

期，即元狩元年之前的建元、元光和元朔这18年间①，经过长期不懈的努力，最终使汉帝国形成了中央集权的政治局面和“独尊儒术”的文化局面②，宫廷文学在此期间也最终取代藩国文学成为汉帝国的文学中心。由此可见元狩元年是一个重要的历史节点，它既是汉王朝正式结束初期阶段而迈入鼎盛阶段的历史分水岭，又是汉帝国新官方文化与文学兴起而藩国文化与文学衰落的历史转折点。

综上所述，本书的研究对象就是汉初85年间刘交之楚国、刘德之河间国、刘安之淮南国、刘濞之吴国和刘武之梁国这五个藩国的文化与文学从发生、发展到最终衰落的历史过程。

三、国内外研究现状

有意于将汉初藩国文化与文学作为一个整体进行研究的学者首推鲁迅先生。在《汉文学史纲要》第八篇“藩国之文术”中，鲁迅先生指出汉初出现了五个藩国文化与文学中心：“而当时诸侯王中，则颇有倾心养士，致意于文术者。楚，吴，梁，淮南，河间五王，其尤著者也”③，然后或从学术层面或从文学层面依次介绍了这五个藩国文化与文学中心的代表人物及其主要成就，并作了简要的评论。鲁迅先生关于汉初藩国文化与文学的介绍和

① 汉武帝在位54年（前140—前87年），年号共11个，即建元、元光、元朔、元狩、元鼎、元封、太初、天汉、太始、征和、后元。

② 建元、元光和元朔年间，汉武帝为了推行新儒学以及加强中央集权，先后采取了一系列措施，如建元元年举贤良、议立明堂，建元五年置五经博士；元光元年令郡国举孝廉，采纳董仲舒“罢黜百家、独尊儒术”的建议；元朔二年颁布“推恩令”，元朔五年为博士置弟子员。参见[汉]班固《汉书·武帝纪》，北京：中华书局，2000年版，第111、113、114、115、121、122页。

③ 鲁迅：《汉文学史纲要》，《鲁迅全集》第九卷，北京：人民文学出版社，1981年版，第395页。

评论，是国内这个领域的早期研究成果，具有开拓意义，可惜言之不详。

鲁迅时代的其他学者在学术研究中有时会或多或少涉及汉初藩国文化与文学的相关内容，但都缺乏整体性的关照，如段凌辰《汉志诗赋略广疏》以及钱穆《说苍梧九疑零陵》只是简单提及枚乘、司马相如等人而已[①]。从1949年新中国成立直至20世纪末，对于汉初藩国文化与文学的整体性研究仍然没有引起学者的普遍关注，有关汉初藩国文化与文学的研究仍旧只是围绕司马相如、枚乘等少数经典作家及其作品展开，如刘开扬《论司马相如赋的本原和特点》和步瞻《读枚乘〈七发〉有感》即是其例[②]。这个时期值得一提的是许结所著《汉代文学思想史》一书[③]，该书简要阐述了藩国文学向宫廷文学转化的问题，表现出了比较明确的整体性研究汉初藩国文学的意识。

汉初藩国文化与文学缺乏整体性研究的现象之所以会长期存在，主要原因在于汉初藩国文化与文学的相关文献资料不仅在数量上严重不足，而且其真实性还存在颇多争议，学者在这种情况下做汉初藩国文化与文学的整体性研究，往往难以深入，反之，如果只做其中部分经典作家和作品的研究，则比较容易取得成果。总之，汉初藩国文化与文学的整体性研究难以成为学术热点这一现象的长期存在确实有其必然性。

2002年，曹道衡先生在《关中地区与汉代文学》一文中分析关中地区与汉代文学的关系时指出“汉初藩国文学和学术的兴

---

① 段凌辰：《汉志诗赋略广疏》，《河南大学学报》，1934年第1期。钱穆：《说苍梧九疑零陵》，《齐鲁学报》，1941年第1期。

② 刘开扬：《论司马相如赋的本原和特点》，《文学遗产》，1962年增刊第10辑。步瞻：《读枚乘〈七发〉有感》，《四川大学学报(哲学社会科学版)》，1975年第2期。

③ 许结：《汉代文学思想史》，南京：南京大学出版社，1990年版。

盛是一个颇可研究的对象"[1]，随后在这个学术领域出现了众多研究成果。总体而言，这些研究主要从以下几个角度切入：

一是经典作家及其作品的角度。这个方面司马相如和枚乘受研究者关注度较高，如许志刚《〈子虚赋〉、〈上林赋〉：艺术转型与新范式的确立》和赵逵夫《〈玉台新咏〉所收"枚乘杂诗"作时新探》就分别探讨了司马相如和枚乘相关作品的一些问题[2]。

二是文士团体的角度。这个方面梁孝王文士团体受研究者关注度较高，如卫绍生《梁园之游：文人群体创作活动的始足之旅》以及跃进《梁孝王集团的文学想象》就专门介绍了汉初梁国文学的发展情况和历史影响[3]。

三是汉初藩国文学与学术的角度。这个方面张春生先后发表了一系列研究论文，对汉初藩国文学的相关问题做了有益的探索，如《论汉初藩国文士的文学觉醒》《论汉初经学对藩国文学的渗透》《汉初藩王文学观念的变迁和藩国文学创作》[4]。另外，田永涛《西汉初文学与学术在藩国刍议》更是从文学和学术这两个层面论述了汉初藩国曾经在相当长的时间内居于汉帝国文学和学术中心的历史事实[5]。

综上可见，本世纪初随着学术视野的扩大，关于汉初藩国文

---

① 曹道衡：《关中地区与汉代文学》，《文学遗产》，2002 年第 1 期。

② 许志刚：《〈子虚赋〉、〈上林赋〉：艺术转型与新范式的确立》，《文学遗产》，2005 年第 3 期。赵逵夫：《〈玉台新咏〉所收"枚乘杂诗"作时新探》，《西北师大学报（社会科学版）》，2010 年第 4 期。

③ 卫绍生：《梁园之游：文人群体创作活动的始足之旅》，《河南教育学院学报（哲学社会科学版）》，2006 年第 2 期。跃进：《梁孝王集团的文学想象》，《深圳大学学报（人文社会科学版）》，2008 年第 1 期。

④ 李乃龙、张春生：《论汉初藩国文士的文学觉醒》，《临沂师范学院学报》，2008 年第 4 期。张春生：《论汉初经学对藩国文学的渗透》，《萍乡高等专科学校学报》，2009 年第 2 期。张春生：《汉初藩王文学观念的变迁和藩国文学创作》，《常熟理工学院学报》，2009 年第 3 期。

⑤ 田永涛：《西汉初文学与学术在藩国刍议》，《中州学刊》，2014 年第 10 期。

化与文学的研究不仅得到学者的重视，而且研究的整体性特点也变得愈来愈明显。

这个时期比较注意从整体上关照汉初藩国文化与文学的研究成果不仅出现在学术期刊中，还出现在一些博士学位论文以及学术专著的部分章节中。程世和《汉初士风与汉初文学》第三章"藩府士人群体的出现与辞赋创作之风的兴起"论述了汉初河间经学、淮南国文学以及吴梁两国士人群体的精神转型等问题①；刘秀慧《〈淮南子〉与汉初文学》第三章分别从思想内容和艺术风格的角度论述了汉初藩国散文"对治国政治理想的构建"及其"情感充沛、自由浪漫"的特点②；尧荣芝《两汉文学地域性研究》第五章"汉初藩国文学"论述了汉初藩国文学兴衰的深层原因以及藩国文学的价值和意义，并重点研究了梁国文学的发展情况③。学术专著中比较有代表性的则有卞孝萱、王琳所著《两汉文学》一书，该书第一编"两汉辞赋"的第一章"西汉初期辞赋"专设一节评述枚乘等藩国文人的赋体创作，第三编"两汉散文"的第一章"西汉初期散文"专设一节评述刘安等藩国君臣的散文创作④。

国外有关汉初藩国文化与文学的研究多在汉代文学研究的名义下进行，而且一般都是按照文体进行分类研究，缺乏汉初藩国文化与文学整体性研究的自觉意识，例如颇具代表性的《剑桥中国文学史》即是如此⑤。不过美国学者康达维《汉代宫廷文学

① 程世和：《汉初士风与汉初文学》，苏州大学2001年博士学位论文。

② 刘秀慧：《〈淮南子〉与汉初文学》，陕西师范大学2011年博士学位论文。

③ 尧荣芝：《两汉文学地域性研究》，四川师范大学2012年博士学位论文。

④ 卞孝萱、王琳：《两汉文学》，合肥：安徽教育出版社，2001年版。

⑤ ［美国］孙康宜、宇文所安：《剑桥中国文学史》（刘倩等译），北京：三联书店，2013年版。

与文化之探微》一书却值得注意[1]，该书论述了西汉的宫廷文学、汉武帝与文学的关系以及《西京杂记》所记载的梁园文士辞赋等问题，已经初步认识到汉帝国宫廷文学与汉初藩国文学之间存在着密切的联系。

综上所述，自鲁迅以来，对于汉初藩国文化与文学这个问题的研究虽然在不断取得进展，而且整体性研究的意识也在明显增强，但遗憾的是这种整体性研究的广度和深度仍显不够，因此现阶段很有必要将这一研究进一步引向深入。

四、研究内容、思路和方法

（一）研究内容

本书以汉初社会为背景，论述了汉初 85 年间藩国文化与文学从发生、发展到最终衰落的历史过程。全书内容分为五章：

第一章论述了汉初的政体与士阶层，为后文论述藩国文化与文学提供一个宏观的历史文化背景。汉初形成的郡国制政体导致了中央政权与地方藩国之间的尖锐矛盾，这种矛盾深刻影响了汉初藩国文化与文学的基本走向。由于郡国制政体的存在，战国时期的纵横风气在汉初士人群体中得以复兴，士阶层内部也由此发生分化，特别是儒士群体内部明显出现了醇儒与纵横之儒的分化，再加上汉武帝前期崛起的贤良之儒，最终汉初儒士群体分化为醇儒、纵横之儒和贤良之儒这三个阶层，并进而影响到汉初藩国文化与文学的基本面貌。本章涉及的问题主要有：郡国制及其内在矛盾，传统分封观念的延续与实践，中央集

① ［美国］康达维：《汉代宫廷文学与文化之探微》（苏瑞隆译），上海：上海译文出版社，2013 年版。

权与藩国分权的尖锐矛盾；士人纵横之风的复兴与儒士群体的内部分化，纵横风气影响下的策士、儒士和文士，醇儒、纵横之儒和贤良之儒的历史地位变迁。

第二章论述了汉初楚国和河间国的醇儒之学。楚元王刘交在位期间，楚国的醇儒之学主要以《诗经》的传授为中心；河间献王刘德在位期间，河间国的醇儒之学主要以先秦儒家六艺的搜集、整理和传授为中心，并且形成了“修学好古，实事求是”的良好学风。楚元王刘交醇儒学术团体和河间献王刘德醇儒学术团体是汉初两个著名的传承先秦儒学的学术团体，对后世产生了深远的影响。本章涉及的问题主要有：楚国的醇儒之学，以《诗经》传授为中心的楚元王刘交醇儒学术团体，以醇儒之学为安身立命基石的西汉楚元王世家；河间国的醇儒之学，河间献王刘德的品格，河间献王刘德醇儒学术团体对先秦儒家六艺的搜集、整理和传授，河间献王刘德醇儒学术团体“修学好古，实事求是”的学风。

第三章论述了汉初淮南国的道家之学和文学。淮南国是汉初颇有名气的道家学术中心和文学活动热点地区。淮南国两代国君刘长和刘安均遭遇悲剧性的人生命运，这对于淮南国道家之学和文学的发展有着直接和间接的影响。《淮南子》是淮南国道家之学发展的结晶，传承了先秦老学以道治国的思想和先秦庄学超越生存焦虑的策略。以刘安为首的淮南国文士团体的文学创作以作赋为主，刘安的《离骚传》使屈原第一次成为中国文学批评史的重要对象，这是刘安对于中国文学和文化的重大贡献。本章涉及的问题主要有：两代淮南王的悲剧命运，淮南厉王刘长的偏执型人格障碍与悲剧命运，淮南王刘安的焦虑性生存状态与悲剧命运；淮南王刘安道家学术团体，《淮南子》对先秦老学以道治国思想和先秦庄学超越生存焦虑策略的传承；淮南王刘安文士团体及其文学创作，屈原作为文学批评对象的被发现与被利用。

第四章论述了汉初吴国和梁国的文学。吴王刘濞和梁孝王刘武为士人群体提供了比较有利的文化环境和文学创作空间。吴国文学的成就主要表现为策士之文的写作。邹阳、枚乘、严忌等著名士人由吴入梁后，梁国文学出现了高度繁荣的景象，在骚体赋、咏物小赋、散体大赋和散文等文体的创作上均有收获。梁孝王刘武文士团体是汉初文学色彩最浓、文学成就最高的藩国文学创作团体，对后世影响极大。本章涉及的问题主要有：吴梁两国藩王的个性心理特征与吴国的策士之文，吴王刘濞宽柔与强硬并存的个性心理特征，梁孝王刘武野心与虚荣心交织的个性心理特征；士人由吴入梁后从策士到文士的身份转型；梁孝王文士团体的主要成员及其文学创作。

第五章论述了汉武帝前期新官方文化文学的兴起与藩国文化文学的衰落。为了构建“大一统”的国家思想意识体系，雄才大略的汉武帝采纳了董仲舒“罢黜百家，独尊儒术”的建议，在全国积极推行新儒学，于是汉初颇具影响力的河间国醇儒之学和淮南国道家之学开始走向衰落。与此同时，为了构建“大一统”的国家形象传播体系，汉武帝将散体大赋作为有效传播汉帝国“大一统”国家形象的重要工具，而且大力奖掖天下文士以组建宫廷作家群。以散体大赋为创作重心的宫廷文学开始兴起并日益走向繁荣，成为汉帝国新的文学中心，而藩国文学则由此走向衰落。本章涉及的问题主要有：“独尊儒术”对于构建“大一统”国家思想意识体系的政治文化意义，河间献王死因传闻背后所折射出的醇儒之学与新儒学的矛盾，汉帝国新儒学的兴起与藩国醇儒之学的衰落；构建“大一统”国家形象传播体系的历史必然，骚体创作范式的文体局限，作为国家形象传播工具的散体大赋，文学中心从藩国向宫廷的转移，汉帝国新宫廷文学的兴起与藩国文学的衰落。

（二）研究思路

本书首先论述汉初的政体与士阶层，以便为后文论述汉初藩国文化与文学提供一个宏观的历史文化背景。然后论述汉初楚国和河间国醇儒之学的基本情况，注意比较两国儒学研究的相同之处和不同之处。其次论述汉初淮南国道家之学和文学的基本情况，注意分析淮南厉王刘长和淮南王刘安遭遇悲剧性命运的原因，以及这种悲剧性命运对于淮南国道家之学和文学发展的客观影响。再次论述汉初吴国文学和梁国文学的基本情况，重点介绍汉初藩国文学创作成就最高的梁国文学。最后论述汉武帝前期帝国新官方文化与文学之所以兴起的原因，以及由此导致的汉初藩国文化与文学的衰落。

全书总体上按照先论述汉初藩国文化再论述汉初藩国文学的逻辑顺序进行写作，其中汉初藩国文化的论述范围包括汉初楚国和河间国的醇儒之学以及淮南国的道家之学，汉初藩国文学的论述范围包括汉初淮南国、吴国和梁国的文学。

（三）研究方法

1. 文献学和文艺学的研究方法。在研究汉初藩国文化与文学时，对相关文化典籍与文学作品进行梳理、考辨和归纳，以尽可能接近历史的原貌。另外，对相关文学作品进行一定程度的解读，通过分析其思想内容和艺术特色切实体现汉初藩国文学所取得的成就。

2. 心理学的研究方法。中国古代尤其是秦汉时期的文化典籍与文学作品常常关注历史人物的语言描写和行为描写，对于心理活动的描写则极不重视，因此研究者往往无法通过文献资料直接了解和把握历史人物的个性心理特征。但是，历史人物的个性心理特征却肯定是客观存在的，并且研究者完全能够在一定程度上通过历史人物的相关语言描写和行为描写了解和把握历史人物的个性心理特征。在研究汉初藩国文化与文学时，可以而且必须对相关历史人物进行心理学方面的分析，以便更深入地认识相关文化与文学现象。

3. 传播学的研究方法。中国社会自古以来就重视传播，远古时期的歌谣就是最早的口语传播方式。文字发明以后，传播的方式和对象更是日益多样化，传播的文化意义和政治意义也日益受到人们的重视。在研究汉初藩国文化与文学时，可以而且必须从传播学的角度认识相关文化与文学现象。

4. 文化、文学与社会政治、经济综合研究法。文化与文学的发展和社会政治、经济的发展有着紧密的联系，或者说文化与文学的发展脱离不了社会政治环境和经济环境的制约，汉初藩国文化与文学亦不例外。在研究汉初藩国文化与文学时，可以而且必须结合汉初社会的政治状况和经济状况，从而以更宽广的视野深刻认识相关文化与文学现象。

第一章　汉初的政体与士阶层

政体即国家政权的组织方式。刘邦统一中国后，出于现实政治的需要，在全国范围内确立了分封制与郡县制相结合的政体。汉初的这种郡国制政体虽然给藩国创造了文化与文学自由发展的广阔空间，但也妨碍了藩王对于汉帝国中央政权"大一统"政治认同的形成。同时，由于历史的惯性，汉初士人普遍受到先秦纵横风气的浸染。汉初士人的这种纵横风气不仅导致了士人群体的内部分化，也妨碍了藩国士人对于汉帝国中央政权"大一统"文化认同的形成。汉初郡国制政体以及汉初士阶层的上述特点，既是汉初藩国文化与文学从发生、发展到衰落的历史文化背景，也是汉初藩国文化与文学的重要表现对象。因此，研究汉初藩国文化与文学，首先必须了解汉初郡国制政体和士阶层的基本情况。

第一节　郡国制及其内在矛盾

汉初延续并实践了先秦传统的分封观念。汉初郡国制政体的出现，符合汉初社会的思想认识水平，有其历史必然性与合理性。但是，这种郡国制政体最终也必将导致汉帝国中央政权与地方藩国之间产生集权与分权的尖锐矛盾。

一　传统分封观念的延续与实践

“自殷以前，天子诸侯君臣之分未定也。……盖诸侯之于天子，犹后世诸侯之于盟主，未有君臣之分也”①，从传说中的五帝时期直至商代，中国古代社会都是以邦联式的松散统一体形式存在着，天子只是名义上的天下之主，对于方国的影响力极其有限。周武王灭商，创造了以小国灭大邦的奇迹，同时也面临着一个艰巨的时代课题，那就是如何稳固势力尚不足以覆盖全天下的周王室的统治地位。最终，西周统治集团决定采取“封建亲戚，以蕃屏周”的方式控制天下②，从而创造性地发明了宗法分封制这样一种崭新的国家政体。这种政体，以血缘关系为纽带，以等级制度为基础，形成了尊卑有序、各负其责的宗法体系，也即是所谓的“天子建国，诸侯立家，卿置侧室，大夫有贰宗，士有隶子弟，庶人工商，各有分亲，皆有等衰”③。

西周三百年间，“礼乐征伐自天子出”，诸侯国大都能衷心拥护周王室的统治，西周王朝不仅政局长期稳定，而且经济获得了长远发展，文化也取得了辉煌成就，并给后世留下了“郁郁乎文哉”的美好想象。应该说，周初形成的这种分封制度在很长一段历史时期里确实起到了巩固周王室统治地位以及安定天下的作用，是周人关于国家政体设计方面的划时代贡献，对后世影响极为深远。但是，到了东周时期，由于各诸侯国之间社会发展水平的严重不平衡，诸侯国的国力出现了两极分化的现象。一些强大的诸侯国自恃国力雄厚而竞相争霸中原，甚至藐视周王室的存在。这种“礼乐征伐自诸侯出”的现象严重影响到天下的安

---

① 王国维：《观堂集林》，北京：中华书局，1959 年版，第 466—467 页。按：本书引文中所涉及的繁体字、异体字、类推简化字等，引用时均改为规范汉字。

② 《春秋左传正义》，《十三经注疏》，北京：中华书局，1980 年版，第 1817 页。

③ 《春秋左传正义》，《十三经注疏》，北京：中华书局，1980 年版，第 1744 页。

定，不仅使周王室与诸侯国以及各诸侯国之间产生了大量矛盾，而且给生活在社会底层的广大平民和奴隶带来了很大灾难。东周五百多年的混乱局面，充分揭示了分封制度的一个深刻弊端，那就是作为天下共主的王室如果失去了经济上和文化上的主导权，那么最终也必将失去政治上的控制权，尽管这种控制权是建立在似乎牢不可破的宗法血缘关系基础上的。

秦统一天下以后，史无前例地在全国推行郡县制以加强中央集权。秦王朝废除传统分封制而实施郡县制，其原因大致有三：一是秦统治者长期奉行的是法家而不是儒家的治国主张，法家的治国主张不是立足于"温情脉脉"的宗法血缘关系基础之上，而是立足于以严刑峻法为手段加强中央集权的基础之上；二是秦王朝最高统治集团吸取了东周实行分封制从而造成社会分裂的历史教训，认识到传统的宗法分封制只可能在一定程度上起到辅弼中央政权的作用，从长远观点看，这种宗法分封制必然会妨碍中央集权的实现；三是秦始皇本人拥有无上的政治权力和极高的政治声望，再加上秦王朝最高统治集团拥有丰富的政治经验和政治资源，根本不需要依靠分封同姓子弟建立藩国这种传统方式维持对各地的统治。然而即便如此，在秦王朝内部仍然出现了反对郡县制恢复分封制的呼声：

> 始皇置酒咸阳宫，博士七十人前为寿。仆射周青臣进颂曰："他时秦地不过千里，赖陛下神灵明圣，平定海内，放逐蛮夷，日月所照，莫不宾服。以诸侯为郡县，人人自安乐，无战争之患，传之万世。自上古不及陛下威德。"始皇悦。博士齐人淳于越进曰："臣闻殷周之王千余岁，封子弟功臣，自为枝辅。今陛下有海内，而子弟为匹夫，卒有田常、六卿之臣，无辅拂，何以相救哉？事不师古而能长久者，非所闻

也。今青臣又面谀以重陛下之过,非忠臣。”[1]

虽然秦始皇断然拒绝了实行分封制的建议,但秦亡汉兴之际,分封制的历史影响依然普遍存在于人们心中。如项羽推翻暴秦后立即分封多人为王[2],再如韩信攻占齐地后立刻请求刘邦封自己为齐王[3]。此外,人们还经常将成败的结果归因于是否实行了分封制,如高起、王陵认为刘邦成功而项羽失败的原因并不在于二者人品的优劣,而在于刘邦分封功臣很慷慨而项羽却很吝啬:

> 陛下慢而侮人,项羽仁而爱人。然陛下使人攻城略地,所降下者因以予之,与天下同利也。项羽妒贤嫉能,有功者害之,贤者疑之,战胜而不予人功,得地而不予人利,此所以失天下也。[4]

正因为传统分封观念仍然具有不可低估的历史影响力,所以早在楚汉相争之时,刘邦为了拉拢各地方实力派齐心合力击败项羽,就开始分封异姓为王,韩王信、赵王张耳、齐王韩信和淮南王英布即是如此[5]。汉高祖五年,刘邦登上皇帝宝座,正式确认了汉王朝七个异姓诸侯国的存在:

---

① [汉]司马迁:《史记·秦始皇本纪》,北京:中华书局,2000年版,第180—181页。

② [汉]司马迁:《史记·项羽本纪》,北京:中华书局,2000年版,第224页。

③ [汉]司马迁:《史记·淮阴侯列传》,北京:中华书局,2000年版,第2033页。

④ [汉]司马迁:《史记·高祖本纪》,北京:中华书局,2000年版,第268页。

⑤ [汉]司马迁:《史记·高祖本纪》,北京:中华书局,2000年版,第261、263、265、266页。

诸侯国	诸侯王	所据资料
韩	韩王信	《史记·高祖本纪》
淮南	英布	《史记·高祖本纪》
赵	张敖	《史记·高祖本纪》
楚	韩信	《史记·高祖本纪》
梁	彭越	《史记·高祖本纪》
长沙	吴芮	《史记·高祖本纪》
燕	臧荼	《史记·高祖本纪》

刘邦来自草根阶层，虽成功夺取天下，却没有做好治理天下的充分准备，他手下的文臣武将又多出身寒微、素养低下[①]，另外七个异姓诸侯王雄踞一方、虎视眈眈，而且地方叛乱时有发生，再加上全面实施郡县制的秦王朝的结局很是凄惨，所有这些因素都决定了刘邦不可能在全国范围内推行郡县制，他必须采取逐步消灭异姓王同时分封同姓王的方式大力巩固执政基础薄弱、执政经验贫乏的刘氏政权。

于是，从汉高祖五年(前 202 年)至十二年，刘邦通过各种手段先后铲除了除长沙王吴芮之外的六个异姓诸侯王：汉高祖五年，燕王臧荼谋反，刘邦带兵征讨，虏臧荼而立卢绾为燕王；汉高祖六年，刘邦借口楚王韩信欲反而贬之为淮阴侯；汉高祖七年，刘邦带兵攻打谋反的韩王信，韩王信亡走匈奴；汉高祖九年，因赵相贯高谋弑刘邦事发，赵王张敖被废为宣平侯；汉高祖十一年，刘邦以谋反罪名逮捕梁王彭越，后又亲自带兵镇压谋反的淮南王英布；汉高祖十二年，刘邦以卢绾有反端派樊哙和周勃带兵攻击，卢绾后来亡入匈奴。

① [汉]司马迁《史记·刘敬叔孙通列传》："群臣饮酒争功，醉或妄呼，拔剑击柱，高帝患之。"(北京：中华书局，2000 年版，第 2101 页)

在陆续铲除异姓诸侯王的同时，刘邦又大封血缘关系最亲近的刘氏子弟为王：次兄刘仲被封为代王，弟弟刘交被封为楚王，从父兄刘贾被封为荆王，侄子刘濞被封为吴王；八个儿子中除太子刘盈之外的其余七子亦全部封王，即刘肥为齐王，刘如意为赵王，刘恒为代王，刘恢为梁王，刘友为淮阳王，刘长为淮南王，刘建为燕王①。这期间又经过不断的调整，至汉高祖十二年，汉帝国最终形成了十个藩国并存的局面：

诸侯国	诸侯王	始封时间	所据资料
长沙	吴芮	高祖五年	《史记·高祖本纪》
楚	刘交(刘邦之弟)	高祖六年	《史记·高祖本纪》
齐	刘肥(刘邦之子)	高祖六年	《史记·高祖本纪》
赵	刘如意(刘邦之子)	高祖九年	《汉书·高帝纪》
代	刘恒(刘邦之子)	高祖十一年	《史记·高祖本纪》
梁	刘恢(刘邦之子)	高祖十一年	《史记·高祖本纪》
淮阳	刘友(刘邦之子)	高祖十一年	《史记·高祖本纪》
淮南	刘长(刘邦之子)	高祖十一年	《史记·高祖本纪》
吴	刘濞(刘邦之侄)	高祖十二年	《史记·高祖本纪》
燕	刘建(刘邦之子)	高祖十二年	《史记·高祖本纪》

刘邦死后，汉初历代最高统治者继续推行建藩的政策，先后分封了诸多王国，其大致情形如下：汉惠帝和高后吕雉期间，刘氏藩王被打压，异姓藩王增多，至高后末年，汉帝国藩国总数为14个；汉文帝接受贾谊的建议，一方面分封亲子为王以牵制其他关系不太亲近的藩王，另一方面采取切分藩国的方法以削弱其实力，至文帝后期，汉帝国藩国总数为17个；汉景帝继续实行分封亲子并削弱现存藩国的政策，至中元六年(前144年)，汉帝

① 汉高祖期间部分藩国所立藩王有时会有变化，此处仅介绍大致的情况。

国出现了藩国总数为25个的最高值(这也是西汉藩国总数最多的年份);汉武帝元朔二年(前127年)采纳主父偃的建议颁布"推恩令",至元狩元年(前122年),汉帝国藩国总数为17个①。

总之,自从刘邦消灭六个异姓诸侯王并与群臣约定"非刘氏而王,天下共击之"②以后,刘氏藩国构成了汉初藩国的主体。这些藩国不仅数量众多,而且实力不容小觑,并渐渐形成了尾大不掉之势,最终不可避免地与汉帝国中央政权之间产生了分权与集权的矛盾。

二 中央集权与藩国分权的尖锐矛盾

汉初并没有全面沿袭周代分封制,而是分封制与郡县制兼而有之,这正是中央集权之时代要求的必然反映。战国时期产生的以法家学派为代表的相关思想理论,以及春秋战国五百多年的混乱局面,从正反两个方面促进了中央集权观念的产生。"天下必有天子,所以一之也。……一则治,两则乱"③,战国末期,天下必须一统、中央集权必须加强已经成为人心之所向、大势之所趋,因此从这个意义上讲,汉高祖时期形成的郡国制政体,实际上是旧有分封传统与新的中央集权时代要求之间相互妥协的产物。

但这种妥协只是暂时的,它迟早会被其中蕴含的矛盾打破。这种矛盾主要表现为:一方面,对于中央政权而言,被分封的刘氏藩国虽然确实能够在某种程度上起到"镇抚四海""承卫天子"的作用④,但是如果这些藩国与中央政权的关系不是建立在"大

① 本段有关汉初藩国数量的统计数字出自周振鹤所著《西汉政区地理》,北京:商务印书馆,2017年版,第12、14、16页。

② [汉]司马迁:《史记·吕太后本纪》,北京:中华书局,2000年版,第282页。

③ 《吕氏春秋》,《诸子集成》第六册,北京:中华书局,1954年版,第214页。

④ [汉]司马迁《史记·汉兴以来诸侯王年表》:"天下初定,骨肉同姓少,故广强庶孽,以镇抚四海,用承卫天子也。"(北京:中华书局,2000年版,第681页)

一统”政治认同的坚实基础上，那么中央政权的权威甚至安全必然会面临来自藩国的威胁；另一方面，对于地方藩国而言，由于实行中央集权制已经成为社会发展的大趋势，所以作为地方政权的藩国必然会面临来自中央政权的提防甚至打压，藩国的生存环境也必将变得越来越窘迫、越来越恶劣。

汉初中央政权与地方藩国之间这种集权与分权的尖锐矛盾在现实政治中具体表现为控制与反控制的斗争，斗争的主导方不是地方藩国，而是中央政权，最终这场斗争以藩国失败而宣告结束。汉初中央政权与地方藩国之间这种控制与反控制的斗争有一个渐进的发展过程，其大致情况如下：

汉高祖在位期间，采取了放任刘氏藩王发展的政策，主要原因在于当时天下刚刚统一，刘氏子弟数量稀少且受封领域一般较大，所以必须鼓励刘氏藩王尽其所能地巩固对于各自封地的统治，以减轻中央政权的治理压力。此外，除了刘仲、刘交、刘贾和刘濞，刘氏藩王大多年龄幼小，还没有形成自己的私人势力，也还未产生政治野心，因此刘邦并不认为这些藩国的发展能对中央政权的安全构成威胁。至于刘仲，早已于汉高祖七年被贬为合阳侯，其人平庸而不足为虑；刘贾则于汉高祖十一年被反叛的淮南王黥布所杀；楚元王刘交因其一心好儒、致力于学术，也不会引起刘邦的顾忌。刘氏藩王之中唯一不让刘邦放心的是“年二十，有气力”的吴王刘濞，但刘邦正当用人之际，所以仅仅只是口头警告刘濞“慎无反”之后了事。刘邦放任刘氏藩王发展的一个重要措施是允许藩国拥有赋权以及藩国内几乎所有高级官员的任免权，这事实上就让这些刘氏藩国处于近乎独立的地位：“高祖时诸侯皆赋，得自除内史以下，汉独为置丞相，黄金印。

诸侯自除御史、廷尉正、博士，拟于天子”[①]，“以海内初定，子弟少，激秦孤立亡藩辅，故大封同姓，以填天下。时诸侯得自除御史大夫群卿以下众官，如汉朝，汉独为置丞相”[②]。

汉惠帝和高后时期，大权在握的吕雉采取了积极扶持吕氏子弟而肆意打压刘氏藩王的政策，“听诸吕擅废高帝所立，又杀三赵王，灭梁、燕、赵以王诸吕，分齐国为四”[③]。这个时期的刘氏藩国遭受沉重的打击，以致高后八年，刘邦在位末期的九个刘氏藩国只剩下五个，即刘交之楚国、刘襄之齐国、刘恒之代国、刘长之淮南国和刘濞之吴国。

吕雉死后，诸吕势力被清除，大臣谋立新君时，首先以“母家恶”的理由排除了实力很强且有称帝愿望的齐王刘襄，然后又排除了年少且“母家又恶”的淮南王刘长，最终决定拥立“仁孝宽厚”、母家“谨良”的代王刘恒。汉文帝刘恒以庶子身份幸运获得帝位时，执政基础相当薄弱：一方面以陈平、周勃为代表的军功集团仍旧具有很强的政治影响力，另一方面以齐王刘襄及其弟朱虚侯刘章和东牟侯刘兴居为代表的地方势力因争夺帝位失败而心怀不满。为了巩固统治地位，刘恒一方面重赏陈平、周勃和灌婴等拥立功臣，任命陈平为左丞相，周勃为右丞相，灌婴为太尉，另一方面恢复了刘氏赵国和刘氏燕国，并将吕后当政期间所夺取的齐楚两国的部分地盘分别归还两国，还分封了朱虚侯刘章、东牟侯刘兴居等一批新的刘氏藩王。刘恒的这些举措确实有利于天下的安定，但也使藩国势力开始坐大。汉文帝前元三年(前 177 年)，济北王刘兴居率先谋反，开汉初刘氏藩国反叛之先河。汉文帝前元六年，又发生淮南厉王刘长谋反之事。于是

① [汉]司马迁：《史记·五宗世家》，北京：中华书局，2000 年版，第 1674 页。
② [汉]班固：《汉书·高五王传》，北京：中华书局，2000 年版，第 1551 页。
③ [汉]司马迁：《史记·齐悼惠王世家》，北京：中华书局，2000 年版，第 1603 页。

汉文帝决定接受贾谊“众建诸侯而少其力”的主张以加强中央集权[①]，一些刘氏藩国因而被切分为多个藩国，整体实力大为削弱，如汉文帝前元十六年将原淮南国故地一分为三，分别封淮南厉王刘长的三子刘安、刘勃和刘赐为淮南王、衡山王和庐江王就是其中一个典型的例子[②]。但是从总体上看，汉文帝当政期间对刘氏藩国还是采取了怀柔为主的政策，因此这个时期中央集权与藩国分权的尖锐矛盾并没有从根本上得到解决。

汉景帝即位之初，听取晁错的建议，开始改变汉文帝的怀柔政策，加紧削弱刘氏藩国，结果很快导致吴楚七国之乱的爆发。七国之乱事起仓促，汉帝国中央政权一时之间颇为被动，便杀掉晁错以求平息战祸，但仍然无济于事，不过这反而又坚定了汉景帝武装平叛的决心。在周亚夫、灌婴以及梁王刘武等人的辅佐下，这场动乱很快被平定，汉帝国中央政权也由此威望大增。汉景帝后来又成功剥夺了原属地方藩国的行政权力，于是在这场控制与反控制的长期斗争中，汉帝国中央政权终于压倒地方藩国从而取得了决定性的胜利：“景帝中五年令诸侯王不得复治国，天子为置吏，改丞相曰相，省御史大夫、廷尉、少府、宗正、博士官，大夫、谒者、郎诸官长丞皆损其员。”[③]从此以后，失去了行政大权的地方藩王仅仅“独得食租税”[④]，贫穷的藩王甚至只能乘坐牛车。

汉武帝即位后，继续采取措施削弱刘氏藩国，以巩固汉景帝时期的削藩成果，特别是元朔二年汉武帝采纳主父偃的建议颁布“推恩令”，要求藩王割地给子弟，中央政权予以确认并赐封子

---

① [汉]班固：《汉书·贾谊传》，北京：中华书局，2000年版，第1718页。

② [汉]班固《汉书·文帝纪》：“淮南厉王子三人皆为王。”（北京：中华书局，2000年版，第92页）

③ [汉]班固：《汉书·百官公卿表》，北京：中华书局，2000年版，第623页。

④ [汉]司马迁：《史记·五宗世家》，北京：中华书局，2000年版，第1674页。

弟为侯。“推恩令”的实施，既使得中央政权赢得了地方藩王子弟的拥护，又使得地方藩国被不断肢解，政治效果极为显著。汉武帝继承了汉景帝的削藩事业，使得汉帝国终于出现了“齐分为七，赵分为六，梁分为五，淮南分三，及天子支庶子为王，王子支庶为侯，百有余焉”这样一种有利于中央集权的政治局面①。从此以后，地方藩王再也没有能力与汉帝国中央政权抗衡。如汉武帝在位的前期，颇具实力的淮南王刘安虽一直密谋反叛，但始终不敢采取实际行动，这就充分说明了此时汉帝国中央政权对于地方藩国而言处于强势的地位②。总之，在汉武帝统治的前期，汉初长期存在的中央政权与地方藩国之间集权与分权的尖锐矛盾最终获得根本性的解决：“诸侯稍微，大国不过十余城，小侯不过数十里，上足以奉贡职，下足以供养祭祀，以蕃辅京师。而汉郡八九十，形错诸侯间，犬牙相临，秉其阨塞地利，强本干，弱枝叶之势，尊卑明而万事各得其所矣。”③

汉文帝、汉景帝和汉武帝时期，汉帝国中央政权一直没有放松对于地方藩国的控制。在这个过程中，地方藩王也没有束手就擒，而是采取了种种反控制的措施，其中最主要的有两点：一是通过养士积蓄实力以对抗中央政权，二是公开反叛以推翻中央政权。

“汉兴，诸侯王皆自治民聘贤”④，汉初藩王这种养士的风气其实是对战国时期贵族养士之风的承袭。以战国四公子为代表

① [汉]司马迁：《史记·汉兴以来诸侯王年表》，北京：中华书局，2000年版，第682页。

② 元狩元年淮南王刘安谋反失败后，汉武帝又“作左官之律，设附益之法，诸侯惟得衣食税租，不与政事”，以进一步强化中央政权对地方藩国的控制。参见[汉]班固《汉书·诸侯王表》，北京：中华书局，2000年版，第284页。

③ [汉]司马迁：《史记·汉兴以来诸侯王年表》，北京：中华书局，2000年版，第682页。

④ [汉]班固：《汉书·贾邹枚路传》，北京：中华书局，2000年版，第1789页。

的战国贵族之所以大力养士，一方面是为了增加社会声望，另一方面是为了增强政治实力。汉初郡国制政体的出现，客观上给士人创造了周游地方藩国的机遇，同时也给地方藩王创造了养士的机会。汉初喜好养士的藩王之中比较著名的有"招致四方游士"的吴王刘濞①，"招致宾客方术之士数千人"的淮南王刘安②，"招延四方豪桀，自山东游士莫不至"的梁孝王刘武③，以及"山东诸儒多从之游"的河间献王刘德④。这些藩王通过养士，既可以增加社会声誉⑤，还可以增强藩国对抗中央政权的实力。事实上，一些士人也确实积极参与了藩王对抗中央政权的实际斗争，如淮南王刘安的门客左吴，梁孝王刘武的门客羊胜、公孙诡等人。但是，战国四公子以养士为手段往往可以达到成功抗衡诸侯国国君的目的，而汉初藩王通过养士扩充实力以对抗中央政权的企图最终却均告失败。这是因为战国时期天下纷争，周王室徒有中央政权的虚名，所以战国四公子通过养士增强政治实力后，进可与本国国君相抗衡，退可从容周旋于诸侯国之间以求自保。与此相反，汉初藩王面对的却是一个拥有天下资源并且正变得越来越强大的中央政权，所以，汉初藩王通过养士以积蓄实力从而对抗中央政权的图谋注定是会失败的。

汉初，藩王因强烈不满中央政权而发生反叛的事件始于汉文帝前元三年的济北王刘兴居之乱，然后是汉文帝前元六年的

① ［汉］班固：《汉书·贾邹枚路传》，北京：中华书局，2000年版，第1789页。

② ［汉］班固：《汉书·淮南衡山济北王传》，北京：中华书局，2000年版，第1652页。

③ ［汉］班固：《汉书·文三王传》，北京：中华书局，2000年版，第1698页。

④ ［汉］司马迁：《史记·五宗世家》，北京：中华书局，2000年版，第1667页。

⑤ 两汉承先秦余绪，游士之风尚盛。此即诸侯王及富贵者门下的宾客。宾客之品类不齐，多随主人之所好而类集。但有一共同特点，他们都是社会上比较富有活力的一群。诸侯王中若有好学自修之人，则其所集者多在学术上有某种成就之士；于是宾客之所集，常成为某种学术的活动中心，亦为名誉流布之集中点。（徐复观：《两汉思想史》第一册，北京：九州出版社，2014年版，第162—163页）

淮南厉王刘长之乱，还有汉景帝前元三年影响力和破坏性最大的吴楚七国之乱，以及汉武帝元狩元年的淮南王刘安、衡山王刘赐之乱。这四起叛乱中，刘兴居之乱的主要起因是“兴居意自以失职夺功”[1]，也就是刘兴居不满汉文帝奖赏不公；淮南厉王刘长之乱的主要起因是行为乖张不逊的刘长受到汉文帝等人的重责而心生怨气；吴楚七国之乱的主要起因是吴王刘濞担心汉景帝“削地无已”[2]；淮南王刘安、衡山王刘赐之乱的主要起因则既包括刘安因父亲刘长死于非命而对汉帝国最高统治者所产生的积怨，也包括刘安长期不满于汉帝国中央政权对自己的猜忌和压制。显然，除了刘兴居之乱，其余三起叛乱都是地方藩王不满中央政权控制从而采取反控制措施的结果。

综上所述，汉初郡国制政体所蕴含的中央集权与藩国分权的尖锐矛盾在汉高祖、汉惠帝和高后时期尚未出现，然而随着藩国势力的增长，以及藩国利益诉求的日益多元化，郡国制政体的这一内在矛盾在汉文帝和汉景帝时期开始变得越来越尖锐，最终在汉武帝前期这场矛盾斗争以中央政权取得完全的胜利而宣告结束，这也为西汉盛世的出现奠定了坚实的政治基础。

第二节　士人纵横之风的复兴与儒士群体的内部分化

“从横家者流，盖出于行人之官”[3]，周代的行人之官主要负责沟通周王室与各诸侯国以及各诸侯国相互之间的关系。春秋时期诸侯国之间矛盾重重，各国行人需要具备很强的分析问题

① [汉]班固：《汉书·高五王传》，北京：中华书局，2000年版，第1547页。
② [汉]班固：《汉书·荆燕吴传》，北京：中华书局，2000年版，第1486页。
③ [汉]班固：《汉书·艺文志》，北京：中华书局，2000年版，第1374页。

的能力和语言表达的能力，以达到说服对方的目的。战国时期，功利主义思想肆意横行，“孟子孙卿儒术之士，弃捐于世，而游说权谋之徒，见贵于俗，是以苏秦、张仪、公孙衍、陈轸、代、厉之属，生纵横短长之说”①。纵横之士多来自社会下层，少有固定的政治理念和家国观念，他们奔走诸侯的一个主要目的就是希望借助游说活动改变自身的贫贱状况，因此常常不可避免地染上重功利、通权变、尚雄辩的习气，故《汉书·艺文志》谈到“纵横家”时说：“及邪人为之，则上诈谖而弃其信。”②战国时期这种重功利、通权变、尚雄辩的纵横风气在秦国一统海内之后走向了衰落，但又在汉初士人群体中得以复兴，并最终引起儒士群体内部的分化。

一　纵横风气影响下的策士、儒士和文士

汉初士人群体之所以表现出浓郁的纵横风气，首先是因为汉初郡国制政体很大程度上复原了战国时期那种诸侯分治的政治格局，这在客观上为汉初士人创造了游说诸侯的空间。其次，汉初士人群体之所以表现出浓郁的纵横风气，与这一时期的汉初士人普遍怀着积极入世的心态紧密相关。士人们常常采取游说或者上书言事的方式去赢得统治集团的注意，在游说或者上书言事过程中为了打动对方而有意借鉴战国士人那种纵横捭阖的方式实在是很正常的事。最后，汉初士人群体之所以表现出浓郁的纵横风气，还与汉高祖刘邦的个人喜好有着莫大的关系。“意豁如也”“廷中吏无所不狎侮”的刘邦在反秦之前就是一个性格粗豪颇好纵横的人③，如在家乡沛县参加酒宴时，竟然诈称

① 《孟子正义》，《诸子集成》第一册，北京：中华书局，1954年版，第5页。
② ［汉］班固：《汉书·艺文志》，北京：中华书局，2000年版，第1374页。
③ ［汉］司马迁：《史记·高祖本纪》，北京：中华书局，2000年版，第242页。

“贺钱万”，其实“不持一钱”[①]；反秦之后，刘邦也时常表现出好纵横的个性特点，机智破解项羽烹杀刘太公的要挟以及见机行事分封韩信为“真王”这两件事即是其例[②]。作为掌握着士人生死荣辱大权的最高统治者，刘邦好纵横的性格特征不可能不对汉初士人产生很大的影响。

就总体而言，汉初士人群体大致可分为三种类型，即策士、儒士和文士[③]。当然，由于汉初时代的特殊性，这三种类型之间的界限也并非泾渭分明。有些士人可能同时兼具其他类型士人的特点，如郦食其本乃儒士，却更多地带有策士的色彩；与之相反，儒士陆贾虽具有策士的身份，但却是作为汉初重要儒士而闻名于后世的。正因为汉初士人的身份往往具有多重性特点，因此本书在进行分类时，主要以士人的主观意愿及其在历史上的主流定位为基本依据。汉初这三类士人尽管具体的生存状况不同，但他们的言行事迹均明显表现出了重功利、通权变、尚雄辩的战国纵横风气。

策士是指在政治、军事、外交等领域为统治集团出谋划策并积极投身现实政治实践的士人。从事游说活动是策士的基本特征，因此汉初策士自然而然就沿袭了战国游说之士的纵横风气。楚汉相争时的陈留人郦食其即是其中的早期代表人物。《史记》本传记载郦食其“好读书，家贫落魄，无以为衣食业，为里监门吏。然县中贤豪不敢役，县中皆谓之狂生”[④]，可见他是一个既生活落魄又昂扬自信的儒生。为了得到“不好儒”的刘邦的重视

---

① ［汉］司马迁：《史记·高祖本纪》，北京：中华书局，2000年版，第243页。

② 这两件事分别参见［汉］司马迁《史记·项羽本纪》和《史记·淮阴侯列传》，北京：中华书局，2000年版，第232、2033页。

③ 程世和《汉初士风与汉初文学》（苏州大学2001年博士学位论文）将秦末士人大致分为儒士和策士这两种类型，并指出汉兴以后文士群体逐渐形成。可参看。

④ ［汉］司马迁：《史记·郦生陆贾列传》，北京：中华书局，2000年版，第2079页。

从而谋取功名富贵，郦食其一改传统儒生知书达礼、刚毅木讷的姿态，初见刘邦就大模大样地“长揖不拜”，接着故为惊人之问：“足下欲助秦攻诸侯乎？且欲率诸侯破秦也？”[①]有意激起刘邦怒气后，郦食其转而正色告诫他：“必聚徒合义兵诛无道秦，不宜倨见长者。”[②]于是刘邦不怒反敬，客气地请郦食其上坐。郦食其则趁势投其所好，“因言六国从横时”，从而赢得了刘邦更大的尊重：“沛公喜，赐郦生食，问曰：‘计将安出？’”[③]郦食其便献上攻打陈留之策。郦食其的策划最后果然变成了现实，他本人也因此得到刘邦的犒赏：“于是遣郦生行，沛公引兵随之，遂下陈留。号郦食其为广野君。”[④]

“伏轼掉三寸舌，下齐七十余城”[⑤]，汉初策士群体中像郦食其这样“以舌得官”、颇具纵横之风的著名人物还有蒯通、娄敬、晁错以及主父偃等人。蒯通，范阳人，秦末大乱时游说范阳令徐公，开口就故作惊人之语云“闵公之将死”，紧接着又“贺公得通而生”[⑥]，通过这种一惊一乍的方式转眼掌控了二人谈话的主导权。徐公言听计从之后，蒯通便从容周旋于徐公和武臣之间并最终大获成功。后来蒯通又劝说韩信背汉，以与刘邦集团和项羽集团形成鼎足而立的局面，并力争夺取天下，但韩信没有接受这一主张。韩信被诛后，刘邦得悉蒯通劝说韩信背汉的往事，准备烹杀蒯通，此时蒯通又用三寸不烂之舌成功打动刘邦从而安然脱险。娄敬，齐人，在汉高祖五年求见刘邦，力谏弃洛阳而

① ［汉］司马迁：《史记·郦生陆贾列传》，北京：中华书局，2000年版，第2080页。
② ［汉］司马迁：《史记·郦生陆贾列传》，北京：中华书局，2000年版，第2080页。
③ ［汉］司马迁：《史记·郦生陆贾列传》，北京：中华书局，2000年版，第2080页。
④ ［汉］司马迁：《史记·郦生陆贾列传》，北京：中华书局，2000年版，第2080页。
⑤ ［汉］班固：《汉书·蒯伍江息夫传》，北京：中华书局，2000年版，第1664页。
⑥ ［汉］班固：《汉书·蒯伍江息夫传》，北京：中华书局，2000年版，第1663页。

定关中为都城，声称此举可“搤天下之亢而拊其背”[1]；刘邦采纳了娄敬的建议，并“赐姓刘氏，拜为郎中”[2]。后来娄敬又向刘邦献上和亲匈奴之策，并建议迁徙东方六国贵族后裔于关中，以达到削弱东方六国贵族旧势力并充实关中地区政治经济力量的目的。晁错，颍川人，以能言善辩被誉为“智囊”，多次上书汉文帝，或言兵事，或言“守边备塞，劝农力本”以及“募民徙塞下”之事[3]，深得文帝嘉许。后来晁错又向汉景帝献削藩之策，结果遭到杀身之祸。主父偃，齐国临淄人，是汉初具有纵横之风的策士群体的后期代表人物。主父偃早年“学长短从横术”[4]，因家贫而游历各地，但始终不能改变窘境，于是“上书阙下”出谋划策，被汉武帝赏识，拜为郎中，后连续升任谒者、中郎、中大夫，“岁中四迁”，一时风光之极。主父偃多次献策，如“谏伐匈奴”，颁布“推恩令”，徙“天下豪桀兼并之家”于茂陵以严密监控[5]。主父偃扬言“丈夫生不五鼎食，死则五鼎亨耳”[6]，表现出了赤裸裸的功利思想。最后值得一提的是，汉初策士群体不仅积极投身现实政治实践，而且还有理论的建树，如被《汉书·艺文志》归入“纵横家”类的就有《蒯子》五篇和《主父偃》二十八篇[7]。

儒士是指以先秦儒家学说为宗而积极参与学术活动或者国

① [汉]班固：《汉书·郦陆朱刘叔孙传》，北京：中华书局，2000年版，第1635页。

② [汉]班固：《汉书·郦陆朱刘叔孙传》，北京：中华书局，2000年版，第1635页。

③ [汉]班固：《汉书·爰盎晁错传》，北京：中华书局，2000年版，第1752、1755页。

④ [汉]班固：《汉书·严朱吾丘主父徐严终王贾传》，北京：中华书局，2000年版，第2113页。

⑤ [汉]班固：《汉书·严朱吾丘主父徐严终王贾传》，北京：中华书局，2000年版，第2113、2115、2116页。

⑥ [汉]班固：《汉书·严朱吾丘主父徐严终王贾传》，北京：中华书局，2000年版，第2116页。

⑦ [汉]班固：《汉书·艺文志》，北京：中华书局，2000年版，第1374页。此外，蒯通还有《隽永》一书也涉及纵横之术：“通论战国时说士权变，亦自序其说，凡八十一首，号曰《隽永》。”（[汉]班固：《汉书·蒯伍江息夫传》，北京：中华书局，2000年版，第1668页）

家思想理论制度建设的士人。汉初统治者一改秦王朝钳制文化的政策，诸子之学得以复苏，儒家学派也获得了发展的空间。一部分儒士专注于传承先秦儒学，另一部分儒士则积极参与汉帝国思想理论制度的建设，并表现出了浓厚的纵横风气，陆贾、叔孙通、贾谊和东方朔等人即是汉初纵横之儒的主要代表人物。

在积极参加新国家建设以成就个人功名的时代浪潮的推动下，汉初的纵横之儒一方面以儒学为宗，一方面积极借鉴战国游说之士的纵横之术，以便在最高统治集团“不任儒者”的不利社会环境中取得成功。被班固称颂为“附会将相以强社稷，身名俱荣，其最优乎”的楚人陆贾便是汉初早期著名的纵横之儒①。陆贾继承并发挥了荀子的思想，著有《新语》十二篇。《新语》纵论古今，主张治国当以仁义为本，对汉初政治产生了很大影响。刘邦对《新语》一书“未尝不称善”，陆贾也由此成为汉初重要的思想家。作为汉初大儒，陆贾积极入世以成就功名，曾随刘邦打天下，“名为有口辩士，居左右，常使诸侯”②。刘邦初定天下后，陆贾又奉命出使南越，劝服南越王尉他对汉称臣。面对傲慢无礼的尉他，陆贾并没有苦口婆心地晓之以抽象的儒家君臣大义，而是完全从现实利害的角度出发，义正词严地告诫他必须向汉称臣。尉他听后不得不“蹶然起坐”。接着陆贾又进一步对比两国的国力，指出“中国之人以亿计，地方万里，居天下之膏腴，人众车舆，万物殷富，政由一家”，“王众不过数十万，皆蛮夷，崎岖山海间，譬若汉一郡”③。这一番对比使尉他心悦诚服，“留与饮数月”，陆贾“卒拜尉他为南越王，令称臣奉汉约。归报，高祖大悦，

① ［汉］班固：《汉书·郦陆朱刘叔孙传》，北京：中华书局，2000年版，第1642页。
② ［汉］司马迁：《史记·郦生陆贾列传》，北京：中华书局，2000年版，第2083页。
③ ［汉］司马迁：《史记·郦生陆贾列传》，北京：中华书局，2000年版，第2084页。

拜贾为太中大夫"[1]。陆贾说服南越王尉他的整个过程,充分表现出了重功利、通权变、尚雄辩的特点,这一特点后来在他暗中帮助陈平和周勃诛灭诸吕之事上也得到了鲜明反映。

薛人叔孙通也是汉初的著名儒士,他糅合古礼与秦仪,制定了一套朝仪,初步解决了西汉开国之初宫廷礼乐制度一片空白的问题。刘邦对此极为满意,感叹自己现在才真正体会到身为皇帝的高贵。后来叔孙通又辅佐汉惠帝,主持宗庙仪法等方面的事务,影响与日俱增,终成"汉家儒宗"。在追求功名的过程中,身为儒士的叔孙通表现出了鲜明的纵横色彩:为了脱离虎口,他不惜面谀秦二世;为了讨好刘邦,他居然"变其服,服短衣,楚制"[2];为了保全刘盈的太子之位,他敢于力辩汉高祖。从秦末到汉初,"知时变"的叔孙通始终都能做到"进退与时变化"[3],结果官运亨通,先后被拜为太常、太子太傅,深得汉高祖和汉惠帝的倚重。

作为汉初杰出的儒士,洛阳人贾谊年少成名,后来还主导了汉文帝时期的礼法制度建设:"年十八,以能诵诗书属文称于郡中","以为汉兴二十余年,天下和洽,宜当改正朔,易服色制度,定官名,兴礼乐。乃草具其仪法,色上黄,数用五,为官名悉更,奏之。文帝谦让未皇也。然诸法令所更定,及列侯就国,其说皆谊发之"[4]。与汉初具有纵横之风的策士和儒士一样,贾谊也有重功利的一面。但策士和儒士多重个人功利,或者是个人功利和国家功利兼顾,贾谊则是一心忧国,全然不顾权贵集团的嫉恨和汉文帝的日益疏远,他所重的完全是国家的功利:"臣窃惟事势,可为痛

① [汉]司马迁:《史记・郦生陆贾列传》,北京:中华书局,2000年版,第2084页。
② [汉]司马迁:《史记・刘敬叔孙通列传》,北京:中华书局,2000年版,第2101页。
③ [汉]司马迁:《史记・刘敬叔孙通列传》,北京:中华书局,2000年版,第2105页。
④ [汉]班固:《汉书・贾谊传》,北京:中华书局,2000年版,第1707页。

哭者一，可为流涕者二，可为长太息者六，若其它背理而伤道者，难遍以疏举。”①贾谊自然也通权变、尚雄辩，但策士和儒士的通权变、尚雄辩特点多在现实政治实践中体现，而贾谊因为鲜有参与现实政治实践的机会，所以他的通权变、尚雄辩特点多在上疏言事的“谋虑之文”中得以体现：

> 臣之愚计，愿举淮南地以益淮阳，而为梁王立后，割淮阳北边二三列城与东郡以益梁；不可者，可徙代王而都睢阳。梁起于新郪以北著之河，淮阳包陈以南揵之江，则大诸侯之有异心者，破胆而不敢谋。梁足以扞齐、赵，淮阳足以禁吴、楚，陛下高枕，终亡山东之忧矣，此二世之利也。②

贾谊充分认识到梁国和淮阳国之于中央政权的重要性，因此建议汉文帝要么扩大两国的封地以壮大其实力，要么徙亲子刘武镇梁。贾谊的话高瞻远瞩、条分缕析、切中时势，颇有说服力。汉文帝采纳了贾谊的后一条建议。果如贾谊所料，汉景帝前元三年吴楚七国之乱爆发后，梁国成为拱卫中央政权的中坚力量：“吴、楚、齐、赵七国反，先击梁棘壁，杀数万人。梁王城守睢阳，而使韩安国、张羽等为将军以距吴、楚。吴、楚以梁为限，不敢过而西，与太尉亚夫等相距三月。吴、楚破，而梁所杀虏略与汉中分。”③

仕于汉武帝时期的齐人东方朔不以实际功业扬名，而以诙谐滑稽名世。东方朔所学甚杂，曾自言十三岁学习文史，十五岁

---

① ［汉］班固：《汉书·贾谊传》，北京：中华书局，2000年版，第1714页。
② ［汉］班固：《汉书·贾谊传》，北京：中华书局，2000年版，第1735页。
③ ［汉］班固：《汉书·文三王传》，北京：中华书局，2000年版，第1697页。

学习击剑，十六岁学习《诗》《书》，十九岁学习孙吴兵法[①]，但其思想倾向还是以儒家为主。作为儒士，东方朔既倡导"以道德为丽，以仁义为准"的儒家之道[②]，又断然抛弃儒家传统的重义轻利观念，直言修身的目的就在于谋取个人功利，认为"苟能修身，何患不荣！太公体行仁义，七十有二乃设用于文武，得信厥说，封于齐，七百岁而不绝"[③]。他秉承了儒家学而优则仕的传统，愿为"天子大臣"成就一番功业，然而汉武帝仅视其为宫廷俳优。尽管如此，东方朔还是利用自己经常接触武帝的机会，多次力谏朝廷采用儒家思想安邦治国，从而直接参与了汉初宫廷的思想文化建设。如他曾谏止武帝扩充上林苑："故务苑囿之大，不恤农时，非所以强国富人也"[④]；曾谏止武帝召董偃饮酒于宣室："夫宣室者，先帝之正处也，非法度之政不得入焉"[⑤]；曾当面批评武帝奢侈多欲的生活方式："上为淫侈如此，而欲使民独不奢侈失农，事之难者也"[⑥]。为了达到既直谏又保身的目的，东方朔平时常常以诙笑逗乐的方式拉近自己和汉武帝之间的情感距离，并尽量做到"观察颜色"，以减轻汉武帝的抵触情绪。这种通权变的方式果然收效甚大，汉武帝每次被谏后不仅不生气，反而更加亲近东方朔："上乃拜朔为太中大夫、给事中，赐黄金百

① [汉]班固《汉书·东方朔传》："朔初来，上书曰：'臣朔少失父母，长养兄嫂。年十三学书，三冬文史足用。十五学击剑。十六学《诗》《书》，诵二十二万言。十九学孙吴兵法，战阵之具，钲鼓之教，亦诵二十二万言。凡臣朔固已诵四十四万言。又常服子路之言。'"（北京：中华书局，2000年版，第2145页）

② [汉]班固：《汉书·东方朔传》，北京：中华书局，2000年版，第2157页。

③ [汉]班固：《汉书·东方朔传》，北京：中华书局，2000年版，第2162页。

④ [汉]班固：《汉书·东方朔传》，北京：中华书局，2000年版，第2151页。

⑤ [汉]班固：《汉书·东方朔传》，北京：中华书局，2000年版，第2156页。

⑥ [汉]班固：《汉书·东方朔传》，北京：中华书局，2000年版，第2157页。

斤”①,“复为中郎,赐帛百匹”②,“赐朔黄金三十斤”③。作为汉初宫廷最具影响力的纵横之儒,东方朔以一种另类的方式展现了自己重功利、通权变、尚雄辩的特点。

文士是指出于纯粹的文学兴趣而以文学创作为主要生活方式的士人。汉初的文士虽然在当时的地位和影响远远不及策士和儒士,但亦是一个不可忽视的群体。汉初文士群体长期在中央政权不得志的原因,主要在于汉初的最高统治集团大多不好文学。刘邦虽有《大风歌》传世,但并非出于纯粹的文学创作兴趣,只是见景生情、即兴演唱的产物而已。汉惠帝、高后、汉文帝和汉景帝则无文学创作。汉武帝即位后,雅好辞章,重视和提倡文学,于是汉初最高统治者不好文学进而不好文士的状况才发生根本性的改变。随着大批文士集中在汉武帝周围,汉初文学中心最终完成了从地方藩国向帝国宫廷的转移,并形成了汉帝国宫廷文学彬彬之盛的局面。

由于最高统治者的不重视,汉景帝时期活跃在帝国京都并以文学创作为人生旨趣的著名文士唯有蜀郡人司马相如④。与贾谊等人不同,司马相如人生兴趣的着眼点不在于参与现实政治生活,而在于从事纯粹的文学创作,所以初遇邹阳、枚乘和庄忌之后他才可能顿生相见恨晚之感,并不惜辞官,离开繁华的京都来到相对冷清的地方藩国,伴随邹阳等人进行文学创作:“事孝景帝,为武骑常侍,非其好也。会景帝不好辞赋,是时梁孝王来朝,从游说之士齐人邹阳、淮阴枚乘、吴庄忌夫子之徒,相如见

---

① [汉]班固:《汉书·东方朔传》,北京:中华书局,2000年版,第2152页。
② [汉]班固:《汉书·东方朔传》,北京:中华书局,2000年版,第2153页。
③ [汉]班固:《汉书·东方朔传》,北京:中华书局,2000年版,第2156页。
④ 以贾谊为杰出代表的生活在京都的士人虽然写了大量政论文,而且从现在的“大文学”观念看,这些政论文都属于文学作品,但当时贾谊等人写作这些政论文,主观目的是议政,并非出于纯粹的文学创作兴趣,因此贾谊等人的身份本质上不属于文士。

而说之，因病免，客游梁。梁孝王令与诸生同舍，相如得与诸生游士居数岁，乃著《子虚之赋》。”①

由于藩王的礼遇，这个时期的地方藩国汇聚了汉帝国的大部分文士，其中又以淮南王刘安之淮南国、吴王刘濞之吴国以及梁孝王刘武之梁国的文士数量居多而且影响力较大。淮阴人枚乘就是活跃于汉初藩国文士群体之中的杰出人物，他不喜仕途，只好文学创作，体现出了一个纯粹文士的精神风貌：“景帝召拜乘为弘农都尉。乘久为大国上宾，与英俊并游，得其所好，不乐郡吏，以病去官。复游梁，梁客皆善属辞赋，乘尤高。孝王薨，乘归淮阴。”②

在时代氛围的影响下，以司马相如和枚乘为代表的汉初文士群体也表现出了鲜明的纵横风气。司马相如少时就敬慕战国时期的蔺相如，而蔺相如便是一个富于纵横色彩的人物，“有智谋”，能言善辩，出使虎狼之秦而能完璧归赵，辅佐赵王渑池之会而能“不辱于诸侯”，避免与廉颇相争而能使廉颇负荆请罪③。司马相如少时对蔺相如的敬慕以及由此更名为“相如”之举实际上已经充分显露了他自幼好纵横的习性，后来发生的一系列事件则是他好纵横个性的必然反映，如闻卓文君新寡“而以琴心挑之”④，献《天子游猎赋》而被拜为郎，奉命出使西南而功成名显，上书谏猎而汉武帝善之。由于好纵横的个性使然，身为文士的司马相如作文时笔端常带辩士风采：“盖世必有非常之人，然后

① [汉]司马迁：《史记・司马相如列传》，北京：中华书局，2000 年版，第 2287 页。

② [汉]班固：《汉书・贾邹枚路传》，北京：中华书局，2000 年版，第 1807—1808 页。

③ 蔺相如的具体事迹参见[汉]司马迁《史记・廉颇蔺相如列传》，北京：中华书局，2000 年版，第 1905—1908 页。

④ [汉]司马迁：《史记・司马相如列传》，北京：中华书局，2000 年版，第 2288 页。

有非常之事；有非常之事，然后有非常之功”①，“夫轻万乘之重不以为安而乐，出于万有一危之涂以为娱，臣窃为陛下不取也”②；写赋时则极喜铺张扬厉，希望“以文采干政事，试图通过赋作来表达其匡正天下、经世致用的思想”③。与司马相如类似，枚乘两次上书谏止吴王谋反，不仅老谋深算地分析了局势，而且辅之以对比说理的方式，其中自有一股逼人的气势，如对比谋反的两种结局：“必若所欲为，危于累卵，难于上天；变所欲为，易于反掌，安于太山”④，如对比双方军力的强弱：“夫举吴兵以訾于汉，譬犹蝇蚋之附群牛，腐肉之齿利剑，锋接必无事矣”⑤。枚乘作赋时亦表现出“腴辞云构，夸丽风骇”的特点⑥，自有一股动人的力量，如《七发》以七事来感触楚太子，极尽渲染之能事，终使“太子据几而起曰：‘涣乎若一，听圣人辩士之言。’涊然汗出，霍然病已”⑦。

二　醇儒、纵横之儒、贤良之儒的历史地位变迁

汉初，由于纵横之风的复兴，儒士群体内部出现了纵横之儒与醇儒的分层。纵横之儒极为关注国家政治，并积极投身现实政治以赢得功名。醇儒对于国家政治虽然并非完全漠不关心，但往往不愿陷入具体的现实政治生活，只是希望通过学术活动继承和发扬先秦儒学，伏生、申公、韩婴、辕固等汉初著名醇儒即

---

① ［汉］司马迁：《史记·司马相如列传》，北京：中华书局，2000年版，第2322页。

② ［汉］司马迁：《史记·司马相如列传》，北京：中华书局，2000年版，第2325、2326页。

③ 许结：《诵赋而惊汉主——司马相如与汉宫廷赋考述》，《四川师范大学学报（社会科学版）》，2008年第4期。

④ ［汉］班固：《汉书·贾邹枚路传》，北京：中华书局，2000年版，第1803页。

⑤ ［汉］班固：《汉书·贾邹枚路传》，北京：中华书局，2000年版，第1806页。

⑥ ［梁］刘勰撰，詹锳义证：《文心雕龙义证》，上海：上海古籍出版社，1989年版，第491页。

⑦ ［清］严可均辑：《全汉文》，北京：商务印书馆，1999年版，第209页。

是如此。汉武帝下诏举贤良后，以董仲舒、公孙弘为代表的贤良之儒由此登上政治舞台，于是汉初儒士群体内部最终出现了醇儒、纵横之儒和贤良之儒的分化。在汉初的不同阶段，这三类儒士的历史地位不尽相同。

汉高祖时期是醇儒被轻视而纵横之儒得到重视的时期。当然，醇儒被轻视的现象并非始于汉初，战国时期这一现象就已经出现了。孔子死后，门徒分散流动于战国各诸侯国，“大者为师傅卿相，小者友教士大夫，或隐而不见”[①]。这些门徒中既有像子贡这样的纵横之儒，也有像原宪这样的醇儒。子贡为了保全鲁国，赴齐国游说田常放弃攻打鲁国并转而攻打吴国，赴吴国游说吴王伐齐以恢复霸主地位，赴越国游说越王支持吴王伐齐，赴晋国游说晋君提防吴国的入侵，最终通过成功挑起其他国家之间的矛盾挽救了鲁国[②]。与“利口巧辞”、注重现实功利的子贡相反，原宪不慕荣华富贵，甘愿过清贫的生活：

> 孔子卒，原宪遂亡在草泽中。子贡相卫，而结驷连骑，排藜藿入穷阎，过谢原宪。宪摄敝衣冠见子贡。子贡耻之，曰：“夫子岂病乎？”原宪曰：“吾闻之，无财者谓之贫，学道而不能行者谓之病。若宪，贫也，非病也。”[③]

子贡嘲讽原宪贫困潦倒的境况，原宪则反讽子贡只图富贵而不能行道，二者之间的矛盾实质上是战国初期儒士群体内部发生分化的反映。到了战国中后期，这种分化愈演愈烈，纵横之

① ［汉］司马迁：《史记 · 儒林列传》，北京：中华书局，2000 年版，第 2369 页。

② ［汉］司马迁《史记 · 仲尼弟子列传》：“故子贡一出，存鲁，乱齐，破吴，强晋而霸越。子贡一使，使势相破，十年之中，五国各有变。”（北京：中华书局，2000 年版，第 1745 页）

③ ［汉］司马迁：《史记 · 仲尼弟子列传》，北京：中华书局，2000 年版，第 1750 页。

儒以“王者师”自居而奔走诸侯建言献策，如田子方、段干木、孟子和荀子等人；醇儒则不慕荣华、自甘落寞，因而被视为“鄙儒”①。秦初并海内后，醇儒尚有一定的生存空间，然不久即遭“焚《诗》《书》”的厄运。秦朝醇儒的厄运与秦丞相李斯脱不了干系，正是由于他的建议，秦始皇才采取了焚书抑儒的政策：“臣请史官非秦记皆烧之。非博士官所职，天下敢有藏《诗》、《书》、百家语者，悉诣守、尉杂烧之。有敢偶语《诗》《书》者弃市。”②李斯在历史上虽以法家身份闻名，但作为儒家大师荀子的学生，李斯“知六艺之归”，原初身份本为儒士。儒士李斯“不务明政以补主上之缺，持爵禄之重，阿顺苟合”③，为人极其重功利、通权变，可谓秦朝最具代表性的纵横之儒，而秦朝醇儒所遭受的厄运实质上就是这个时期纵横之儒与醇儒之间矛盾冲突进一步恶化的表现。

醇儒被轻视的现象一直延续到汉初。刘邦素“不好儒”：“诸客冠儒冠来者，沛公辄解其冠，溲溺其中。与人言，常大骂。”④刘邦“不好儒”的性格养成与其家庭出身和生活环境关系极大，他来自底层社会，性格中包含着底层人物常有的懒散粗豪、功利心强的特点：“常有大度，不事家人生产作业。及壮，试为吏，为泗水亭长，廷中吏无所不狎侮。好酒及色”，“观秦皇帝，喟然太息曰：‘嗟乎，大丈夫当如此也！’”⑤。当然，刘邦之“不好儒”并非意味着他不喜好所有的儒士，实际上他对纵横之儒颇感兴趣，不喜好的只是那些“难与进取”“迂远而阔于事情”的醇儒而已。

---

① [汉]司马迁《史记·孟子荀卿列传》：“荀卿嫉浊世之政，亡国乱君相属，不遂大道而营于巫祝，信禨祥，鄙儒小拘。”（北京：中华书局，2000 年版，第 1842 页）

② [汉]司马迁：《史记·秦始皇本纪》，北京：中华书局，2000 年版，第 181 页。

③ [汉]司马迁：《史记·李斯列传》，北京：中华书局，2000 年版，第 1993 页。

④ [汉]司马迁：《史记·郦生陆贾列传》，北京：中华书局，2000 年版，第 2079 页。

⑤ [汉]司马迁：《史记·高祖本纪》，北京：中华书局，2000 年版，第 242、243 页。

刘邦对纵横之儒的喜好以及对醇儒的厌恶事实上起到了人才选拔风向标的作用，汉初儒士群体内部也由此出现了轻视醇儒的倾向：

> 于是叔孙通使征鲁诸生三十余人。鲁有两生不肯行，曰："公所事者且十主，皆面谀以得亲贵。今天下初定，死者未葬，伤者未起，又欲起礼乐。礼乐所由起，积德百年而后可兴也。吾不忍为公所为。公所为不合古，吾不行。公往矣，无污我！"叔孙通笑曰："若真鄙儒也，不知时变。"[①]

"王者功成作乐，治定制礼"[②]，刘邦初定天下，百废待兴，在醇儒看来制礼作乐还为时尚早，但重功利的叔孙通却急于为新王朝制定礼仪，所以鲁地醇儒对他很是不满，甚至不惜决裂关系。然而叔孙通却不为所动，反倒嘲笑这些醇儒是"鄙儒"，批评他们只知墨守儒家成规而不懂得变通。

刘邦对儒士群体的选择性喜好直接影响了后继最高统治者对待醇儒的态度。汉惠帝和高后期间基本不征用醇儒，汉文帝、汉景帝时期黄老之学盛行，文、景二帝对醇儒采取的是征而不任的方式，醇儒处于政治上被忽视而文化上被笼络的地位："孝惠、吕后时，公卿皆武力有功之臣。孝文时颇征用，然孝文帝本好刑名之言。及至孝景，不任儒者，而窦太后又好黄老之术，故诸博士具官待问，未有进者。"[③]当然，同样是轻视醇儒，文、景二帝的表现却与刘邦有所不同，后者是绝对厌恶，前者则是政治上拒绝

① [汉]司马迁：《史记·刘敬叔孙通列传》，北京：中华书局，2000 年版，第 2102 页。

② [汉]司马迁：《史记·乐书》，北京：中华书局，2000 年版，第 1049 页。

③ [汉]司马迁：《史记·儒林列传》，北京：中华书局，2000 年版，第 2370—2371 页。

重用而文化上加以笼络，例如汉文帝曾征韩婴为博士，汉景帝曾征辕固为博士，但韩婴和辕固都没有得到掌握实际权力并直接参与朝政的机会，后来二人还分别以常山王太傅和清河王太傅的虚职离开京都而赴任地方藩国。

汉文帝和汉景帝为代表的汉初最高统治集团在文化上笼络醇儒的原因主要有二：一是秦王朝钳制文化的政策使汉初最高统治集团真切认识到文化复兴之于新国家建设的重要性。文化落后地区的秦国完成了对文化先进地区的东方六国的征服之后，本应该及时调整文化政策，以适应治理天下的需要。但秦王朝最高统治集团不仅顽固地排斥东方先进文化，还实施焚书坑儒、“以吏为师”的文化政策，企图以落后地区的文化统治先进地区的文化。秦王朝这种倒行逆施的文化政策所引发的社会尖锐矛盾不久之后终于显露无遗，鲁地儒生在秦末乱世中纷纷投奔陈涉大军，借此发泄他们对于秦王朝的怨愤：“及至秦始皇兼天下，燔《诗》《书》，杀术士，六学从此缺矣。陈涉之王也，鲁诸儒持孔氏礼器往归之，于是孔甲为涉博士，卒与俱死。陈涉起匹夫，驱適戍以立号，不满岁而灭亡，其事至微浅，然而搢绅先生负礼器往委质为臣者何也？以秦禁其业，积怨而发愤于陈王也。”[①]汉初最高统治集团以史为鉴，拨乱反正，“改秦之败，大收篇籍，广开献书之路”[②]，大力提倡文化复兴。在文化复兴的时代浪潮中，汉初统治者自然不能忽视曾经作为社会显学存在并且与日常人伦联系紧密的儒家学派，因此他们采取笼络醇儒以示范天下的举措就很正常了。二是纵横之儒的政治活动使汉初最高统治集团切实认识到整个儒士群体以及传统儒家文化之于新国家

---

① [汉]班固：《汉书·儒林传》，北京：中华书局，2000年版，第2665页。
② [汉]班固：《汉书·艺文志》，北京：中华书局，2000年版，第1351页。

建设的重要性。“礼乐刑政四达而不悖，则王道备矣”[①]，然而秦王朝统治者却反其道而行之，“灭礼谊之官，专任刑罚”，“奸邪并生，赭衣塞路，囹圄成市，天下愁怨，溃而叛之”[②]。有鉴于此，汉初的纵横之儒竭力引导统治者以儒家文化为宗治理天下。例如叔孙通先后主持了汉高祖和汉惠帝时期的仪法制定工作，从而初步改变了秦汉之际由于礼乐制度残缺不全所导致的社会秩序发生混乱的局面；陆贾为纠正刘邦“居马上而得之，安事《诗》《书》”的错误观念而著《新语》[③]，通过总结朝代兴亡的历史经验教训给刘邦以启示；贾谊则以系列上疏文陈述“三代与秦治乱之意”，从而对汉文帝的施政产生影响。汉初纵横之儒在新国家建设中所作出的重大贡献使统治者逐渐意识到整个儒士群体以及传统儒家文化对于治国安邦的巨大作用。毕竟在汉初儒士群体中，醇儒虽然与纵横之儒在人生价值取向、具体行为方式和社会政治地位上存在较大差异，但归根结底同属儒家学派，二者在治国理政的基本思想上是相通的，所以醇儒同样可以有效参与新国家的建设，只不过采取的是传播学术、教化人心、移风易俗的方式而已。

另一方面，汉文帝和汉景帝为代表的汉初最高统治集团在政治上拒绝重用醇儒的原因也主要有二：一是势力强大的汉初军功集团对于儒士群体的压制。刘邦平定天下之后论功封侯，形成了以萧何、张良、曹参、周勃、樊哙、灌婴等兴汉功臣为代表的军功集团，汉惠帝、高后、汉文帝和汉景帝时期又追封了一批“高祖时遗功臣”为侯[④]。“汉兴二十余年，天下初定，公卿皆军

① [汉]司马迁：《史记·乐书》，北京：中华书局，2000 年版，第 1045 页。
② [汉]班固：《汉书·刑法志》，北京：中华书局，2000 年版，第 929 页。
③ [汉]司马迁：《史记·郦生陆贾列传》，北京：中华书局，2000 年版，第 2084 页。
④ [汉]司马迁：《史记·惠景间侯者年表》，北京：中华书局，2000 年版，第 825 页。

吏"①,"及孝文即位,躬修玄默,劝趣农桑,减省租赋。而将相皆旧功臣,少文多质"②,可见汉初军功集团长期垄断着公卿将相的高位,属于既得利益阶层。这个军功集团的主要成员多来自底层平民和小官吏,如萧何曾"为沛主吏掾",曹参曾"为狱掾",周勃曾"以织薄曲为生",樊哙曾"以屠狗为事",灌婴曾为"贩缯者"③,文化素质普遍低下,对包括儒士在内的士人轻则鲁莽相处,重则妒忌打击。如周勃"不好文学,每召诸生说士,东向坐而责之:'趣为我语'"④。再如汉文帝准备重用贾谊,让其担任公卿之位,结果"绛、灌、东阳侯、冯敬之属尽害之,乃短贾生曰:'雒阳之人,年少初学,专欲擅权,纷乱诸事。'于是天子后亦疏之,不用其议,乃以贾生为长沙王太傅"⑤。尽管汉文帝曾一度希望举贤良以抗衡军功集团,但却收效甚微。直至汉武帝在位的前期,汉初军功集团的势力才被决定性地削弱,儒士群体才开始大范围得到重用。二是黄老之学对于儒家学派的压倒性优势。黄老之学产生于战国时期,汉初最高统治集团视之为理想的治术并大力推崇:"孝惠皇帝、高后之时,黎民得离战国之苦,君臣俱欲休息乎无为,故惠帝垂拱,高后女主称制,政不出房户,天下晏然"⑥,"孝文好道家之学,以为繁礼饰貌,无益于治,躬化谓何耳,故罢去之"⑦,"窦太后好黄帝、老子言,帝及太子诸窦不得不

---

① [汉]班固:《汉书·张周赵任申屠传》,北京:中华书局,2000年版,第1620页。

② [汉]班固:《汉书·刑法志》,北京:中华书局,2000年版,第929页。

③ [汉]班固:《汉书·萧何曹参传》《汉书·张陈王周传》《汉书·樊郦滕灌傅靳周传》,北京:中华书局,2000年版,第1553、1559、1586、1599、1607页。

④ [汉]司马迁:《史记·绛侯周勃世家》,北京:中华书局,2000年版,第1649页。

⑤ [汉]司马迁:《史记·屈原贾生列传》,北京:中华书局,2000年版,第1940—1941页。

⑥ [汉]司马迁:《史记·吕太后本纪》,北京:中华书局,2000年版,第290页。

⑦ [汉]司马迁:《史记·礼书》,北京:中华书局,2000年版,第1025页。

读《黄帝》、《老子》，尊其术”①。任何学说在兴起之初往往因其“片面的深刻性”而引人注目，待其成熟后，则必然会局限性尽显而不得不兼取别家学说以图进一步的发展。黄老之学即是如此。其学本于老子，为适应战国之世的现实需要而吸收了法家思想，同时又兼采百家，“因阴阳之大顺，采儒墨之善，撮名法之要，与时迁移，应物变化，立俗施事，无所不宜，指约而易操，事少而功多”②。汉初最高统治集团由于严重缺乏治国安邦的理论与实践准备，所以急需一种既便于操作又容易快出成效的学说作为思想指南，而黄老之学作为形而下的治术，其可操作性和可预见性显然远远胜过“累世不能通其学，当年不能究其礼”“博而寡要，劳而少功”的儒学③，因此汉初社会黄老之学被选择为官方主流思想意识形态实乃历史发展的必然。在这样的思想文化背景下，汉初醇儒被最高统治集团排斥就是自然而然的事了。

汉武帝即位后，为进一步加强中央集权，一方面继承了汉文帝“举贤良”的措施以充实新兴官僚集团，另一方面又在思想文化领域实行“推明孔氏，抑黜百家”的基本国策。汉文帝“举贤良”之事先后发生于文帝前元二年和前元十五年。前元二年，汉文帝下诏云：“朕下不能理育群生，上以累三光之明，其不德大矣。令至，其悉思朕之过失，及知见思之所不及，匄以告朕。及举贤良方正能直言极谏者，以匡朕之不逮”④；前元十五年，汉文帝下诏云：“诏诸侯王公卿郡守举贤良能直言极谏者，上亲策之”⑤。但汉文帝所选贤良并不只限于儒士。汉武帝本好儒学，在喜好黄老之学的窦太后去世的第二年便大张旗鼓征召贤良，

① [汉]司马迁：《史记·外戚世家》，北京：中华书局，2000年版，第1584页。
② [汉]司马迁：《史记·太史公自序》，北京：中华书局，2000年版，第2486页。
③ [汉]司马迁：《史记·太史公自序》，北京：中华书局，2000年版，第2487页。
④ [汉]司马迁：《史记·孝文本纪》，北京：中华书局，2000年版，第297页。
⑤ [汉]班固：《汉书·文帝纪》，北京：中华书局，2000年版，第92页。

而且所征贤良多为儒士①。董仲舒和公孙弘即是汉武帝时期贤良之儒的代表人物。

“贤良”意为贤能良善，“贤良之儒”意为德行才干兼备的儒士，但实际上贤良之儒群体的整体素质却是良莠不齐。如董仲舒居家时，“朝廷如有大议，使使者及廷尉张汤就其家而问之，其对皆有明法。自武帝初立，魏其、武安侯为相而隆儒矣。及仲舒对册，推明孔氏，抑黜百家。立学校之官，州郡举茂材孝廉，皆自仲舒发之”②，乃至于被刘向誉为“有王佐之才”。作为贤良之儒，董仲舒“为人廉直”，曾经数次力谏统治者，表现出了一定的风骨。与董仲舒不同，公孙弘虽位列天子三公并且被封为平津侯，却不能坚持原则一心为公，反而以面谀为能事，以致汲黯批评他“多诈而无情”③，辕固也曾当面告诫他“务正学以言，无曲学以阿世”④。

然而尽管如此，贤良之儒因其“通于世务，明习文法，以经术润饰吏事”⑤的特点受到汉武帝的器重：与醇儒不重现实功利因而“失之于迂”相比，贤良之儒精通社会实务、明晓为政之道；与纵横之儒太重现实功利因而“失之于诈”相比，贤良之儒注重在政治活动中以儒家思想为指导，从而使政治活动不至于偏离基本的思想道德规范。贤良之儒的崛起既是“罢黜百家、独尊儒

① ［汉］司马迁《史记·孝武本纪》：“元年，汉兴已六十余岁矣，天下乂安，荐绅之属皆望天子封禅改正度也。而上乡儒术，招贤良，赵绾、王臧等以文学为公卿，欲议古立明堂城南，以朝诸侯。草巡狩封禅改历服色事未就。会窦太后治黄老言，不好儒术，使人微得赵绾等奸利事，召案绾、臧，绾、臧自杀，诸所兴为者皆废。后六年，窦太后崩。其明年，上征文学之士公孙弘等。”（北京：中华书局，2000 年版，第 317—318 页）

② ［汉］班固：《汉书·董仲舒传》，北京：中华书局，2000 年版，第 1919 页。

③ ［汉］班固：《汉书·公孙弘卜式兒宽传》，北京：中华书局，2000 年版，第 1989 页。

④ ［汉］司马迁：《史记·儒林列传》，北京：中华书局，2000 年版，第 2375 页。

⑤ ［汉］班固：《汉书·循吏传》，北京：中华书局，2000 年版，第 2687 页。

术”的产物，又是儒士群体开始被官僚化、体制化的结果，从此以后，贤良之儒便成为中国古代士大夫阶层的主体。

正因为贤良之儒非常吻合最高统治者对于新兴官僚集团的要求，所以深得汉武帝的推崇。对于醇儒，汉武帝则抱着若即若离的态度，虽然能够待之以礼，但并不打算重用，只是将其视作汉帝国文化复兴事业的点缀品而已。申公的遭遇即是明证。申公的弟子赵绾、王臧建议汉武帝立明堂以召集诸侯朝会，建议失败后便推荐名儒申公，希望借申公之力说服汉武帝。汉武帝派使者迎请申公。当汉武帝向申公询问治乱之事时，已经八十多岁的申公当面直言“为治者不在多言，顾力行何如耳”[①]，这使满怀希望聆听治国宏论的汉武帝大为失望。尽管汉武帝仍然授予申公太中大夫之职并让其负责商议立明堂之事，但实际上这样的任用也仅仅只是具有象征性的意味罢了。后来赵绾、王臧被迫自杀，申公也“疾免以归”，在现实政治生活中终无所成。另外，对于纵横之儒，汉武帝则表现出了反感的态度。如建元元年，“诏丞相、御史、列侯、中二千石、二千石、诸侯相举贤良方正直言极谏之士。丞相绾奏：‘所举贤良，或治申、商、韩非、苏秦、张仪之言，乱国政，请皆罢。’奏可”[②]；再如明确要求时任会稽太守的严助在汇报情况时“具以《春秋》对，毋以苏秦从横”[③]；又如东方朔虽然忠心侍奉汉武帝多年，但“官不过侍郎，位不过执戟”，“终不见用”[④]。总之，汉武帝时期是纵横之儒失势、醇儒只能发挥文化点缀功能而贤良之儒开始政治崛起的时期。

综上所述，汉初社会的儒士群体最终分化为醇儒、纵横之儒

① [汉]司马迁：《史记·儒林列传》，北京：中华书局，2000年版，第2373页。

② [汉]班固：《汉书·武帝纪》，北京：中华书局，2000年版，第111页。

③ [汉]班固：《汉书·严朱吾丘主父徐严终王贾传》，北京：中华书局，2000年版，第2107页。

④ [汉]班固：《汉书·东方朔传》，北京：中华书局，2000年版，第2161页。

和贤良之儒。随着历史的发展，这三类儒士的社会地位也在相应发生变化。从汉高祖到汉景帝时期，纵横之儒极为活跃。汉武帝即位后，纵横之儒被冷落，贤良之儒正式登上政治舞台。醇儒则在整个汉初阶段一直不被最高统治集团真正重视。不过在齐鲁附近的一些藩国中，醇儒的处境却大为不同，部分藩王因为爱好传统儒学的缘故而对醇儒礼遇有加，从而造成了醇儒之学在汉初藩国的兴盛局面。这一局面的形成可分为前后两个阶段：首先是在楚国，以《诗经》的传授为中心，领袖人物是楚元王刘交；然后是在河间国，以先秦儒家六艺的搜集、整理和传授为中心，领袖人物是河间献王刘德。

第二章　汉初楚国和河间国的醇儒之学

随着士人纵横风气的复兴，汉初儒士群体发生了内部分化：纵横之儒希望通过积极投身现实政治的方式赢取功名，入世心理极为迫切；醇儒则致力于继承和发扬先秦儒学，以开展学术活动作为主要的生活方式。汉初的纵横之儒多活跃在关中地区，醇儒则多活跃在齐鲁及其附近地区[①]。醇儒之学在汉初藩国的兴盛，可分为前后两个阶段：首先是在楚元王刘交时期的楚国，以《诗经》的传授为中心；然后是在河间献王刘德时期的河间国，以先秦儒家传统六艺的搜集、整理和传授为中心。

第一节　楚国的醇儒之学

汉高祖五年（前202年），刘邦封韩信为楚王，辖东海、会稽、泗水、薛郡、陈郡等五郡。汉高祖六年，韩信被夺国，刘交获封楚王，辖薛郡、东海、彭城三十六县。刘交世系的楚国前后共计八位楚王，即楚元王刘交、楚夷王刘郢客、楚王刘戊、楚文王刘礼、

① ［汉］司马迁《史记·儒林列传》："天下并争于战国，儒术既绌焉，然齐鲁之间，学者独不废也。……及高皇帝诛项籍，举兵围鲁，鲁中诸儒尚讲诵习礼乐，弦歌之音不绝，岂非圣人之遗化，好礼乐之国哉？……夫齐鲁之间于文学，自古以来，其天性也。故汉兴，然后诸儒始得修其经艺，讲习大射乡饮之礼。"（北京：中华书局，2000年版，第2369、2370页）

楚安王刘道、楚襄王刘注、楚节王刘纯以及楚王刘延寿,最终在汉宣帝时期因刘延寿谋反而国除。汉初楚国诸王之中,楚元王刘交由于其重要的历史性贡献而长期为人所称颂。具体而言,刘交的历史性贡献乃在于在楚国宫廷创建了一个以《诗经》传授为中心的醇儒学术团体,并且开创了一个在西汉时期赫赫有名的以醇儒之学为安身立命基石的儒学世家。

一　以《诗经》传授为中心的楚元王刘交醇儒学术团体

楚元王刘交历经了汉高祖、汉惠帝和高后当政这三个时期。这三个时期的西汉社会上层统治集团内部先后发生了一系列波谲云诡的政治斗争,如汉高祖对异姓王的铲除以及高后与刘氏皇室集团的尖锐冲突。作为皇室宗亲,好书崇儒的刘交并没有卷入这些政治斗争,而是选择了一条专心致力于在楚国发展醇儒之学的道路。

刘交,字游,刘邦之弟,生年不详,卒于公元前 179 年。刘邦长兄早逝,次兄耕田为业,刘邦本人则不好儒而好酒色,因此在兄弟四人之中,"好书,多材艺"的刘交属于比较另类的一位。秦时,少年刘交"尝与鲁穆生、白生、申公俱受《诗》于浮丘伯"[①],表现出好儒的特点。秦朝末年,刘交参加了刘邦的反秦活动,"与萧、曹等俱从高祖见景驹,遇项梁,共立楚怀王。因西攻南阳,入武关,与秦战于蓝田。至霸上,封交为文信君,从入蜀汉,还定三秦,诛项籍"[②]。刘邦即帝位后,刘交还获得了参与军政大事的机会,"与卢绾常侍上,出入卧内,传言语诸内事隐谋"[③]。正因为建汉有功,再加上特殊的身份,所以汉高祖六年刘交受封楚王,成为汉初强藩之一。

---

① [汉]班固:《汉书·楚元王传》,北京:中华书局,2000 年版,第 1495 页。
② [汉]班固:《汉书·楚元王传》,北京:中华书局,2000 年版,第 1495 页。
③ [汉]班固:《汉书·楚元王传》,北京:中华书局,2000 年版,第 1495 页。

刘交少时就喜好《诗经》，后来还取得过一定的《诗》学成就："申公始为《诗》传，号《鲁诗》。元王亦次之《诗》传，号曰《元王诗》。"①《元王诗》惜已早佚。刘交受封楚王后，尊重醇儒并推崇儒学，"以穆生、白生、申公为中大夫"②，从而在楚国宫廷创建了一个以《诗经》传授为中心的稳定的醇儒学术团体。这个学术团体的三位主要成员穆生、白生和申公都属于恪守儒家传统观念、持学守正而不善委曲变通的醇儒。如穆生仅因楚王刘戊不尊重自己饮醴的生活习惯便称病离去："先王之所以礼吾三人者，为道之存故也；今而忽之，是忘道也。忘道之人，胡可与久处！"③白生、申公则为了报答先王刘交的礼敬之德而留下来辅佐淫暴的楚王刘戊，结果招致"胥靡之，衣之赭衣，使杵臼雅舂于市"的结局④。

申公无疑是楚国这个醇儒学术团体之中对后世影响最大的学者。申公，名培，鲁人，生于战国末年⑤，卒于汉武帝时期。申公与刘交在秦朝焚书之前曾一道学《诗》于浮丘伯。高后时期，浮丘伯在长安，刘交又"遣子郢客与申公俱卒业"⑥。秦朝焚书之事发生在秦统一天下之后的第八年(前 213 年)，高后当政时间为公元前 187 年至公元前 180 年，故申公分别与刘交父子学《诗》于浮丘伯的时间间隔为二三十年之久，由此可见申刘二人学术兴趣相同而且私交甚笃。

① [汉]班固:《汉书・楚元王传》，北京:中华书局，2000 年版，第 1496 页。
② [汉]班固:《汉书・楚元王传》，北京:中华书局，2000 年版，第 1496 页。
③ [汉]班固:《汉书・楚元王传》，北京:中华书局，2000 年版，第 1497 页。
④ [汉]班固:《汉书・楚元王传》，北京:中华书局，2000 年版，第 1497 页。
⑤ [汉]班固《汉书・儒林传》云:建元元年，汉武帝征鲁申公，申公"至，见上，上问治乱之事。申公时已八十余"。(北京:中华书局，2000 年版，第 2676 页)汉武帝建元元年即公元前 140 年，而此时申公"已八十余"，也就是说此时其年龄至少 81 岁，由此则推知其生年不晚于公元前 221 年，即战国末年。
⑥ [汉]班固:《汉书・楚元王传》，北京:中华书局，2000 年版，第 1496 页。

秦亡汉兴之际，申公曾在鲁地的南宫拜见过汉高祖刘邦，楚元王时任职楚国中大夫，后赴长安继续求学于浮丘伯，楚夷王刘郢客在位时复任楚国中大夫，楚王刘戊在位末期则“归鲁退居家教，终身不出门。复谢宾客，独王命召之乃往”①，因“为《诗》最精”被汉文帝征为博士②。申公身为醇儒，好学而不乐于现实政治：

> 上使使束帛加璧，安车以蒲裹轮，驾驷迎申公，弟子二人乘轺传从。至，见上，上问治乱之事。申公时已八十余，老，对曰：“为治者不在多言，顾力行何如耳。”是时上方好文辞，见申公对，默然。③

申公弟子有一千多人，其中十余人为博士，著名弟子有郎中令王臧、御史大夫赵绾、临淮太守孔安国、胶西内史周霸、城阳内史夏宽、东海太守鲁赐、长沙内史缪生、胶西中尉徐偃、胶东内史阙门庆忌以及江公等。申公主要传授《诗经》，开创“鲁诗”一派。与齐诗和韩诗相比，鲁诗更接近于《诗经》作品的本义：“鲁申公为《诗》训故，而齐辕固、燕韩生皆为之传。或取《春秋》，采杂说，咸非其本义。与不得已，鲁最为近之。”④西汉时期鲁诗备受推崇，具有很大的影响力。

西汉开国之际，文化凋零，“天下唯有《易》卜，未有它书”⑤，而楚元王刘交能于普天之下首倡儒学，并在楚国宫廷创建醇儒学术团体，这对于儒学的薪火相传以及汉初传统文化的复兴可

---

① ［汉］班固：《汉书・儒林传》，北京：中华书局，2000年版，第2676页。
② ［汉］班固：《汉书・楚元王传》，北京：中华书局，2000年版，第1496页。
③ ［汉］班固：《汉书・儒林传》，北京：中华书局，2000年版，第2676页。
④ ［汉］班固：《汉书・艺文志》，北京：中华书局，2000年版，第1356页。
⑤ ［汉］班固：《汉书・楚元王传》，北京：中华书局，2000年版，第1528页。

谓功莫大焉。正因为如此，刘交被后人评价为西汉“儒林之首”，享有崇高的历史地位：“楚元王，高祖同父兄弟也。秦汉间，急攻战，燔坟籍。一家之内，仲则力田治生产矣；季则好酒及色，嫚骂儒生矣。交何所见而早，毅然学古，独与穆生、白生、申公辈游，同受《诗》于浮邱伯，岂非豪杰之士无待而兴者哉？然则交固汉儒林之首也。”①

二　以醇儒之学为安身立命基石的西汉楚元王世家

刘交不仅自己喜好《诗经》，还十分重视子辈对于《诗经》的学习，如高后期间曾派刘郢客赴长安向浮丘伯学习《诗经》。在刘交的言传身教下，“诸子皆读《诗》”，而且这种“读《诗》”的家风代代相传，从而最终形成了一个贯穿汉初乃至于整个西汉时期的以醇儒之学为安身立命基石的著名儒学世家。这个儒学世家的文化传承顺序及其主要代表人物如下：

代别	主要代表人物	主要生活时期	备注
一	刘交	汉高祖、汉惠帝、高后	
二	刘郢客（刘交之子）	高后、汉文帝	刘交之子：太子刘辟非（按：辟非先刘交卒）、楚夷王刘郢客、楚文王刘礼、休侯刘富（后更封为红侯）、沈犹侯刘岁、宛朐侯刘執、棘乐侯刘调。
三	刘辟彊（刘富之子、刘交之孙）	汉景帝、汉武帝、汉昭帝	楚夷王刘郢客在位四年薨，其子刘戊任楚王，后参与七国叛乱。刘富被迫逃奔长安，与其子刘辟彊等仕于朝。

① ［清］朱彝尊：《经义考》，北京：中华书局，1998年版，第545页。

续表

代别	主要代表人物	主要生活时期	备注
四	刘德（刘辟彊之子、刘交之曾孙）	汉武帝、汉昭帝、汉宣帝	
五	刘向（刘德之子、刘交之玄孙）	汉宣帝、汉元帝、汉成帝	
六	刘歆（刘向之子、刘交之来孙①）	汉成帝、汉哀帝、汉平帝、王莽[新]	

刘郢客，刘交之子，高后时奉父命赴长安学《诗经》于浮丘伯，曾任高后时期的宗正之职。宗正一职负责掌管皇帝亲属的相关事务，一般由有德行有威望的皇室成员担任。当时高后虽大权在握，但与刘氏皇族集团矛盾重重，故高后选择刘郢客为宗正，极可能是为了缓和吕氏与刘氏之间矛盾的需要，同时这也从一个侧面说明刘郢客继承了其父刘交持学守正而不愿卷入现实政治斗争的性格特征。刘交去世后，因楚国原太子刘辟非早卒，所以汉文帝在刘交尚存的六子中选择刘郢客继承楚王之位，这进一步表明了中央政权对刘郢客道德品行的认可。刘郢客回国继位时携失去博士之官的申公同行，并任申公为楚国中大夫，兼有“傅太子戊”之责，由此可见刘郢客切实承袭了其父刘交崇儒且重视儒学传家的风范。

刘辟彊，字少卿，刘富之子，刘交之孙。刘辟彊才华突出，既

① 《尔雅·释亲》:“子之子为孙，孙之子为曾孙，曾孙之子为玄孙，玄孙之子为来孙。”(《尔雅注疏》,《十三经注疏》,北京:中华书局,1980 年版,第 2592 页)

喜欢儒学，还善于作赋，《汉书·艺文志》记载其“赋八篇”[①]，而且有辩才：“好读《诗》，能属文。武帝时，以宗室子随二千石论议，冠诸宗室。”[②]与祖父刘交和父亲刘富不同的是，刘辟彊思想中夹杂着道家的因素：“清静少欲，常以书自娱，不肯仕。”[③]直到汉昭帝时期，已经八十岁的刘辟彊才担任朝廷的光禄大夫，守长乐卫尉，后又任宗正。

刘德，字路叔，刘辟彊之子，刘交曾孙。刘德“有智略”，年少时喜好上书言事，曾被汉武帝召见于甘泉宫并誉之为“千里驹”。但刘德与其父刘辟彊一样不好仕途，直至汉昭帝时期才任宗正丞等职务。刘德思想中的道家色彩远胜于其父刘辟彊，他“修黄老术”，“常持《老子》知足之计。妻死，大将军光欲以女妻之，德不敢取，畏盛满也”[④]，同时又兼有儒家的一面：“宽厚，好施生，每行京兆尹事，多所平反罪人。家产过百万，则以振昆弟宾客食饮，曰：‘富，民之怨也。’”[⑤]此外，刘德也喜好作赋，《汉书·艺文志》记载其“赋九篇”[⑥]。

刘向，字子政，本名更生，刘德之子，刘交玄孙。刘向通经，曾被汉宣帝征召“受《穀梁》，讲论《五经》于石渠”[⑦]；此外对神仙方术之事也颇感兴趣，幼时曾读诵淮南王刘安的《枕中鸿宝》和《苑秘书》，相信书中所说的神仙能够使鬼物造金的方术，并献给汉宣帝，宣称黄金可成。刘向还善文，“以通达能属文辞，与王褒、张子侨等并进对，献赋颂凡数十篇”[⑧]。《汉书·艺文志》记

① ［汉］班固：《汉书·艺文志》，北京：中华书局，2000年版，第1380页。
② ［汉］班固：《汉书·楚元王传》，北京：中华书局，2000年版，第1498页。
③ ［汉］班固：《汉书·楚元王传》，北京：中华书局，2000年版，第1498页。
④ ［汉］班固：《汉书·楚元王传》，北京：中华书局，2000年版，第1499页。
⑤ ［汉］班固：《汉书·楚元王传》，北京：中华书局，2000年版，第1500页。
⑥ ［汉］班固：《汉书·艺文志》，北京：中华书局，2000年版，第1379页。
⑦ ［汉］班固：《汉书·楚元王传》，北京：中华书局，2000年版，第1500页。
⑧ ［汉］班固：《汉书·楚元王传》，北京：中华书局，2000年版，第1500页。

载“刘向赋三十三篇”①，现知其赋作有《请雨华山赋》《雅琴赋》《围棋赋》《松枕赋》《麒麟角杖赋》《合赋》《行过江上弋雁赋》《行弋赋》和《弋雌得雄赋》②，其中后六篇均为存目。刘向著作很多，除赋作之外，还有散体文章，如《疾谗》《擿要》《救危》《世颂》《洪范五行传论》等等，其中最著名的是《列女传》《新序》和《说苑》：“向睹俗弥奢淫，而赵、卫之属起微贱，逾礼制。向以为王教由内及外，自近者始。故采取《诗》《书》所载贤妃贞妇，兴国显家可法则，及孽嬖乱亡者，序次为《列女传》，凡八篇，以戒天子。及采传记行事，著《新序》、《说苑》凡五十篇奏之。数上疏言得失，陈法戒。书数十上，以助观览，补遗阙。”③三书大量引用《诗经》作品，其中《列女传》引《诗》119 则，《新序》引《诗》41 则，《说苑》引《诗》61 则④，这既说明了刘向对《诗经》的娴熟，也体现了楚元王家族喜好《诗经》之传统家风一直得以延续。刘向继承了楚元王家族好儒守正的传统，“为人简易无威仪，廉靖乐道，不交接世俗，专积思于经术，昼诵书传”⑤，同时又一改家族远离现实政治斗争的风尚，极为热衷政事，在汉元帝、汉成帝期间多次上书言事，“常显讼宗室，讥刺王氏及在位大臣，其言多痛切，发于至诚”⑥，由此几次被免官下狱。

刘向的三个儿子刘伋、刘赐和刘歆皆好学，以刘歆成就最大。刘歆，字子骏，楚元王刘交来孙。刘歆继承了家族好儒的传统风气，少时即因通《诗》《书》能属文而被汉成帝召见。刘歆对

① ［汉］班固：《汉书·艺文志》，北京：中华书局，2000 年版，第 1379 页。

② 费振刚、胡双宝、宗明华辑校：《全汉赋》，北京：北京大学出版社，1993 年版，第 151—159 页。

③ ［汉］班固：《汉书·楚元王传》，北京：中华书局，2000 年版，第 1520—1521 页。

④ 马荣江：《“元王诗”考索》，《东南文化》，2009 年第 6 期。

⑤ ［汉］班固：《汉书·楚元王传》，北京：中华书局，2000 年版，第 1524 页。

⑥ ［汉］班固：《汉书·楚元王传》，北京：中华书局，2000 年版，第 1527 页。

西汉儒学的重要历史性贡献，乃在于他提高了醇儒之学的社会影响力，并将包括醇儒之学在内的西汉儒学研究推到了一个新的学术高度。汉哀帝时期，刘歆不满《五经》博士们“信口说而背传记，是末师而非往古”的功利主义学风①，“欲建立《左氏春秋》及《毛诗》、《逸礼》、《古文尚书》皆列于学官”②。这些典籍均为醇儒之学的重要研究内容，因此刘歆建议将其列入学官之举，客观上提升了醇儒之学的社会地位，自然会引起以《五经》博士为代表的贤良之儒的反对，而刘歆则毫不畏惧，毅然与之进行激烈辩论：“哀帝令歆与《五经》博士讲论其义，诸博士或不肯置对，歆因移书太常博士，责让之。”③除了致力于儒学研究，刘歆还兴趣广泛、多才多艺，“诸子、诗赋、数术、方技，无所不究”④，其文有《移让太常博士书》，其赋有《遂初赋》《甘泉宫赋》《灯赋》⑤。此外，作为杰出目录学家的刘歆与同为杰出目录学家的父亲刘向一起奉诏领校秘书，整理了先秦西汉时期的大量儒家经典文本，并分别编入《七略》和《别录》，从而确立了一套系统的儒家学术体系。

总之，楚元王刘交所开创的这个西汉儒学家族，尽管在漫长的历史过程中出现了一些倾向性的新变，如学术上从儒学为主发展到儒道乃至于方术兼修，政治上从消极参政发展到积极参政，个人兴趣上从单纯以学术为主发展到学术与创作并重，但是这个家族持中守正的醇儒价值观却代代相传、始终未变。这种现象的形成，自然与作为这一儒学世家开创者的刘交的品行与

① [汉]班固：《汉书·楚元王传》，北京：中华书局，2000年版，第1529页。
② [汉]班固：《汉书·楚元王传》，北京：中华书局，2000年版，第1527页。
③ [汉]班固：《汉书·楚元王传》，北京：中华书局，2000年版，第1527页。
④ [汉]班固：《汉书·楚元王传》，北京：中华书局，2000年版，第1527页。
⑤ 费振刚、胡双宝、宗明华辑校：《全汉赋》，北京：北京大学出版社，1993年版，第231—239页。

学识密切相关，而刘交本人也因此受到了时人和后人的广泛好评：

> 楚王，季父也，春秋高，阅天下之义理多矣，明于国家之体。①
>
> 兢兢元王，恭俭净壹，惠此黎民，纳彼辅弼。飨国渐世，垂烈于后。②
>
> 交以好学礼贤开国，故戊虽以叛诛，而辟彊、德、向皆世济其美。汉之宗英，于斯为盛。③

第二节　河间国的醇儒之学

《战国策·赵策》云赵国乃“万乘之强国也，前漳、滏，右常山，左河间，北有代”④，可见河间之名在战国时期已经出现。汉文帝即位第二年（前178年），取赵国河间郡置河间国，立刘辟彊为王，即河间文王⑤。刘辟彊立13年薨，哀王刘福继位，一年薨，因无子而国除。汉景帝前元二年（前155年），复置河间国，景帝之子刘德被立为王，即河间献王。河间国自献王之后依次是河间共王刘不害、河间刚王刘堪、河间顷王刘授、河间孝王刘庆、河间王刘元、河间惠王刘良以及河间王刘尚，最终在王莽时期除

① ［汉］班固：《汉书·文帝纪》，北京：中华书局，2000年版，第81页。

② ［汉］班固：《汉书·韦贤传》，北京：中华书局，2000年版，第2322页。

③ ［宋］黄震：《黄震全集》第五册，杭州：浙江大学出版社，2013年版，第1592页。

④ ［汉］刘向集录，［宋］姚宏、鲍彪等注：《战国策》，上海：上海古籍出版社，2015年版，第426页。

⑤ 汉初宗室有两个人的姓名皆为刘辟彊，其一乃汉文帝时期的河间国始封之君河间文王刘辟彊，是汉高祖刘邦之孙、赵幽王刘友之子、赵王刘遂之弟；其二乃汉昭帝时期的宗正刘辟彊，是楚元王刘交之孙、休侯（后更封为红侯）刘富之子。

国。在河间国诸王中，“修学好古”且“好儒学”的河间献王刘德开创了汉初醇儒之学在河间国彬彬之盛的局面。河间国醇儒之学是继楚国醇儒之学而起的第二个汉初醇儒学术中心，是醇儒之学在汉初发展达到最高峰的标志。

一　河间献王刘德：新一代刘氏藩王群体中的一股清流

汉高祖刘邦在位期间，分封了诸多刘氏藩王；在位末年，更是与兴汉诸功臣刑白马而盟，约定“非刘氏而王，天下共击之”①。汉高祖时期得以建藩的楚王刘交、吴王刘濞、齐王刘肥、赵王刘如意、代王刘恒、梁王刘恢、淮阳王刘友、淮南王刘长和燕王刘建等九大藩王构成了汉初第一代刘氏藩王的主体，而且政治地位大都比较稳定。刘邦死后，吕雉执掌权柄，对刘氏皇族子弟施以政治高压，第一代刘氏藩王动辄得咎，常常身无重大过错却无辜被迫害，齐悼惠王刘肥、赵隐王刘如意、赵幽王刘友、赵共王刘恢和燕灵王刘建等人皆是如此：刘肥入朝时因受惠帝“如家人礼”的厚遇而引发吕后的忌恨；吕后“乃令人酌两卮鸩酒置前，令齐王为寿”，欲除之而后快；刘肥大为忧惧，最终通过献城阳郡予吕后之女鲁元公主并尊鲁元公主为王太后才得以安全返国。刘如意则被吕后鸩杀。刘友“以诸吕女为后，不爱，爱它姬”，结果惹怒吕后而被囚禁至死。刘恢奉吕后之命以吕产之女为王后，王后从官“内擅权，微司赵王，王不得自恣。王有爱姬，王后鸩杀之”，刘恢因悲思交加而最终自杀。刘建死后，吕后杀其子使之绝后②。

诸吕被铲除之后，汉文帝、汉景帝、汉武帝先后即位，继续分封刘氏藩王。由于所处时代的不同，文、景、武时期陆续产生的

① ［汉］司马迁：《史记·吕太后本纪》，北京：中华书局，2000年版，第282页。

② 这五王的相关具体情况可参见［汉］班固《汉书·高五王传》，北京：中华书局，2000年版，第1541—1543页。

新一代刘氏藩王群体表现出了迥异于第一代刘氏藩王群体的特点：

其一是新一代刘氏藩王群体之中出现了悍然对抗中央政权的现象。汉高祖、汉惠帝和高后时期，第一代刘氏藩王群体或因自身羽翼未丰或因顾及刘氏政权的稳定等原因，尚不敢明显对抗中央政权。汉文帝前元三年，济北王刘兴居以文帝对自己有“失职夺功”之举而发动叛乱，结果兵败自杀。这一事件开启了新一代刘氏藩王悍然对抗中央政权的先河。新一代刘氏藩王悍然对抗中央政权的事件在汉景帝时期达到高潮。汉景帝前元三年，吴楚七国为抗拒朝廷削藩而以“诛晁错、清君侧”为由发动叛乱，周亚夫、窦婴等人率军平叛，“追斩吴王濞于丹徒。胶西王卬、楚王戊、赵王遂、济南王辟光、菑川王贤、胶东王雄渠皆自杀”[①]。到了汉武帝时期，虽然造成剧烈动荡的新一代刘氏藩王反叛事件基本不再发生，但是部分刘氏藩王谋反之心事实上并未完全泯灭，如汉武帝时期的淮南王刘安和衡山王刘赐就素怀反心，只不过一直处于准备和观望状态之中，直至二人后来因被告发而自杀[②]。

其二是新一代刘氏藩王群体之中出现了耽于享乐、罔顾礼法以至骄横异常的现象。汉高祖、汉惠帝和高后时期，社会秩序尚未完全安定，社会经济尚未完全恢复，再加上诸吕对刘氏藩王的压制，因此以楚元王为代表的第一代刘氏藩王群体大都能做到循礼守法。这一现象在汉文帝、汉景帝和汉武帝时期却发生了巨变。随着汉初经济的日益繁荣以及文化的日益昌盛，自幼“生于深宫之中，长于妇人之手，未尝知忧，未尝知惧”的新一代

① [汉]班固：《汉书·景帝纪》，北京：中华书局，2000 年版，第 103 页。

② 淮南王刘安和衡山王刘赐谋反一事的具体情况可参见[汉]班固《汉书·淮南衡山济北王传》，北京：中华书局，2000 年版，第 1651—1659 页。

刘氏藩王群体普遍性地表现出了耽于享乐的倾向①,如身为窦太后少子而备受太后宠爱的梁孝王刘武在梁国“筑东苑,方三百余里,广睢阳城七十里,大治宫室,为复道,自宫连属于平台三十余里。得赐天子旌旗,从千乘万骑,出称警,入言跸,拟于天子”②。新一代刘氏藩王群体甚至还不时发生完全置道德礼法于不顾而极度骄奢淫逸的事件。如燕王刘定国“与父康王姬奸,生子男一人。夺弟妻为姬。与子女三人奸。定国有所欲诛杀臣肥如令郢人,郢人等告定国。定国使谒者以它法劾捕格杀郢人灭口”③。如济东王刘彭离“昏莫私与其奴亡命少年数十人行剽,杀人取财物以为好。所杀发觉者百余人,国皆知之,莫敢夜行”④。与刘定国、刘彭离相比,江都王刘建草菅人命、行为变态之举则更是令人发指:“建游章台宫,令四女子乘小船,建以足蹈覆其船,四人皆溺,二人死。后游雷波,天大风,建使郎二人乘小船入波中。船覆,两郎溺,攀船,乍见乍没。建临观大笑,令皆死。宫人姬八子有过者,辄令裸立击鼓,或置树上,久者三十日乃得衣;或髡钳以铅杵舂,不中程,辄掠;或纵狼令啮杀之,建观而大笑;或闭不食,令饿死。凡杀不辜三十五人。建欲令人与禽兽交而生子,强令宫人裸而四据,与羝羊及狗交。”⑤

当然,汉初新一代刘氏藩王群体之中也有极少数藩王的道德品行与他们所属的这个群体大相径庭,如梁怀王刘揖就因好《诗》《书》而深得其父汉文帝“异于他子”的喜爱⑥。河间献王刘德则是汉初这为数极少的雅好传统文化的新一代刘氏藩王之中

① [汉]班固:《汉书·景十三王传》,北京:中华书局,2000年版,第1856页。
② [汉]班固:《汉书·文三王传》,北京:中华书局,2000年版,第1698页。
③ [汉]班固:《汉书·荆燕吴传》,北京:中华书局,2000年版,第1483页。
④ [汉]班固:《汉书·文三王传》,北京:中华书局,2000年版,第1701页。
⑤ [汉]班固:《汉书·景十三王传》,北京:中华书局,2000年版,第1843页。
⑥ [汉]班固:《汉书·文三王传》,北京:中华书局,2000年版,第1701页。

最著名的在历史上一直享有盛誉的人物。在位26年间，刘德"身端行治，温仁恭俭，笃敬爱下，明知深察，惠于鳏寡"①，既无沉迷酒色之事，更无叛逆谋反之意，而是一心致力于先秦古文典籍尤其是以六艺为中心的儒家经典作品的搜集、整理和传授工作，其文化贡献甚是巨大：

> 河间献王德以孝景前二年立，修学好古，实事求是。从民得善书，必为好写与之，留其真，加金帛赐以招之。繇是四方道术之人不远千里，或有先祖旧书，多奉以奏献王者，故得书多，与汉朝等。是时，淮南王安亦好书，所招致率多浮辩。献王所得书皆古文先秦旧书，《周官》、《尚书》、《礼》、《礼记》、《孟子》、《老子》之属，皆经传说记，七十子之徒所论。其学举六艺，立《毛氏诗》、《左氏春秋》博士。修礼乐，被服儒术，造次必于儒者。山东诸儒多从而游。②

纵观汉初新一代刘氏藩王群体，持学守正、具有传统醇儒风度的河间献王刘德无论是在人格上还是在文化贡献上，都可称之为汉初新一代刘氏藩王群体中的一股清流："景十三王，承文之庆。鲁恭馆至，江都訬轻；赵敬险诐，中山淫醟；长沙寂漠，广川亡声；胶东不亮，常山骄盈。四国绝祀，河间贤明，礼乐是修，为汉宗英"③，"汉兴，至于孝平，诸侯王以百数，率多骄淫失道。何则？沉溺放恣之中，居势使然也。……夫唯大雅，卓尔不群，河间献王近之矣。"④

---

① [汉]班固：《汉书·景十三王传》，北京：中华书局，2000年版，第1840页。
② [汉]班固：《汉书·景十三王传》，北京：中华书局，2000年版，第1839页。
③ [汉]班固：《汉书·叙传》，北京：中华书局，2000年版，第3120页。
④ [汉]班固：《汉书·景十三王传》，北京：中华书局，2000年版，第1856页。

二　河间献王刘德醇儒学术团体：以六艺的搜集、整理和传授为中心

河间献王刘德于汉景帝前元二年（前155年）被立为王，汉武帝元光五年（前130年）薨。刘德即王位时，楚元王刘交已经离世24年。刘交与刘德前后相继，分别创建了汉初两个最重要的醇儒学术团体。

作为权倾一方的藩王，同时又是传统儒家文化的狂热爱好者和身体力行者，河间献王刘德无疑是河间国醇儒学术团体的领袖人物。至于这个醇儒学术团体的成员则多为山东儒士，数量应当不少，但其中有史可考的人物却只有毛公、贯公、贯长卿和王定等寥寥几人。

较之楚元王醇儒学术团体重点以《诗经》的传授为中心，刘德为首的河间国醇儒学术团体在更大的范围和更高的层次上推动了汉初醇儒之学的发展。这种推动主要表现为河间国醇儒学术团体重点以先秦古文儒家六艺的搜集、整理和传授为中心，并力图通过六艺的研究还原以孔子思想为主体的先秦儒学的基本面貌，从而促进了汉初文化的复兴与繁荣。显然，河间献王醇儒学术团体的学术研究范围远比楚元王醇儒学术团体的学术研究范围宽广得多，而且其取得的整体学术成就以及所具有的历史影响力也大得多。

河间献王醇儒学术团体搜集、整理和传授的先秦古文儒家六艺主要有《周官》《尚书》《礼》《礼记》《乐记》《诗经》和《春秋左氏传》。这些文本被搜集、整理和传授的大致情形如下：

关于古文《周官》的搜集和整理。《周官》又名《周官经》《周礼》。《汉书・艺文志》记载《周官经》六篇，王莽时刘歆置《周官

经》为博士①。唐代陆德明《经典释文》指出刘歆所立《周官经》即是《周礼》："王莽时，刘歆为国师，始建立《周官经》，以为《周礼》。"②清代孙诒让《周礼正义》亦云："盖歆在汉奏《七略》时，犹仍《周官》故名，至王莽时，奏立博士，始更其名为《周礼》，殆无疑义。"③《周官》包括《天官》《地官》《春官》《夏官》《秋官》《冬官》六篇，是一部重要的记载国家基本制度的先秦古文献。据《隋书·经籍志》记载，《周官》在汉初最先是由刘德搜集和整理的："汉时有李氏得《周官》。《周官》盖周公所制官政之法，上于河间献王，独阙《冬官》一篇。献王购以千金不得，遂取《考工记》以补其处，合成六篇奏之。"④当然，对于刘德取《考工记》弥补《冬官》之缺的情况，也有一些不同的说法，如所谓的《考工记》乃博士奉命而作的观点："《礼器》孔疏又谓，汉孝文帝时，求得《周官》，不见《冬官》一篇，乃使博士作《考工记》补之。"⑤但此观点缺乏合理性，因为《考工记》本来就是先秦古书，不存在汉文帝时期由博士所作以补足《周官》的问题。因此从这个意义上讲，刘德另取《考工记》补足《周官》之举，实际上是一个有意识地整理《周官》的过程。《周官》后来流入汉廷秘府，儒士无从相见，直到汉成帝时期刘向、刘歆父子受诏校理秘书时，《周官》才被著于《七略》而为世人所知，并最终在东汉末期经马融、郑玄等人之手而大放异彩。由此可见，以刘德为首的河间醇儒学术团体搜集、整理《周官》一书的意义尤为重大，此举不但使汉代学界获得了重睹该书风采

① [汉]班固：《汉书·艺文志》，北京：中华书局，2000年版，第1356页。

② [唐]陆德明撰，吴承仕疏证：《经典释文序录疏证》，北京：中华书局，2008年版，第90页。

③ [清]孙诒让撰，王文锦、陈玉霞点校：《周礼正义》第一册，北京：中华书局，1987年版，第3页。

④ [唐]魏徵：《隋书·经籍志》，北京：中华书局，2000年版，第627页。

⑤ [清]孙诒让撰，王文锦、陈玉霞点校：《周礼正义》第一册，北京：中华书局，1987年版，第5页。

的机会[1]，而且为该书最终在中国古代社会占据重要的历史地位做了必不可少的学术铺垫。

关于古文《尚书》的搜集。汉初古文《尚书》文本的主要来源有三：一是济南人伏生藏于壁中的部分古文《尚书》文本："秦时焚书，伏生壁藏之。其后兵大起，流亡，汉定，伏生求其书，亡数十篇，独得二十九篇，即以教于齐鲁之间"[2]；二是汉武帝时期鲁共王从孔壁中发现的部分古文《尚书》文本："《古文尚书》者，出孔子壁中。武帝末，鲁共王坏孔子宅，欲以广其宫，而得《古文尚书》及《礼记》、《论语》、《孝经》凡数十篇，皆古字也"[3]；三是河间献王刘德从民间搜集的部分古文《尚书》文本。西汉末年，刘向曾经以中古文校定欧阳以及大、小夏侯三家经文，结果发现"《酒诰》脱简一，《召诰》脱简二。率简二十五字者，脱亦二十五字，简二十二字者，脱亦二十二字，文字异者七百有余，脱字数十"[4]，可见汉初的古文《尚书》文本对于今文《尚书》文本的修订和传授具有不可忽视的价值。至于刘德搜集的这部分古文《尚书》文本，也很可能像他所搜集、整理的《周官》一样，最终都流入到汉廷秘府保藏。如果这个推断正确，那么刘德搜集的古文《尚书》就极有可能成为日后刘向用以校订欧阳和大、小夏侯三家今文《尚书》文本的重要资料。

关于古文《礼》和《礼记》的搜集和整理。秦火之后，先秦《礼》书散失严重。据《汉书·艺文志》记载，汉初可见的《礼》类书籍主要有"《礼古经》五十六卷，《经》十七篇"以及"七十子后学

---

① 《周官》一书，得于河间，不独汉初齐鲁诸儒皆未之见，即周秦人著书，亦未有征引一二者。（王国维：《观堂集林》，北京：中华书局，1959年版，第1126页）

② ［汉］司马迁：《史记·儒林列传》，北京：中华书局，2000年版，第2375页。

③ ［汉］班固：《汉书·艺文志》，北京：中华书局，2000年版，第1354页。

④ ［汉］班固：《汉书·艺文志》，北京：中华书局，2000年版，第1354页。

者所记”之“《记》百三十一篇”[①]。郑玄《六艺论》指出《礼古经》五十六卷乃刘德搜集和整理，且与汉初高堂生所传《士礼》十七篇也即后来传世的《仪礼》存在着文同字异的关系：“河间献王古文《礼》五十六篇，其十七篇与高堂生所传同而字多异。”[②]又据《隋书·经籍志》记载，“汉初，河间献王又得仲尼弟子及后学者所记一百三十一篇献之，时亦无传之者。至刘向考校经籍，检得一百三十篇，向因第而叙之”[③]，而戴德、戴圣曾杂取包括刘德所搜集的这一百三十一篇在内的若干古书分别撰成《大戴礼记》和《小戴礼记》。由此可见，刘德河间醇儒学术团体所搜集和整理的古文《礼》和《礼记》不仅是宝贵的历史文献资料，而且还成为今本《仪礼》和《礼记》的重要渊薮，其文化价值可谓不言而喻，因此清人戴震《河间献王传经考》云：“大小戴传《仪礼》，又各传《礼记》，往往别有采获，出百三十一篇者殆居多。”[④]

关于《乐记》的编订与传授。《庄子·天运篇》云：“丘治《诗》、《书》、《礼》、《乐》、《易》、《春秋》六经”[⑤]，可见《乐经》是一部重要的先秦典籍。汉初，先秦《乐经》失传，乐官只能“纪其铿锵鼓舞，而不能言其义”，于是好儒的刘德与毛生等人“共采《周官》及诸子言乐事者，以作《乐记》”[⑥]。当然，关于《乐记》的编订，还有一种观点认为是战国初期公孙尼子所作，如《史记·乐书》张守节正义云“《乐记》者，公孙尼子次撰也”[⑦]，《隋书·音乐志》载沈约奏答亦云“《乐记》取《公孙尼子》”[⑧]。上述关于《乐记》编订

---

① [汉]班固：《汉书·艺文志》，北京：中华书局，2000年版，第1356页。
② 《礼记正义》，《十三经注疏》，北京：中华书局，1980年版，第1225页。
③ [唐]魏徵：《隋书·经籍志》，北京：中华书局，2000年版，第627页。
④ [清]戴震：《戴震集》，上海：上海古籍出版社，2009年版，第4页。
⑤ 《庄子集释》，《诸子集成》第三册，北京：中华书局，1954年版，第234页。
⑥ [汉]班固：《汉书·艺文志》，北京：中华书局，2000年版，第1357、1358页。
⑦ [汉]司马迁：《史记·乐书》，北京：中华书局，2000年版，第1078页。
⑧ [唐]魏徵：《隋书·音乐志》，北京：中华书局，2000年版，第197页。

者的两种主要观点，长期以来互相争执不休，遂成一桩历史公案。其实，如果考虑到先秦典籍的编订往往存在着同一个文本由不同时代的人先后参与这样一种普遍现象，那么在没有充分可靠的证据出现之前，不妨将刘德等人作《乐记》说与公孙尼子作《乐记》说并存。根据《汉书·艺文志》的记载，刘德等人作《乐记》后，由河间国内史丞王定传授常山王禹，王禹献之中央政府，终被刘向所得，校书成《乐记》二十三篇。刘德等人搜集、整理先秦时期有关"乐"的诸多资料，目的在于探寻先秦古文《乐经》的真相，并为现实政治服务。刘德等人对于《乐记》的编订与传授，一方面有效保存了先秦时期有关"乐"的文献资料，另一方面也积极促进了汉初礼乐文化的复兴。

关于《诗经》的传授。汉初传授《诗经》主要有四家，即鲁人申培所传的《鲁诗》，燕人韩婴所传的《韩诗》，齐人辕固所传的《齐诗》和赵人毛公所传的《毛诗》。《鲁诗》和《韩诗》在汉文帝时被立为博士，《齐诗》在汉景帝时被立为博士。囿于汉初儒士普遍性的知识结构、思维方式以及当时的社会风气，鲁韩齐今文学派三家诗或多或少具有附会诗义的历史局限性，其解读结果"咸非其本义"。在这样的文化背景下，属于古文学派的《毛诗》由于其追求还原《诗经》作品本义的品格而显得独树一帜。《毛诗》注重从训诂的角度解读《诗经》，释义平实精当，更接近于作品的本义，受到刘德的推崇和大力支持。毛公也因其善说《诗经》而被刘德立为博士[①]，从而在河间国赢得了开展学术活动的时间和空间。西汉时期《毛诗》主要以私学的形式传授，先是由毛公授赵人贯公之子贯长卿，然后“长卿授解延年。延年为阿武令，授徐敖。敖授九江陈侠，为王莽讲学大夫”[②]。王莽时期直至东汉末年，《毛诗》由陈侠传谢曼卿，谢曼卿传卫宏，卫宏传徐巡、贾徽，贾徽传贾逵，最终在郑众、贾逵、马融和郑玄等人的不懈努力下逐渐压倒鲁韩齐三家诗并开始风行天下：“郑众、贾逵、马融，并作《毛诗传》，郑玄作《毛诗笺》。《齐诗》，魏代已亡；《鲁诗》亡于西晋；《韩诗》虽存，无传之者。唯《毛诗郑笺》，至今独立。”[③]可以说，正是由于刘德慧眼独具，《毛诗》才得以最大限度地避免了消亡于历史长河的命运；同时也正是由于毛公不为时风所染的求实精神，《毛诗》才得以奠定一千多年来在《诗经》学领域独领风骚的崇高地位。总之，《毛诗》的存在无疑是河间献王醇儒学术团体对于中国文化的伟大贡献。

关于《春秋左氏传》的传授。汉初所知的解释《春秋》的主要著作有《左氏传》《公羊传》《穀梁传》《邹氏传》和《夹氏传》。《邹氏传》和《夹氏传》分别因“无师”和“未有书”而失传，《公羊传》和《穀梁传》则先后被立于学官。与《公羊传》和《穀梁传》不同，《左

---

① 关于毛公其人，有如下不完全一致的说法：“毛公，赵人也。治《诗》，为河间献王博士。”（[汉]班固：《汉书·儒林传》，北京：中华书局，2000年版，第2680页）“郑元《诗谱》曰鲁人大毛公为《训诂传》于其家，河间献王得而献之，以小毛公为博士。陆玑《毛诗草木虫鱼疏》亦云孔子删诗，授卜商，商为之序，以授鲁人曾申，申授魏人李克，克授鲁人孟仲子，仲子授根牟子，根牟子授赵人荀卿，荀卿授鲁国毛亨，毛亨作《训诂传》，以授赵国毛苌，时人谓亨为大毛公，苌为小毛公。”（《毛诗正义》，《十三经注疏》，北京：中华书局，1980年版，第259页）

② [汉]班固：《汉书·儒林传》，北京：中华书局，2000年版，第2680页。

③ [唐]魏徵：《隋书·经籍志》，北京：中华书局，2000年版，第623页。

氏传》在西汉时期主要以私学的形式传授[①]。汉初贾谊作《左氏传》训故，传授赵人贯公。贯公在河间国传授《左氏传》，并被刘德立为博士。《左氏传》在河间国的传授，是《左氏》学史的重要一环，《左氏传》由此获得传承的历史机遇并最终在《春秋三传》中脱颖而出："永平中，能为《左氏》者，擢高第为讲郎。其后贾逵、服虔并为训解。至魏，遂行于世。晋时，杜预又为《经传集解》。《穀梁》范宁注、《公羊》何休注、《左氏》服虔、杜预注，俱立国学。然《公羊》、《穀梁》，但试读文，而不能通其义。后学三传通讲，而《左氏》唯传服义。至隋，杜氏盛行，服义及《公羊》、《穀梁》浸微，今殆无师说。"[②]与《毛诗》一样，《左氏传》最初也不被中央政权重视，而是首先在河间国得到政治和学术上的认可与支持，然后才得以后来居上，最终在中国古代社会占据非常重要的地位，这就充分显示了刘德超越时人的卓越眼光和敢为天下先的首创精神。清人戴震曾对此大发感慨之词："昔儒论治《春秋》，可无《公羊》、《穀梁》，不可无《左氏》。当景帝、武帝之间，六艺初出，群言未定，献王乃立毛氏《诗》、左氏《春秋》博士，识固卓卓。"[③]

综上所述，在秦王朝"焚《诗》《书》，坑术士，六艺从此缺焉"的文化背景下[④]，汉初以河间献王刘德为首的河间国醇儒学术

---

① [汉]班固《汉书·儒林传》："汉兴，北平侯张苍及梁太傅贾谊、京兆尹张敞、太中大夫刘公子皆修《春秋左氏传》。谊为《左氏传》训故，授赵人贯公，为河间献王博士，子长卿为荡阴令，授清河张禹长子。禹与萧望之同时为御史，数为望之言《左氏》，望之善之，上书数以称说。后望之为太子太傅，荐禹于宣帝，征禹待诏，未及问，会疾死。授尹更始，更始传子咸及翟方进、胡常。常授黎阳贾护季君，哀帝时待诏为郎，授苍梧陈钦子佚，以《左氏》授王莽，至将军。而刘歆从尹咸及翟方进受。由是言《左氏》者本之贾护、刘歆。"(北京：中华书局，2000 年版，第 2684 页)

② [唐]魏徵：《隋书·经籍志》，北京：中华书局，2000 年版，第 632 页。

③ [清]戴震：《戴震集》，上海：上海古籍出版社，2009 年版，第 3 页。

④ [汉]司马迁：《史记·儒林列传》，北京：中华书局，2000 年版，第 2370 页。

团体对于先秦古文儒家六艺的搜集、整理和传授，是一场声势浩大并且硕果累累的先秦儒家传统文化的抢救运动，是儒家传统六艺之学传承历史上的一个非常重要的转折点，其意义可谓功在当代而利在千秋。当然，这场文化运动的抢救对象除了先秦古文儒家六艺之外，还包括《孟子》《老子》《司马穰苴兵法》《明堂阴阳》以及《孝经》等其他古文先秦旧书。如刘德对《司马穰苴兵法》和《明堂阴阳》的搜集、整理："汉初，有高堂生传《十七篇》，又有古经，出于淹中，而河间献王，好古爱学，收集余烬，得而献之，合五十六篇，并威仪之事。而又得《司马穰苴兵法》一百五十五篇，及《明堂阴阳》之记"[①]；又如对《孝经》的搜集、整理："世传秦火之后，河间人颜芝得《孝经》藏之，以献河间王"[②]。限于篇幅，兹不赘述。

三　河间献王刘德醇儒学术团体的学风：修学好古，实事求是

身为河间国醇儒学术团体领袖人物的刘德充分发挥了学术领导核心的作用。刘德一方面大力推崇儒学，积极延请儒士，"筑日华宫，置客馆二十余区，以待学士。自奉养不逾宾客"[③]，另一方面还亲自参与先秦儒家典籍的搜集、整理和传授。在这个过程中，刘德继承并大大升华了以伏生、申公、韩婴、辕固等为代表的汉初前期醇儒所具有的那种恪守先秦儒学基本传统、希望通过学术活动传承先秦儒家文化的学术精神，并形成了"修学好古，实事求是"的学风。在刘德的主导下，这种"修学好古，实事求是"的学风也必将影响到整个河间醇儒学术团体，并且贯穿到这个学术团体的学术活动之中。

---

① ［唐］魏徵：《隋书·经籍志》，北京：中华书局，2000 年版，第 627 页。

② ［元］马端临：《文献通考》，北京：中华书局，1986 年版，第 1585 页。

③ ［汉］刘歆等撰，王根林校点：《西京杂记》（外五种），上海：上海古籍出版社，2012 年版，第 34 页。

"修学好古"意为勤于为学并且喜好古代文化,"实事求是"意为"务得事实,每求真是也"①,也就是在进行学术活动时,必须掌握真实可靠的资料,并从这些真实可靠的资料中求得正确的结论。

河间醇儒学术团体"修学好古,实事求是"的学风首先体现在搜集、整理包括儒家六艺在内的先秦古书的活动中。河间国搜集、整理先秦古书时,不仅注意甄别所得文本的书写文字是否是先秦古文,而且还特别重视所得文本之中的善本,往往不惜求之以金帛。这既在最大程度上保留了先秦古书的文本原貌,也在最大程度上保证了先秦古书的文本质量。因此,在汉初学术界,如果比较所占有的先秦学术资料的原始性和可靠性,那么河间献王醇儒学术团体无疑处于领先的位置。

其次,河间醇儒学术团体"修学好古,实事求是"的学风还体现在河间国先秦古文儒家六艺的传授活动中。河间国从民间广泛搜集的古文先秦旧书,不仅包括《周官》《尚书》《礼》《礼记》《孟子》等儒家典籍,还包括《老子》等道家典籍,但主要的还是以六艺为主的儒家经典。儒家六艺体现了先秦儒学的原初思想,是后学者深刻认识先秦儒学原初思想的最重要的载体,所以刘德为首的河间国醇儒团体尤为重视儒家六艺传授的准确性。刘德领导之下的河间国醇儒学术团体一反当时凭空附会先秦儒家经典的风气,注重从小学和史学的角度切入儒家六艺的传授,从而使传授的结果更具客观真实性,《毛诗》对于《诗经》的传授就是这方面的一个典型事例。

刘德及其领导的河间醇儒学术团体"修学好古,实事求是"学风的形成,既是辩证继承先秦儒家治学传统的结果,也是超越

---

① 参见[汉]班固《汉书·景十三王传》颜师古注,北京:中华书局,2000年版,第1839页。

汉初前期醇儒带有历史局限性的治学思想的产物。以孔子思想为主体的先秦儒学以及这一儒学体系所生成的两个基本传统，深刻影响着汉初醇儒：其一是戒虚务实的传统，要求儒士的思想观念必须源于真实的现实生活，而不是源于“怪力乱神”等虚幻之物，如孔子并非怀疑鬼神的存在，只是在观察、思考和处理现实问题时常常抱着戒虚务实的理性态度①；其二是持学守正的传统，要求儒士在从事学术活动或者在学术活动之余参与社会事务的时候，必须秉持“正身”的原则，不可完全陷入功利主义的误区，如孔子在现实生活中并非盲目排斥功利，只是坚决反对无原则的功利主义态度②。汉初伏生、申公、韩婴、辕固等醇儒通过传授《诗经》来传承先秦儒学时，主观上都怀着戒虚务实、持学守正的心态，但就客观效果而言，他们的学术思想又或多或少染上了偏离史实、夸诞甚至虚妄的色彩。造成这种主观意愿与客观效果互相矛盾的根本原因自然与伏生等醇儒的知识结构、思维方式以及所处时代的社会思潮息息相关，其历史局限性不可否认也不容回避。

河间醇儒学术团体“修学好古，实事求是”学风的形成，不仅是对汉初前期醇儒带有历史局限性的治学思想的超越，同时也是对汉初纵横之儒和贤良之儒“经世致用”学风的反动。在积极参与汉帝国思想理论制度建设以及具体的国家治理活动中，汉初纵横之儒和贤良之儒虽以先秦传统儒学作为其主要的思想资源，但为了主动适应最高统治者的现实政治需要，他们又不得不

---

① 《论语·八佾》：“祭如在，祭神如神在。子曰：‘吾不与祭，如不祭。’”《论语·雍也》：“子曰：‘务民之义，敬鬼神而远之，可谓知矣。’”《论语·先进》：“季路问事鬼神，子曰：‘未能事人，焉能事鬼？’”

② 《论语·里仁》：“子曰：‘富与贵，是人之所欲也；不以其道得之，不处也。贫与贱，是人之所恶也；不以其道得之，不去也。’”《论语·公冶长》：“子曰：‘道不行，乘桴浮于海。’”

努力将先秦传统儒学进行功利化的改造，使之渐渐演变为一种带有汉初鲜明时代特色的新儒学。比如汉初纵横之儒的代表人物陆贾一方面指出治国必须“行仁义”，另一方面又宣称“无为而治”是“行仁义”的题中应有之义：“昔虞舜治天下，弹五弦之琴，歌南风之诗，寂若无治国之意，漠若无忧民之心，然天下治。周公制作礼乐，郊天地，望山川，师旅不设，刑格法悬，而四海之内，奉供来臻，越裳之君，重译来朝。故无为也，乃有为也”[①]，以此迎合汉初盛极一时的黄老之学。再如汉初贤良之儒的代表人物董仲舒一方面宣扬先秦儒家关于“五伦”的传统观念，另一方面又积极结合阴阳五行思想附会“五伦”的阐发：“人受命于天，固超然异于群生，入有父子兄弟之亲，出有君臣上下之谊，会聚相遇，则有耆老长幼之施；粲然有文以相接，欢然有恩以相爱，此人之所以贵也”[②]，“君臣、父子、夫妇之义，皆取诸阴阳之道。君为阳，臣为阴；父为阳，子为阴；夫为阳，妻为阴……王道之三纲，可求于天”[③]，以此迎合汉初最高统治者希望强化君主集权的迫切心理。

由此可见，从学术角度而言，河间献王刘德醇儒学术团体“修学好古，实事求是”学风的形成，不仅对于汉初前期醇儒有关先秦传统儒学的阐释起到了正本清源的作用，而且还在一定程度上扭转了纵横之儒和贤良之儒因“经世致用”的目的而对先秦传统儒学进行“不实”阐释的风气，在汉初学术史乃至于中国古代学术史上都具有重要的历史意义。

---

① 《新语》，《诸子集成》第七册，北京：中华书局，1954 年版，第 6 页。

② [汉]班固：《汉书 · 董仲舒传》，北京：中华书局，2000 年版，第 1913 页。

③ [汉]董仲舒撰，钟肇鹏校释：《春秋繁露校释》，石家庄：河北人民出版社，2005 年版，第 788、791 页。

第三章　汉初淮南国的道家之学和文学

汉高祖四年(前 203 年),英布获封淮南王,辖九江、衡山、庐江和豫章四郡。汉高祖十一年,英布反,刘邦改封刘长为淮南王,继续辖有淮南国原有四郡。汉文帝前元六年(前 174 年),刘长无道被废,在迁往蜀郡途中死去,国除。汉文帝前元八年,刘长四子被封侯,其中刘安为阜陵侯,刘勃为安阳侯,刘赐为阳周侯,刘良为东城侯。汉文帝前元十二年,城阳王刘喜徙封淮南国故地。汉文帝前元十六年,刘喜复归城阳,淮南国故地被分为淮南、衡山和庐江三个王国,阜陵侯刘安获封淮南王,安阳侯刘勃获封衡山王,阳周侯刘赐获封庐江王[①]。汉武帝元狩元年(前 122 年),淮南王刘安因谋反事发而自尽,国除为九江郡。汉初淮南国虽立国时间不长,但在先秦道家学说的传承以及文学创作与批评这两个领域却取得了引人注目的成就,是汉初颇有影响的道家学术中心和文学活动热点地区。

第一节　两代淮南王的悲剧命运

汉初刘氏淮南国历经父子两代国君,第一代国君淮南厉王

① 东城侯刘良薨且无后。

刘长在位23年(前196—前174年),因不遵礼制且图谋叛乱而"不食死";第二代国君淮南王刘安在位43年(前164—前122年),因谋反事败而"自刭杀"。导致二者悲剧命运的原因,既与汉初中央政权和地方藩国之间的关系渐趋紧张这一外因有关,也与刘长的偏执型人格障碍以及刘安所处的焦虑性生存状态这一内因有关,其中内因又起着主导的作用。

一 淮南厉王刘长:偏执型人格障碍与悲剧命运

"人格"属于心理学的范畴,是指人在社会生活中所表现出来的比较稳定的心理特征,这种心理特征可以通过人的个性、气质、情绪、兴趣以及思维模式和行为方式等显示出来,其成因与人所处的家庭环境和社会环境息息相关。早在先秦时期就出现了关于"人格"问题的探讨,如《尚书·皋陶谟》曾列举九种人格并称之为"九德"[①],再如孔子将人格区分为"君子"人格和"小人"人格,等等。一个人的人格可能是健全的,也可能是有障碍的。人格障碍的类型多种多样,偏执型是其中的一类[②]。淮南厉王刘长的人格障碍类型就是明显的偏执型,其特点主要体现为以下三个方面:

第一,敏感多疑。刘长标榜为母报仇而悍然杀掉审食其之事即是其例。刘长之母本为赵王张敖的美人,汉高祖八年为刘邦所幸而有身孕,汉高祖九年因受赵相贯高谋反之事牵连而被

① 《尚书·皋陶谟》:"皋陶曰:'都!亦行有九德,亦言其人有德,乃言曰,载采采。'禹曰:'何?'皋陶曰:'宽而栗,柔而立,愿而恭,乱而敬,扰而毅,直而温,简而廉,刚而塞,强而义。彰厥有常,吉哉!'"(《尚书正义》,《十三经注疏》,北京:中华书局,1980年版,第138页)

② 其特点表现为持久而固定的敏感多疑、固执自傲、不愿意接受他人的意见。由于怀疑别人对己有恶意,因而对别人的好意也看成动机不纯而加以防范。常深信自己被别人议论或受委屈,因此经常顶撞、争执。持有这种人格者人际关系紧张,孤独离群,表情忧郁、不开朗,经常处于警惕、焦虑的状态中。(汤世明:《解读人格障碍——偏执型人格障碍》,《中国社区医师》,2002年第20期)

逮，其弟赵兼于是托辟阳侯审食其求情于吕后，结果“吕后妒，不肯白，辟阳侯不强争。厉王母已生厉王，恚，即自杀”①。刘长对此事长期耿耿于怀，怀疑且怨恨审食其当初没有尽全力营救自己的母亲，并最终在汉文帝前元三年亲手杀掉审食其。其实，审食其当初没有在吕后面前强争，完全有可能是顾及吕后好妒的性格而自觉无济于事，再加上刘邦当时尚处于盛怒之中，所以审食其极有可能在采取静观其变的做法。假如这一推测成立，那么随后发生的刘邦赦免赵王张敖以及其他罪行较轻者一事更是证明了审食其的上述做法并无不妥之处：“贯高等谋逆发觉，逮捕高等，并捕赵王敖下狱。诏敢有随王，罪三族。郎中田叔、孟舒等十人自髡钳为王家奴，从王就狱。王实不知其谋。春正月，废赵王敖为宣平侯。徙代王如意为赵王，王赵国。丙寅，前有罪殊死以下，皆赦之。”②退一步讲，即使这一推测不成立，审食其也不必承担刘长之母自杀的全部责任，毕竟选择是否“强争”实在是审食其的个人自由，他人无权横加指责。然而刘长却并未理性分析审食其当时之所以选择“不强争”的诸多可能性原因，也没有主动谋求与后者的深入沟通，只是简单片面地从个人情感和固有成见出发认定审食其是导致母亲自杀的责任方，这就充分表明了刘长敏感多疑的心理。

第二，刚愎自用。刘长极为孤傲自大、固执己见。汉文帝即位时，其异母兄弟刘肥、刘盈、刘如意、刘恢、刘友、刘建皆已不在人世，仅余异母弟刘长一人。于是刘长自恃身份特殊，开始孤傲自大起来：“自以为最亲，骄蹇，数不奉法。……入朝，甚横。从上入苑猎，与上同辇，常谓上‘大兄’。”③心理上孤傲自大的刘长

---

① ［汉］班固：《汉书·淮南衡山济北王传》，北京：中华书局，2000 年版，第 1645 页。
② ［汉］班固：《汉书·高帝纪》，北京：中华书局，2000 年版，第 49 页。
③ ［汉］班固：《汉书·淮南衡山济北王传》，北京：中华书局，2000 年版，第 1645 页。

屡次犯错，却从来不思悔改。例如擅杀审食其后，刘长为推卸责任而一味强词夺理，根本不顾及一个列侯被藩王私自杀害后所必然造成的对于中央政权声望的不利影响："臣母不当坐赵时事，辟阳侯力能得之吕后，不争，罪一也。赵王如意子母无罪，吕后杀之，辟阳侯不争，罪二也。吕后王诸吕，欲以危刘氏，辟阳侯不争，罪三也。臣谨为天下诛贼，报母之仇。"①心理上孤傲自大者势必在言行上固执己见，刘长即是如此。汉文帝之舅薄昭曾规劝刘长"宜急改操易行，上书谢罪，曰：'臣不幸早失先帝，少孤，吕氏之世，未尝忘死。陛下即位，臣怙恩德骄盈，行多不轨。追念罪过，恐惧，伏地待诛不敢起。'皇帝闻之必喜。大王昆弟欢欣于上，群臣皆得延寿于下；上下得宜，海内常安。愿孰计而疾行之。行之有疑，祸如发矢，不可追已"②，然而刘长却"得书不说"，照旧一意孤行。当然，对于自己刚愎自用的个性，刘长后来在迁往蜀郡途中似有所悟："吾以骄不闻过，故至此"③，然而一切都为时已晚。

第三，蔑视规则。敏感多疑、刚愎自用者因为片面相信自己的判断，片面夸大自己的能力，往往会对规则采取蔑视的态度。或者说，蔑视规则是敏感多疑、刚愎自用者表现在思想言行上的必然结果。这些规则，既包括带有强制性特点的国家法律制度，也包括被社会广泛认可的传统道德规范。刘长极其蔑视国家法律制度和儒家传统道德规范。一方面，刘长屡屡不遵汉法。在淮南国内，刘长"出入警跸，称制，自作法令，数上书不逊顺"④，而且"废先帝法，不听天子诏，居处无度，为黄屋盖拟天子，擅为

① ［汉］班固：《汉书·淮南衡山济北王传》，北京：中华书局，2000 年版，第 1645—1646 页。

② ［汉］班固：《汉书·淮南衡山济北王传》，北京：中华书局，2000 年版，第 1648 页。

③ ［汉］班固：《汉书·淮南衡山济北王传》，北京：中华书局，2000 年版，第 1651 页。

④ ［汉］班固：《汉书·淮南衡山济北王传》，北京：中华书局，2000 年版，第 1646 页。

法令，不用汉法”①，直接将自己置于皇帝的对立面；对于中央政权依照法律规定派往淮南国任职的高级官员，刘长竟敢随意驱逐，“而请自置相、二千石”②，完全无视中央政权的权威。另一方面，刘长还屡屡背离儒家传统道德规范。汉初黄老之学虽然风行天下，但先秦儒家传统道德规范仍具有深厚的影响力，薄昭称“刚直而勇，慈惠而厚，贞信多断”这样的儒家传统道德观念为“天资”的说法即为明证③。作为汉文帝唯一在世的弟弟，刘长不仅不尽力辅佐哥哥以维护刘氏天下，反过来还每每做一些既有负“高皇帝之厚德”“先帝之功德”又违背儒家传统道德规范的事，为人处世饱受诟病：“贪让国土之名，轻废先帝之业，不可以言孝。父为之基，而不能守，不贤。不求守长陵，而求之真定，先母后父，不谊。数逆天子之令，不顺。言节行以高兄，无礼。幸臣有罪，大者立断，小者肉刑，不仁。贵布衣一剑之任，贱王侯之位，不知。不好学问大道，触情妄行，不祥。此八者，危亡之路也，而大王行之。”④

相比刘肥、刘盈、刘如意、刘恢、刘友的柔弱和刘恒的稳健，刘长这种偏执型人格障碍在刘邦诸子中确实是非常罕见的。根据心理学的研究，偏执型人格障碍的形成一方面可能与遗传因素有关，另一方面又与幼年期的成长环境密切相关，刘长想必也不例外。刘长生母因恚自杀，可以想见其性格之刚烈，因此从遗传学的角度看，刘长强硬逆反性格的养成与其生母的刚烈性格不排除存在一定的关联性。汉高祖九年，刘长出生不久即由刘

① ［汉］班固：《汉书·淮南衡山济北王传》，北京：中华书局，2000年版，第1649页。

② ［汉］班固：《汉书·淮南衡山济北王传》，北京：中华书局，2000年版，第1646页。

③ ［汉］班固《汉书·淮南衡山济北王传》：“窃闻大王刚直而勇，慈惠而厚，贞信多断，是天以圣人之资奉大王也甚盛，不可不察。今大王所行，不称天资。”（北京：中华书局，2000年版，第1646页）

④ ［汉］班固：《汉书·淮南衡山济北王传》，北京：中华书局，2000年版，第1647页。

邦交吕后抚养。与刘长生母一样，吕后"为人刚毅"①，也是性格强硬之人，难免会对幼年刘长表现出严厉的一面。汉高祖十一年，"淮南王黥布反，立子长为淮南王，王黥布故地，凡四郡。上自将兵击灭布，厉王遂即位"②。在吕后身边生活了 2 年的幼年刘长，即便不与吕后朝夕相处，但吕后以及吕后所营造的宫廷成长氛围却很可能会对其强硬逆反性格的养成多多少少产生一些影响，因为"即便是最温柔的抚养，也无法避免运用强制手段和采用各种约束，而且任何这种对儿童自由的干预，作为一种反应，都必定会激起儿童的叛逆性和攻击性倾向"③。幼年刘长离开吕后就封淮南国期间，不仅很有可能在缺少良相严傅辅佐和督导的境况下继续强化其强硬逆反的个性，而且还会在吕后当政时期滋生出性格中敏感猜疑的一面。刘长"常附吕后"，似乎对吕后怀有深厚的感情，但此举实质上不过是担忧自己遭受像其他刘氏皇族成员被吕后迫害那样一种厄运的结果，因为从后来审食其被杀一事可以看出刘长为母复仇之心是极为迫切的，而吕后应该正是刘长眼中导致其生母死去的最大责任者，只是这个最大责任者身居高位，自己无法复仇，于是只好虚与委蛇，让复仇的冲动处于压抑状态④。这种担忧与压抑长期交织的心理状态，无疑是幼年刘长敏感猜疑性格之所以养成的关键因素。

---

① [汉]司马迁:《史记·吕太后本纪》，北京:中华书局，2000 年版，第 279 页。

② [汉]司马迁:《史记·淮南衡山列传》，北京:中华书局，2000 年版，第 2341 页。

③ 车文博主编:《弗洛伊德文集·精神分析新论》，长春:长春出版社，2004 年版，第 79 页。按:弗洛伊德这句话虽然谈的是所谓儿童性心理的问题，但也可以作为分析儿童人格成因的重要参考。

④ [汉]司马迁《史记·淮南衡山列传》:"厉王蚤失母，常附吕后，孝惠、吕后时以故得幸无患害，而常心怨辟阳侯，弗敢发。"(北京:中华书局，2000 年版，第 2341 页)按:吕后死后第三年，刘长就杀掉了审食其。其实刘长应该知道吕后才是自己真正的复仇对象，审食其则是一个仅次于吕后的复仇对象。

“当是时，自薄太后及太子、诸大臣皆惮厉王”①，可能的遗传因素以及幼年期成长环境所引发的偏执型人格障碍，不但给刘长造成了人际关系高度紧张的局面，也给他带来了悲剧性的人生结局。汉文帝前元六年，刘长“令男子但等七十人与棘蒲侯柴武太子奇谋，以辇车四十乘反谷口，令人使闽越、匈奴”②。这一涉嫌谋反的事件败露后，早已成众矢之的的刘长被汉文帝废掉王位：“制曰：‘朕不忍置法于王，其与列侯吏二千石议。’列侯吏二千石臣婴等四十三人议，皆曰：‘宜论如法。’制曰：‘其赦长死罪，废勿王。’”③在迁往蜀郡途中，刘长不堪忍受“载以辎车，令县次传”的屈辱“不食而死”。

二　淮南王刘安：焦虑性生存状态与悲剧命运

刘安乃刘长之子，汉文帝前元八年被封为阜陵侯，前元十六年被封为淮南王。不过，刘安治下的淮南国的范围仅有九江郡，远远不及刘长治下的淮南国拥有九江、衡山、庐江和豫章四郡。刘安五六岁时丧父，七八岁时为阜陵侯，十五六岁时为淮南王④。刘安从丧父到始封为王的十年，正是汉文帝开始戒备刘氏藩王并逐步加大削藩力度的十年。这十年间，身为“罪人之子”的幼年刘安，肯定不难感受到来自外界的歧视与压力。而淮南王时期的刘安，则会更深刻地感受到来自汉帝国君臣的政治猜忌。

在古代宗法社会，一个人的所作所为不仅关系到自身的生

---

① ［汉］班固：《汉书・淮南衡山济北王传》，北京：中华书局，2000年版，第1646页。

② ［汉］班固：《汉书・淮南衡山济北王传》，北京：中华书局，2000年版，第1649页。

③ ［汉］班固：《汉书・淮南衡山济北王传》，北京：中华书局，2000年版，第1650页。

④ ［汉］班固《汉书・淮南衡山济北王传》：“孝文八年，怜淮南王，王有子四人，年皆七八岁，乃封子安为阜陵侯，子勃为安阳侯，子赐为阳周侯，子良为东城侯。……十六年，上怜淮南王废法不轨，自使失国早夭，乃徙淮南王喜复王故城阳，而立厉王三子王淮南故地，三分之：阜陵侯安为淮南王，安阳侯勃为衡山王，阳周侯赐为庐江王。东城侯良前薨，无后。”（北京：中华书局，2000年版，第1651页）

死荣辱，还关系到整个家族乃至于宗族的兴衰存亡。汉文帝前元六年刘长死后，淮南国被除，四郡属汉，其四子均被剥夺王位的继承资格。汉文帝前元十二年，出于舆论的压力和一丝尚存的亲情，汉文帝才恢复了刘长作为藩王的死后礼遇："民有作歌歌淮南王曰：'一尺布，尚可缝；一斗粟，尚可舂。兄弟二人，不相容！'上闻之曰：'昔尧舜放逐骨肉，周公杀管蔡，天下称圣，不以私害公。天下岂以为我贪淮南地邪？'乃徙城阳王王淮南故地，而追尊谥淮南王为厉王，置园如诸侯仪。"[①]四年后，汉文帝又将淮南四郡一分为三，分别封刘长的三子为王。淮南国虽然得以恢复，但刘安等人却无法得到中央政权的完全信任。这种情形其实早在刘长死后就已经出现了。"窃恐陛下接王淮南诸子，曾不与如臣者孰计之也。淮南王之悖逆亡道，天下孰不知其罪？陛下幸而赦迁之，自疾而死，天下孰以王死之不当？今奉尊罪人之子，适足以负谤于天下耳。此人少壮，岂能忘其父哉？……虽割而为四，四子一心也。……愿陛下少留计"[②]，贾谊在陈政事文中的上述观点其实也是汉帝国君臣对淮南国现存势力产生疑虑的典型反映。

因为某种不确定感或者不安全感，人们常常会对自以为可能出现的危险表现出过分的紧张、担忧以至于激烈对抗的情绪反应，这种情绪反应即为焦虑；如果一个人的焦虑具有长期性，那么其生存状态就可称之为焦虑性生存状态。自幼便生活在如此令人压抑的政治氛围里的刘安，必然会不时生发出强烈的焦虑感，并长期处于焦虑性的生存状态中。显然，刘安摆脱这种焦虑性生存状态的最佳方法就是像汉初大多数藩王那样不问政治、安享富贵以求自保，或者捐弃前嫌，"遵蕃臣职以承辅天子"，

① [汉]班固：《汉书·淮南衡山济北王传》，北京：中华书局，2000年版，第1651页。
② [汉]班固：《汉书·贾谊传》，北京：中华书局，2000年版，第1736页。

但他又是一个不甘平庸、有所追求的人，而且由于父亲死于非命，还时时怀有复仇反叛之心①。这就决定了刘安只能采取以下两种互为矛盾的方式来摆脱自己焦虑性的生存状态：第一种是出世的方式，即通过寄情于道家思想和文学活动以超越令人压抑的政治氛围；第二种是入世的方式，即利用汉初尚未得到根本解决的君统与宗统相争的机会趁机夺取天下，从而彻底清除令人压抑的政治氛围。第一种方式最终使刘安成为汉初刘氏藩王群体中一位不可多得的思想家和文学家，这一点本书将稍后论述；第二种方式则最终使刘安成为汉初最后一个带有悲剧色彩的阴谋家，而导致这一后果的主要原因就在于刘安逆历史潮流而动，没有清醒认识到自己利用君统与宗统相争的机会趁机夺取天下之图谋的现实不可行性。

所谓君统，主要指天子、国君之位世代相传的继承体制。所谓宗统，主要指以血缘关系为纽带的宗族体制。宗统与君统不同，“在宗统范围内，所行使的是族权，不是政权，族权是决定于血缘身分而不决定于政治身分；与宗统相反，在君统范围内，所行使的是政权，不是族权，政权是决定于政治身分而不决定于血缘身分”②。在实行分封制的宗法社会，天子或者诸侯国国君一方面是整个国家的政治代表，另一方面又是本宗族的宗族代表。这种“君宗合一”的体制，在天子或者诸侯国国君处于强势地位时，确实能够有效调节统治集团内部的各种关系；反之，在天子或者诸侯国国君处于弱势地位时，则很可能造成族权干预君权的严重后果。有鉴于此，秦始皇为加强君权，才断然决定废除周

① [汉]司马迁《史记·淮南衡山列传》：“淮南王安为人好读书鼓琴，不喜弋猎狗马驰骋，亦欲以行阴德拊循百姓，流誉天下。时时怨望厉王死，时欲畔逆。”（北京：中华书局，2000 年版，第 2345 页）

② 金景芳：《论宗法制度》，《东北人民大学人文科学学报》，1956 年第 2 期。

代沿袭已久的分封制，以防止势力强大的宗族利用族权妨碍君权。

刘邦平定海内之后，制定了以同姓制异姓的政策，并宣扬“天下同姓为一家”的观念。如刘邦立刘濞为吴王后，担心刘濞日后会生叛逆之心，便以刘氏家族荣辱与共的道理教诲他：“上患吴、会稽轻悍，无壮王以填之，诸子少，乃立濞于沛为吴王，王三郡五十三城。已拜受印，高帝召濞相之，谓曰：‘若状有反相。’心独悔，业已拜，因拊其背，告曰：‘汉后五十年东南有乱者，岂若邪？然天下同姓为一家也，慎无反！’濞顿首曰：‘不敢。’”[①]刘邦这种“家天下”的观念实质上是以宗族而非国家为权力本位，这就在客观上为后来刘氏统治集团内部发生君统与宗统之争埋下了隐患。因为在“家天下”观念的影响下，刘氏藩王完全有理由认为“既然‘一家’，就可以不分彼此，没必要把皇帝和诸侯王的尊卑区别得那样分明”[②]。刘氏藩王的这种心态确实是有迹可循的，如汉惠帝二年（前193年），齐王刘肥入朝，在宴会上居然与惠帝“亢礼如家人”[③]，因而激怒了吕后。而且更为严重的是，这种“家天下”观念不仅会使刘氏藩王产生“虽名为臣，实皆有布衣昆弟之心”的心态[④]，甚至还可能会产生但凡刘氏藩王都有资格继承帝位的想法。在刘邦和吕后当政期间，刘氏藩王大多处于“幼弱未壮”之时，尚能安守本分。刘邦和吕后死后，刘氏藩王“大抵皆冠，血气方刚，汉之傅相称病而赐罢，彼自丞尉以上偏置私人”[⑤]。随着刘氏藩王势力逐步壮大而君权却一直保持着相

① ［汉］司马迁：《史记·吴王濞列传》，北京：中华书局，2000年版，第2167页。

② 臧知非：《论汉文帝“除关无用传”——西汉前期中央与诸侯王国关系的演变》，《史学月刊》，2010年第7期。

③ ［汉］司马迁：《史记·齐悼惠王世家》，北京：中华书局，2000年版，第1601页。

④ ［汉］班固：《汉书·贾谊传》，北京：中华书局，2000年版，第1716页。

⑤ ［汉］班固：《汉书·贾谊传》，北京：中华书局，2000年版，第1716页。

对性这样一种政治格局的形成，汉文帝、汉景帝时期出现了刘氏藩王能够对新君人选的选择施加影响甚至敢于觊觎帝位的现象。如汉文帝宣称应该从刘氏宗族中选举“贤有德者”为太子，而不能“专于子”，这虽属有口无心之言，但亦可想见当时刘氏宗族能够对新君人选产生一定的影响力①。再如汉景帝在一次宴会上提及死后传位给胞弟梁王刘武，后来却立自己的儿子刘彻为太子，失望之极的刘武于是迁怒于朝中大臣，竟然派人刺杀了袁盎等人：“是时上未置太子也。上与梁王燕饮，尝从容言曰：‘千秋万岁后传于王。’王辞谢。虽知非至言，然心内喜。太后亦然。……上立胶东王为太子。梁王怨袁盎及议臣，乃与羊胜、公孙诡之属阴使人刺杀袁盎及他议臣十余人。”②

汉武帝即位之初，君统与宗统之间的矛盾依然存在。建元二年（前139年），刘安赴长安朝觐，遇武安侯田蚡，田蚡竟然扬言刘安将来可以继承帝位，理由之一就是汉武帝无子，而刘安乃刘邦亲孙，日后继承帝位亦符合宗统原则：“方今上无太子，大王亲高皇帝孙，行仁义，天下莫不闻。即宫车一日晏驾，非大王当谁立者！”③田蚡身为朝中重臣，又是汉武帝舅父，却口出此言，这固然不能排除其中包含着刻意讨好刘安的因素，但也可见当时宗统对于君统的确存在着威胁。刘安素有反心，汉景帝前元三年（前154年）吴楚七国发动叛乱时，吴国使者至淮南联络，刘

① [汉]司马迁《史记·孝文本纪》：“有司曰：‘豫建太子，所以重宗庙社稷，不忘天下也。’上曰：‘楚王，季父也，春秋高，阅天下之义理多矣，明于国家之大体。吴王于朕，兄也，惠仁以好德。淮南王，弟也，秉德以陪朕。岂为不豫哉！诸侯王宗室昆弟有功臣，多贤及有德义者，若举有德以陪朕之不能终，是社稷之灵，天下之福也。今不选举焉，而曰必子，人其以朕为忘贤有德者而专于子，非所以忧天下也。朕甚不取也。’”（北京：中华书局，2000年版，第295页）

② [汉]司马迁：《史记·梁孝王世家》，北京：中华书局，2000年版，第1658、1660页。

③ [汉]司马迁：《史记·淮南衡山列传》，北京：中华书局，2000年版，第2345—2346页。

安准备“发兵应之”，但因淮南国相的阻挠没有得逞，“淮南以故得完”①。素有反心并早已蠢蠢欲动的刘安闻听田蚡之言自然喜形于色，再加上身边的群臣宾客常“以厉王迁死感激”②，于是更加误以为自己夺取天下乃是人心所向。为此，刘安长期以来都在秘密进行夺取天下的准备工作，一方面“治攻战具，积金钱赂遗郡国”③，“日夜与左吴等按舆地图，部署兵所从入”④，“作皇帝玺，丞相、御史大夫、将军、吏中二千石、都官令、丞印，及旁近郡太守、都尉印，汉使节法冠”⑤，另一方面派女儿刘陵赴长安“约结上左右”⑥，还与原为庐江王后徙为衡山王的刘赐“除前隙，约束反具”⑦。刘安的阴谋后来被汉武帝察觉。元狩元年(前 122 年)，“上使宗正以符节治王。未至，安自刑杀。后、太子诸所与谋皆收夷。国除为九江郡”⑧。刘安最终身死国除，选择了与父亲刘长一样的人生结局。

在长期的谋反准备过程中，刘安也曾几次打算公开起兵，但却一直犹豫不决而全都不了了之。如元朔五年(前 124 年)，因为宾客雷被的告发，淮南国太子面临被朝廷逮捕的命运，刘安不愿太子被捕，“遂发兵。计未定，犹与十余日”⑨；后来，刘安又与太子谋划杀掉受朝廷委任来淮南国任职的淮南国相和二千石级别的官员，然后发兵反叛，最终却“计犹与未决”而草草收场⑩。

① [汉]班固:《汉书·淮南衡山济北王传》，北京:中华书局，2000 年版，第 1651 页。
② [汉]班固:《汉书·淮南衡山济北王传》，北京:中华书局，2000 年版，第 1652 页。
③ [汉]班固:《汉书·淮南衡山济北王传》，北京:中华书局，2000 年版，第 1652—1653 页。
④ [汉]班固:《汉书·淮南衡山济北王传》，北京:中华书局，2000 年版，第 1654 页。
⑤ [汉]班固:《汉书·淮南衡山济北王传》，北京:中华书局，2000 年版，第 1655 页。
⑥ [汉]班固:《汉书·淮南衡山济北王传》，北京:中华书局，2000 年版，第 1653 页。
⑦ [汉]班固:《汉书·淮南衡山济北王传》，北京:中华书局，2000 年版，第 1659 页。
⑧ [汉]班固:《汉书·淮南衡山济北王传》，北京:中华书局，2000 年版，第 1657 页。
⑨ [汉]班固:《汉书·淮南衡山济北王传》，北京:中华书局，2000 年版，第 1653 页。
⑩ [汉]班固:《汉书·淮南衡山济北王传》，北京:中华书局，2000 年版，第 1656 页。

刘安不敢贸然起兵的原因自然与他优柔寡断的"书生气"有关，但更主要的还是他翘首以盼的"天下有变，诸侯并争"的大乱局面并没有如愿出现。恰恰相反，这个时期的汉武帝顺应了历史发展的大趋势，励精图治，举贤用能，对外弘扬国威，对内削弱诸藩，不断加强中央集权，君统因此得到空前强化，而宗统则日渐式微，在这种情形下，刘安逆时代潮流而动，其失败是必然的。当然，刘安为彻底摆脱焦虑性生存状态而最终遭遇"不终其身，为天下笑"的悲剧命运①，的确有令人同情的一面，但历史规律又是无情的，顺之者昌，逆之者亡，从这个角度讲，刘安遭遇悲剧的命运也实属咎由自取。

第二节　淮南国的道家之学

汉初热衷于传承先秦儒家之学的藩王主要是楚元王刘交和河间献王刘德，致力于传承先秦道家之学的藩王则主要是淮南王刘安。淮南国与楚国、河间国因所处地理位置的不同，思想文化存在较大差异。楚国、河间国皆临近齐鲁故地，受孔子儒家之学影响较深；淮南国地处长江和淮水之间，战国时期属于楚地，受老庄道家之学影响较深。在刘安的推动下，淮南国士人群体积极弘扬先秦道家学说，最终开创了以《淮南子》为代表性学术成果的淮南国道家之学。

一　淮南王刘安道家学术团体与《淮南子》

淮南国道家学术团体的领袖人物自然是淮南王刘安。据《汉书》本传记载，刘安与一般的藩王不同，不好骄奢淫逸的生活，只是"好书，鼓琴"，喜欢沽名钓誉、收买人心，因此赢得了四

① ［汉］司马迁：《史记・淮南衡山列传》，北京：中华书局，2000年版，第2356页。

方“浮辩”之徒的拥戴，“天下方术之士多往归焉”①，“招致宾客方术之士数千人”②。在刘安的主导下，淮南国这个成员数量相当可观的“宾客方术之士”团体一方面进行文学创作，另一方面传承先秦道家之学。

淮南国道家学术团体的主要成员是“八公”以及淮南大山、小山等儒士。关于“八公”之名，高诱注《淮南子》认为是“苏飞、李尚、左吴、田由、雷被、毛被、伍被、晋昌”③，《史记》司马贞索隐引《淮南要略》则认为是“苏非、李尚、左吴、陈由、伍被、毛周、雷被、晋昌”④，其中将苏飞写作苏非，田由写作陈由，毛被写作毛周。至于淮南大山、小山的情况，王逸《楚辞章句·招隐士序》云：“《招隐士》者，淮南小山之所作也。昔淮南王安，博雅好古，招怀天下俊伟之士。自八公之徒，咸慕其德，而归其仁，各竭才智，著作篇章，分造辞赋，以类相从，故或称小山，或称大山。其义犹《诗》有《小雅》、《大雅》也。小山之徒，闵伤屈原，又怪其文升天乘云，役使百神，似若仙者，虽身沉没，名德显闻，与隐处山泽无异，故作《招隐士》之赋，以章其志也。”⑤玩其词意，“大山”“小山”应该是刘安门客中善作辞赋的两个人的称呼，并且这两个人的创作内容和创作风格存在差异，而“八公”就分别仿造这两个人的创作特征进行创作，然后其作品“以类相从”，分门别类为“小山”类与“大山”类。

以淮南王刘安为首的淮南国道家学术团体的著作有“《内书》二十一篇，《外书》甚众，又有《中篇》八卷，言神仙黄白之术，

① 《淮南子》叙，《诸子集成》第七册，北京：中华书局，1954 年版，第 1 页。
② ［汉］班固：《汉书·淮南衡山济北王传》，北京：中华书局，2000 年版，第 1652 页。
③ 《淮南子》叙，《诸子集成》第七册，北京：中华书局，1954 年版，第 1 页。
④ ［汉］司马迁：《史记·淮南衡山列传》，北京：中华书局，2000 年版，第 2346 页。
⑤ ［宋］洪兴祖撰，白化文等点校：《楚辞补注》，北京：中华书局，2015 年版，第 189 页。

亦二十余万言"①,另外还有"《枕中鸿宝》《苑秘书》。书言神仙使鬼物为金之术,及邹衍重道延命方"②。淮南国道家学术团体最重要的著作是《淮南子》。《淮南子》是刘安与"八公"以及淮南大山、小山等众门客合作而成的产物,是淮南国道家学术团体集体智慧的结晶:"(淮南王刘安)遂与苏飞、李尚、左吴、田由、雷被、毛被、伍被、晋昌等八人,及诸儒大山小山之徒,共讲论道德,总统仁义,而著此书,其旨近老子,淡泊无为,蹈虚守静。"③

据司马迁《史记·汉兴以来诸侯王年表》记载,汉武帝在位期间,刘安仅于建元二年来朝。建元二年,"安入朝,献所作《内篇》,新出,上爱秘之"④,此《内篇》一般认为就是《淮南子》,因此《淮南子》成书于汉景帝时期的可能性是最大的。《淮南子》初名《鸿烈》,"号曰《鸿烈》。鸿,大也;烈,明也,以为大明道之言也"⑤;《西京杂记》亦云:"淮南王安著《鸿烈》二十一篇。鸿,大也。烈,明也。言大明礼教"⑥。《淮南子》还出现过《刘安子》、《内书》二十一篇、《淮南内二十一篇》、《淮南鸿烈》等多个名称⑦。《汉书·艺文志》记载《淮南子》内篇有21篇,并将其列入杂家⑧。

《淮南子》一书直面现实,从多个角度平实、生动地深入探讨

---

① [汉]班固:《汉书·淮南衡山济北王传》,北京:中华书局,2000年版,第1652页。

② [汉]班固:《汉书·楚元王传》,北京:中华书局,2000年版,第1500页。

③ 《淮南子》叙,《诸子集成》第七册,北京:中华书局,1954年版,第1页。

④ [汉]班固:《汉书·淮南衡山济北王传》,北京:中华书局,2000年版,第1652页。

⑤ 《淮南子》叙,《诸子集成》第七册,北京:中华书局,1954年版,第2页。

⑥ [汉]刘歆等撰,王根林校点:《西京杂记》(外五种),上海:上海古籍出版社,2012年版,第27页。

⑦ 关于《淮南子》书名的演变情况,可参见李秀华《〈淮南子〉书名演变考论》,《西南交通大学学报(社会科学版)》,2009年第5期。

⑧ [汉]班固:《汉书·艺文志》,北京:中华书局,2000年版,第1375页。

了政治、天文、地理、气候、习俗、战争以及养生等等问题，特别是如何安邦治国的问题，从而构建了一个包罗万象的立体化的关乎社会基本问题的思想体系。《淮南子》历来都得到了很高的评价，如东汉高诱云："学者不论《淮南》，则不知大道之深也。是以先贤通儒述作之士，莫不援采以验经传"[①]；唐代刘知几云："其书牢笼天地，博极古今，上自太公，下至商鞅。其错综经纬，自谓兼于数家，无遗力矣"[②]；近人梁启超云："《淮南鸿烈》为西汉道家言之渊府，其书博大而有条贯，汉人著述中第一流也"[③]。

作为淮南国道家学术团体的领袖，淮南王刘安主持并很可能亲自参与了《淮南子》的编纂工作。因此，《淮南子》既在整体上集中展示了淮南国道家之学的基本思想面貌，同时又带有刘安鲜明的个人烙印。

二 《淮南子》：先秦老学以道治国思想的嬗变

"若刘氏之书，观天地之象，通古今之事，权事而立制，度形而施宜"，"故著书二十篇，则天地之理究矣，人间之事接矣，帝王之道备矣"[④]，诚然，政治问题是《淮南子》一书论述的核心问题。《淮南子》一书所阐述的政治思想是以老子学说为宗，同时又融会了其他学说[⑤]，从而形成了一套具有汉初时代特点和时代精

① 《淮南子》叙，《诸子集成》第七册，北京：中华书局，1954 年版，第 2 页。

② ［唐］刘知几撰，［清］浦起龙释：《史通通释》，上海：上海古籍出版社，2009 年版，第 270 页。

③ 梁启超：《中国近三百年学术史》，武汉：崇文书局，2015 年版，第 205 页。

④ 《淮南子·要略》，《诸子集成》第七册，北京：中华书局，1954 年版，第 376、373、374 页。

⑤ 据徐复观统计，《淮南子》除引用《老子》和《庄子》外，还引用了其他大量典籍，如《论语》《墨子》《子思子》《孟子》《荀子》《公孙尼子》《管子》《列子》《尸子》《慎子》《孙子》《商君书》《韩非子》《礼记》《吕氏春秋》等等。参见徐复观《两汉思想史》第二册，北京：九州出版社，2014 年版，第 171 页。

神的以道治国的思想理论①，具体表现为以下三个方面：

其一是主张君主“无为而治”。“道常无为而无不为。侯王若能守之，万物将自化”②，“无为而治”可谓老子学说的精髓。《淮南子》吸收了这一精髓，一再强调君主尊重事物本性的重要性：“人主之术，处无为之事，而行不言之教。清静而不动，一度而不摇，因循而任下，责成而不劳”③，“夫峭法刻诛者，非霸王之业也；棰策繁用者，非致远之术也”④。《淮南子》指出君主只有像神农氏那样顺应事物的本性，不刻意改变事物的发展规律，才能赢得天下人心：“昔者神农之治天下也，神不驰于胸中，智不出于四域，怀其仁诚之心。……其地南至交阯，北至幽都，东至旸谷，西至三危，莫不听从。”⑤相反，如果君主不遵循无为而治的原则而肆意妄为，那么国家将会大乱：“上好取而无量，下贪很而无让，民贫苦而忿争，事力劳而无功，智诈萌兴，盗贼滋彰，上下相怨，号令不行。”⑥当然，尽管老子与《淮南子》都主张“无为而治”，但二者亦有分别：老子所主张的“无为而治”实质上是提倡一味顺应事物本性以求在“无为”中自然显出“无不为”的功效，而《淮南子》所主张的“无为而治”实际上包含着静待时机以求“无不为”的特点，这其实是汉初士人进取精神的客观反映：“所谓无为者，不先物为也；所谓无不为者，因物之所为。所谓无治

① 如天人感应思想即是其例：“人主之情，上通于天，故诛暴则多飘风，枉法令则多虫螟，杀不辜则国赤地，令不收则多淫雨。”（《淮南子·天文训》，《诸子集成》第七册，北京：中华书局，1954 年版，第 36 页）

② 《老子注》，《诸子集成》第三册，北京：中华书局，1954 年版，第 21 页。

③ 《淮南子·主术训》，《诸子集成》第七册，北京：中华书局，1954 年版，第 127 页。

④ 《淮南子·原道训》，《诸子集成》第七册，北京：中华书局，1954 年版，第 5 页。

⑤ 《淮南子·主术训》，《诸子集成》第七册，北京：中华书局，1954 年版，第 127—128 页。

⑥ 《淮南子·主术训》，《诸子集成》第七册，北京：中华书局，1954 年版，第 128 页。

者，不易自然也；所谓无不治者，因物之相然也。”①

其二是主张君权具有相对性。君权相对性其实是君主“无为而治”的必然结果。君主在治国的时候，只有做到无为而治，才能让民众保持淳朴的本性；如果君主肆意妄为，民众就会失去淳朴的本性：“其政闷闷，其民淳淳；其政察察，其民缺缺。……是以圣人方而不割，廉而不刿，直而不肆，光而不耀”②。老子认为只有让君权处于相对性的状态，君主治国时才能达到“治大国若烹小鲜”的境界③。《淮南子》亦认为君权必须加以约束，不能走向绝对化的极端，这其实是对老子思想的回归：“君不能赏无功之臣，臣亦不能死无德之君”④，“法籍礼义者，所以禁君，使无擅断也。人莫得自恣，则道胜，道胜而理达矣，故反于无为。无为者，非谓其凝滞而不动也，以其言莫从己出也”⑤。《淮南子》更进一步指出，如果君权不受到约束，君主胡作非为，那么就应该被推翻：“若上乱三光之明，下失万民之心，虽微汤武，孰弗能夺也！”⑥但另一方面，《淮南子》又采纳了法家的思想，认为君主必须强化权力以便有效控制臣民，这无疑又是对老子思想的突破，一定程度上反映了汉初加强君主集权制的历史发展大趋势：“权势者，人主之车舆；爵禄者，人臣之辔衔也。是故人主处权势之要而持爵禄之柄，审缓急之度而适取予之节，是以天下尽力而不倦。”⑦

---

① 《淮南子·原道训》，《诸子集成》第七册，北京：中华书局，1954年版，第8页。

② 《老子注》，《诸子集成》第三册，北京：中华书局，1954年版，第35页，第36页。

③ 《老子注》，《诸子集成》第三册，北京：中华书局，1954年版，第36页。按：“治大国若烹小鲜”这句话固然可以解读为君主应该无为而治，但客观上亦含有君权相对性的意味。

④ 《淮南子·主术训》，《诸子集成》第七册，北京：中华书局，1954年版，第138页。

⑤ 《淮南子·主术训》，《诸子集成》第七册，北京：中华书局，1954年版，第141页。

⑥ 《淮南子·氾论训》，《诸子集成》第七册，北京：中华书局，1954年版，第221页。

⑦ 《淮南子·主术训》，《诸子集成》第七册，北京：中华书局，1954年版，第137页。

其三是主张君主必须加强自身道德修养。“五色令人目盲，五音令人耳聋，五味令人口爽，驰骋畋猎，令人心发狂，难得之货，令人行妨。是以圣人为腹不为目，故去彼取此”①，“圣人为而不恃，功成而不处，其不欲见贤”②，老子认为君主只有致虚守静、见素抱朴、少私寡欲，才能真正实现无为而治。《淮南子》也同样认为君主加强自身道德修养对于实现无为而治的重要意义：“未尝闻身治而国乱者也，未尝闻身乱而国治者也”③，“是故圣人内修其本，而不外饰其末，保其精神，偃其智故，漠然无为而无不为也，澹然无治也而无不治也”④。至于君主道德修养的具体内容，《淮南子》基本沿袭了老子的思想，提倡君主清静无为，与世无争，不要随意扰民，不要追求穷奢极欲的生活，否则会导致国家混乱不堪：“君人之道，处静以修身，俭约以率下。静则下不扰矣，俭则民不怨矣。下扰则政乱，民怨则德薄。政乱则贤者不为谋，德薄则勇者不为死。是故人主好鸷鸟猛兽、珍怪奇物，狡躁康荒，不爱民力，驰骋田猎，出入不时，如此则百官务乱，事勤财匮，万民愁苦，生业不修矣。人主好高台深池、雕琢刻镂、黼黻文章、絺绤绮绣、宝玩珠玉，则赋敛无度，而万民力竭矣”⑤，“处上而民弗重，居前而众弗害，天下归之，奸邪畏之，以其无争于万物也，故莫敢与之争”⑥。但与老子坚决“绝仁弃义”不同，《淮南子》认为儒家仁义观念也能够在一定程度上促进君主自身道德修养的提高，这实际上表明了汉初士人对社会现状的清醒认识：“道者，物之所导也；德者，性之所扶也；仁者，积恩之见证也；义

① 《老子注》，《诸子集成》第三册，北京：中华书局，1954年版，第6页。
② 《老子注》，《诸子集成》第三册，北京：中华书局，1954年版，第45页。
③ 《淮南子·诠言训》，《诸子集成》第七册，北京：中华书局，1954年版，第236页。
④ 《淮南子·原道训》，《诸子集成》第七册，北京：中华书局，1954年版，第8页。
⑤ 《淮南子·主术训》，《诸子集成》第七册，北京：中华书局，1954年版，第138页。
⑥ 《淮南子·原道训》，《诸子集成》第七册，北京：中华书局，1954年版，第4页。

者，比于人心而合于众适者也。故道灭而德用，德衰而仁义生。故上世体道而不德，中世守德而弗坏也，末世绳绳乎唯恐失仁义。君子非仁义无以生，失仁义，则失其所以生”[①]，“持以道德，辅以仁义，近者献其智，远者怀其德”[②]。

总之，《淮南子》的政治思想传承了老子以道治国的思想，同时又显示出了汉初的时代特点和时代精神，体现了先秦老学以道治国思想在汉初的嬗变。同样地，《淮南子》亦有别于汉初风行一时的黄老之学。二者虽都标榜“无为而治”，但在实际政治生活中，黄老之学的信徒将“无为而治”当作一种具体的可供操作的治术，如汉初有“贤相”之称的曹参就善于从形而下的治术角度运用黄老“无为而治”的思想治国：“参代何为汉相国，举事无所变更，一遵萧何约束。择郡国吏木诎于文辞，重厚长者，即召除为丞相史。吏之言文刻深，欲务声名者，辄斥去之。日夜饮醇酒。卿大夫已下吏及宾客见参不事事，来者皆欲有言。至者，参辄饮以醇酒，间之，欲有所言，复饮之，醉而后去，终莫得开说，以为常。相舍后园近吏舍，吏舍日饮歌呼。从吏恶之，无如之何，乃请参游园中，闻吏醉歌呼，从吏幸相国召按之。乃反取酒张坐饮，亦歌呼与相应和。参见人之有细过，专掩匿覆盖之，府中无事”[③]，而《淮南子》则从理论的高度系统阐述了“无为而治”思想的形而上根源、形而下表现以及与之相关的种种政治现象，较黄老之学更显理论的深度。徐复观就曾指出黄老之学“只是在原有政治体制之下，少管事，不扰民，而未曾涉及政治的基本问题……但《淮南子》中所说的无为而治，乃是彻底于老庄思想，

① 《淮南子·缪称训》，《诸子集成》第七册，北京：中华书局，1954年版，第153页。
② 《淮南子·览冥训》，《诸子集成》第七册，北京：中华书局，1954年版，第97页。
③ [汉]司马迁：《史记·曹相国世家》，北京：中华书局，2000年版，第1623页。

涉及整个政治基本问题的无为而治”[1]。

正因为《淮南子》以道治国的思想表现出了有别于先秦老学和汉初黄老之学的特征，所以刘安时期的淮南国道家之学被后人称为新道家[2]。淮南国道家之学关于国家治理的理想境界就是“圣主在上，廓然无形，寂然无声，官府若无事，朝廷若无人。无隐士，无轶民，无劳役，无冤刑，四海之内，莫不仰上之德，象主之指，夷狄之国，重译而至”[3]。显然，在汉初分封制与中央集权制之间矛盾一步步走向激化的大背景下，淮南国道家之学以道治国的政治思想其实是在与董仲舒等人极力宣扬并且为汉武帝所赏识的君主专制思想分庭抗礼、针锋相对。在这一点上，淮南王刘安道家学术团体和河间献王刘德醇儒学术团体具有共同之处，因此淮南国道家学术团体也最终难逃河间国醇儒学术团体那样的被最高统治集团猜忌的政治命运，《淮南子》一书被汉武帝冷落于是成为必然：“《淮南鸿烈》的诞生，确实是‘不合时宜’、‘不识时务’的。纵观全书，其内容不可谓不宏富，其文辞不可谓不优美，其思想不可谓不深刻，然而其书却终究没有表现出与当政、当权者一致的‘立场’，没有明确的为当政、当权者‘代言’、‘服务’的意识，它一方面持道家倾向，却又与当时流行的黄老道家保持了距离；一方面又吸纳包括儒家在内的各家学说，却又不取董仲舒式的‘独尊’模式。或许也正因此，新出的《淮南鸿烈》注定不会被当政当权者采纳、运用，而只能落得个被‘爱秘

① 徐复观：《两汉思想史》第二册，北京：九州出版社，2014 年版，第 228 页。

② 相关论述可参见熊铁基所著《秦汉新道家》，上海：上海人民出版社，2001 年版，以及杨有礼所著《新道鸿烈——〈淮南子〉与中国文化》，开封：河南大学出版社，2001 年版。

③ 《淮南子・泰族训》，《诸子集成》第七册，北京：中华书局，1954 年版，第 349 页。

之'的命运。"[1]

三 《淮南子》:先秦庄学超越生存焦虑的回响

《淮南子》一书所依托的思想资源主要来自先秦老庄之学。先秦老庄之学虽然同属道家学派,但有明显区别:老子之学关注现实矛盾,富于入世精神;庄子之学则回避现实矛盾,重在关注个体生命如何在乱世超越生存焦虑从而获得人生的自在与逍遥,富于隐逸色彩。与此相应,在《淮南子》一书中,先秦老学与庄学所起的作用是不同的:先秦老学充当了《淮南子》以道治国思想的渊薮,先秦庄学则启发了《淮南子》如何超越生存焦虑的思考。

从某种意义上说,先秦庄学是一种超越生存焦虑的哲学,庄子的焦虑感"主要来自对浩瀚时空的忧惧、对荒谬人世的哀叹、对于自我困境的体认以及由此而来的人格选择困境"[2]。《淮南子》一书传承了先秦庄学超越生存焦虑的策略,可谓先秦庄学在汉初的回响。而推动这一传承的关键人物,无疑就是与《淮南子》编写工作有着千丝万缕联系并且一直处于人生困境的淮南国道家学术团体的领袖刘安。

刘长被废除王位之后,汉文帝批准了有司"请处蜀严道邛邮,遣其子、子母从居,县为筑盖家室,皆日三食,给薪菜盐炊食器席蓐"的奏议[3],同意刘长的子女及子女之母随刘长一起流放。因为父亲刘长的缘故,刘安年仅五六岁就不得不经历颠沛流离的生活,后来虽位及侯、王,但身为"罪人之子",刘安的内心深处注定会满怀对自身命运的忧惧。这种生存焦虑,在深受刘

---

① 戴黍:《汉初时代转型与〈淮南子〉的学术境遇》,《深圳大学学报(人文社会科学版)》,2006 年第 2 期。

② 杨柳:《生命焦虑:庄子超越哲学的心理起点》,《长安大学学报(社会科学版)》,2010 年第 3 期。

③ [汉]班固:《汉书·淮南衡山济北王传》,北京:中华书局,2000 年版,第 1650 页。

安思想影响的《淮南子》一书中不时出现。为了彻底摆脱这种生存焦虑，刘安一方面积极图谋篡夺天下以获得最高权力，一方面积极传承庄学超越生存焦虑的策略以获得心灵慰藉。具体而言，在《淮南子》一书中，刘安对于先秦庄学超越生存焦虑之策略的传承主要表现为以下两个方面：

其一是重养生而轻天下。“吾生也有涯，而知也无涯。以有涯随无涯，殆已！已而为知者，殆而已矣！为善无近名，为恶无近刑，缘督以为经，可以保身，可以全生，可以养亲，可以尽年”①，庄子认为人的生命短暂而且宝贵，世间没有什么事比养生更重要，真正的得道之人“无己”“无功”“无名”，可以为了养生而摒弃一切有碍于养生的外物，即便是整个天下。在庄子看来，天下无足轻重，得道者“无所用天下为”②，因为“为天下”会使人心劳神疲，不利于养生，还不如“乘夫莽眇之鸟，以出六极之外，而游无何有之乡，以处圹埌之野”③，使生命达到自在与逍遥的境界。《淮南子》传承了《庄子》重养生的思想，认为养生重于一切：“是故有以自得之也，乔木之下，空穴之中，足以适情；无以自得也，虽以天下为家，万民为臣妾，不足以养生也”④；为了达到养生的目的，可以天下万物为轻：“轻天下，则神无累矣；细万物，则心不惑矣。”⑤

庄子将养生分为“养形”“养神”和“养志”，而“养神”和“养志”又重于“养形”。为了“养神”和“养志”，庄子主张内心去掉悲乐、喜怒、好恶等感情，最终达到“心不忧乐”的境界：“悲乐者德

---

① 《庄子集释·养生主》，《诸子集成》第三册，北京：中华书局，1954 年版，第 54—55 页。

② 《庄子集释·逍遥游》，《诸子集成》第三册，北京：中华书局，1954 年版，第 13 页。

③ 《庄子集释·应帝王》，《诸子集成》第三册，北京：中华书局，1954 年版，第 132 页。

④ 《淮南子·原道训》，《诸子集成》第七册，北京：中华书局，1954 年版，第 13—14 页。

⑤ 《淮南子·精神训》，《诸子集成》第七册，北京：中华书局，1954 年版，第 105 页。

之邪，喜怒者道之过，好恶者德之失。故心不忧乐，德之至也。”[①]《淮南子》则将养生分为“养形”“养气”和“养神”：“夫形者，生之舍也；气者，生之充也；神者，生之制也。一失位，则三者伤矣。是故圣人使人各处其位，守其职，而不得相干也。”[②]《淮南子》衍生了庄子的观点，进一步认为“喜怒”“忧悲”“好憎”和“嗜欲”等皆有害于养生：“夫喜怒者，道之邪也；忧悲者，德之失也；好憎者，心之过也；嗜欲者，性之累也。人大怒破阴，大喜坠阳，薄气发瘖，惊怖为狂。忧悲多恚，病乃成积；好憎繁多，祸乃相随。故心不忧乐，德之至也；通而不变，静之至也；嗜欲不载，虚之至也；无所好憎，平之至也；不与物散，粹之至也。能此五者，则通于神明；通于神明者，得其内者也。”[③]

其二是齐万物而任自然。在俗人看来，天地万物之大小、高下、尊卑有别，但在庄子以宇宙为辽阔背景的大视野中，天地万物根本就不存在绝对的差别：“天地与我并生，而万物与我为一”[④]，“以道观之，物无贵贱”[⑤]。庄子认为只有得道者才能将所谓的生与死、福与祸、哀与乐、是与非以及有用与无用等等问题同等看待，从而任其自然变化。如对于常人最关心的生死问题，庄子指出“人之生，气之聚也。聚则为生，散则为死”[⑥]，认为生与死本是相对的、可以互相转化的，从死到生、从生到死都是一个自然变化的过程，就好像四季的运行一样：“气变而有形，形变而有生，今又变而之死，是相与为春秋冬夏四时行也”[⑦]，因此要

① 《庄子集释·刻意》，《诸子集成》第三册，北京：中华书局，1954 年版，第 240 页。
② 《淮南子·原道训》，《诸子集成》第七册，北京：中华书局，1954 年版，第 17 页。
③ 《淮南子·原道训》，《诸子集成》第七册，北京：中华书局，1954 年版，第 12 页。
④ 《庄子集释·齐物论》，《诸子集成》第三册，北京：中华书局，1954 年版，第 39 页。
⑤ 《庄子集释·秋水》，《诸子集成》第三册，北京：中华书局，1954 年版，第 254 页。
⑥ 《庄子集释·知北游》，《诸子集成》第三册，北京：中华书局，1954 年版，第 320 页。
⑦ 《庄子集释·至乐》，《诸子集成》第三册，北京：中华书局，1954 年版，第 271 页。

安心顺应这样的变化。除生与死之外，庄子所称的得道者还能够坦然面对人生中的其他两难问题，如福与祸："动不知所为，行不知所之，身若槁木之枝而心若死灰。若是者，祸亦不至，福亦不来。祸福无有，恶有人灾也"[①]；如哀与乐："安时而处顺，哀乐不能入也"[②]；如是与非："是亦彼也，彼亦是也。彼亦一是非，此亦一是非"[③]；如有用与无用："人皆知有用之用，而莫知无用之用也"[④]；等等。

《淮南子》用大量篇幅发挥庄子齐万物而任自然的思想，其中的重点是如何用这种思想去看待生与死以及祸与福的问题。《淮南子》认为，得道之人将生死同等看待，因此不仅不会畏惧死，还能将死视为与生一样自然发生的并且令人快乐的事："齐死生，则志不慑矣"[⑤]，"善我生者，乃所以善我死也。……始吾未生之时，焉知生之乐也？今吾未死，又焉知死之不乐也"[⑥]。《淮南子》还时时流露出祸福无常的忧惧心理："夫鸟飞千仞之上，兽走丛薄之中，祸犹及之，又况编户齐民乎？由此观之，体道者不专在于我，亦有系于世矣"[⑦]，"求之有道，得之在命。故君子能为善，而不能必其得福；不忍为非，而未能必免其祸"[⑧]，但最终还是本着齐万物而任自然的思想求得自我解脱："祸福利害，千变万终，孰足以患心！若此人者，抱素守精，蝉蜕蛇解，游于太清，轻举独住，忽然入冥。"[⑨]

---

① 《庄子集释·庚桑楚》，《诸子集成》第三册，北京：中华书局，1954年版，第343页。
② 《庄子集释·养生主》，《诸子集成》第三册，北京：中华书局，1954年版，第60页。
③ 《庄子集释·齐物论》，《诸子集成》第三册，北京：中华书局，1954年版，第32页。
④ 《庄子集释·人间世》，《诸子集成》第三册，北京：中华书局，1954年版，第85页。
⑤ 《淮南子·精神训》，《诸子集成》第七册，北京：中华书局，1954年版，第105页。
⑥ 《淮南子·俶真训》，《诸子集成》第七册，北京：中华书局，1954年版，第20页。
⑦ 《淮南子·俶真训》，《诸子集成》第七册，北京：中华书局，1954年版，第32页。
⑧ 《淮南子·缪称训》，《诸子集成》第七册，北京：中华书局，1954年版，第162页。
⑨ 《淮南子·精神训》，《诸子集成》第七册，北京：中华书局，1954年版，第107页。

总之，刘安主导下的《淮南子》之所以感兴趣于传承先秦庄学重养生而轻天下、齐万物而任自然这样一套生存策略，根本目的就在于希望借此得到现实生活中完全不可能得到的“逍遥仿佯于尘埃之外，超然独立，卓然离世”这样一种绝对的精神自由[①]，从而超越生存焦虑，获得内心世界的平衡。然而，与庄子完全消极弃世的特点不同，刘安仅仅只是在思想的层面向往庄子的弃世哲学，实际生活中他一直都在做着篡夺天下的准备工作。这种自相矛盾的言行正是位列藩王的刘安长期处于同时又非常不满于自身焦虑性生存状态的必然结果，具有悲剧性色彩。因此，后世关于刘安成仙的传说多少体现了人们对于刘安的同情心理。如《西京杂记》云：“淮南王好方士，方士皆以术见，遂有画地成江河，撮土为山岩，嘘吸为寒暑，喷嗽为雨雾。王亦卒与诸方士俱去”[②]；再如《神仙传》云：“乃取鼎煮药，使工服之。骨肉近三百余人，同日升天，鸡犬舐药器者，亦同飞去。八公与王驻马于山石上，但留人马踪迹，不知所在。宗正以此事奏帝，帝大懊恨，命诛伍被。自此广招方士，亦求度世之药，竟不得”[③]。诚然，刘安的命运确实有令人同情的一面，但刘安的所作所为却又在客观上充分暴露了其为人虚伪的一面。

第三节　淮南国的文学

淮南王刘安不仅爱好先秦老庄道家之学，而且“善为文辞”，创作了不少文学作品，另外其所作《离骚传》亦是中国古代文学

① 《淮南子·修务训》，《诸子集成》第七册，北京：中华书局，1954 年版，第 339 页。

② ［汉］刘歆等撰，王根林校点：《西京杂记》（外五种），上海：上海古籍出版社，2012 年版，第 23 页。

③ ［晋］葛洪：《神仙传》卷六，影印文渊阁《四库全书》本，台北：台湾商务印书馆，1986 年版。

批评领域的重要作品。在刘安的影响和推动下，淮南国的文学活动甚是活跃，是汉初文学地图中不可忽视的一个部分。

一　淮南王刘安文士团体及其文学创作

以刘安为首的淮南国文士团体的主要代表人物有号称“八公”的苏飞、李尚、左吴、田由、雷被、毛被、伍被和晋昌，以及淮南大山、小山。苏飞、李尚、田由、毛被和晋昌等五人《史记》《汉书》均无较为明确的记载。左吴作为刘安谋反的参与者在《汉书》中略有提及：“日夜与左吴等按舆地图，部署兵所从入”①，“王曰：‘左吴、赵贤、朱骄如皆以为什八九成，公独以为无福，何？’”②雷被是淮南国郎中，因与淮南王太子刘迁比剑而交恶，“遂亡之长安，上书自明”③，致使淮南国遭受汉武帝的处罚。伍被则是“八公”之中最为著名者。《汉书》本传记载了伍被的基本情况：楚人，可能是春秋末期伍子胥的后人，被刘安招致淮南国任中郎；淮南国“英隽以百数，被为冠首”④；为人耿直，曾数次谏阻刘安谋反，无果；后来因受刘安谋反事牵连被诛。

淮南王刘安文士团体以作赋为主，“西汉初期藩国中以淮南国的赋风为最盛，这大约首先要归功于淮南国王刘安对辞赋的爱好与提倡”⑤。《汉书·艺文志》云“淮南王赋八十二篇”⑥，可见刘安赋作数量之多，然保存至今的却只有《屏风赋》一篇，另外《薰笼赋》《颂德》和《长安都国颂》仅为存目⑦。淮南国其他人的

---

① [汉]班固：《汉书·淮南衡山济北王传》，北京：中华书局，2000年版，第1654页。

② [汉]班固：《汉书·蒯伍江息夫传》，北京：中华书局，2000年版，第1671页。

③ [汉]班固：《汉书·淮南衡山济北王传》，北京：中华书局，2000年版，第1653页。

④ [汉]班固：《汉书·蒯伍江息夫传》，北京：中华书局，2000年版，第1669页。

⑤ 卞孝萱、王琳：《两汉文学》，合肥：安徽教育出版社，2001年版，第27页。

⑥ [汉]班固：《汉书·艺文志》，北京：中华书局，2000年版，第1379页。

⑦ 《薰笼赋》相关情况可参见费振刚、胡双宝、宗明华辑校《全汉赋》，北京：北京大学出版社，1993年版，第46页。《颂德》和《长安都国颂》这两篇赋的篇名见[汉]班固《汉书·淮南衡山济北王传》，北京：中华书局，2000年版，第1652页。

赋作,《汉书·艺文志》没有具体记载,只是笼统地说“淮南王群臣赋四十四篇”①,今仅存淮南小山《招隐士》一篇。当然,关于《招隐士》的作者,萧统《文选》断为刘安所作,汤炳正等认为“《昭明文选》题此篇为刘安所作,不为无据。此亦或小山之徒代刘安立言,或小山之徒著其文,而刘安尸其名,犹《淮南鸿烈》之例”②,也不能完全肯定《文选》之说确切无疑。因此,本书仍依王逸《楚辞章句》的说法,将淮南小山列为《招隐士》的作者。淮南国文学作品除赋体之外还有散文和诗歌,现今仍得以保存的主要是刘安的散文和诗歌作品,散文有《上书谏伐南越》一篇,歌诗有《乐府诗集》之《八公操》一篇,至于《汉书·艺文志》所云“淮南歌诗四篇”虽为淮南国(地区)的歌诗,但因为文献资料的局限而无法判断其中是否含有刘安文士团体的作品。

刘安《屏风赋》:

> 维兹屏风,出自幽谷。根深枝茂,号为乔木。孤生陋弱,畏金强族。移根易土,委伏沟渎。飘飖殆危,靡安措足。思在蓬蒿,林有朴樕。然常无缘,悲愁酸毒。天启我心,遭遇徵禄。中郎缮理,收拾捐朴。大匠攻之,刻雕削斫。表虽剥裂,心实贞悫。等化器类,庇荫尊屋。列在左右,近君头足。赖蒙成济,其恩弘笃。何恩施遇,分好沾渥。不逢仁人,永为枯木。③

这篇赋所描写的用以制作屏风的乔木虽然“根深叶茂”,但

① [汉]班固:《汉书·艺文志》,北京:中华书局,2000年版,第1379页。

② 汤炳正、李大明、李诚、熊良智:《楚辞今注》,上海:上海古籍出版社,2012年版,第266页。

③ 费振刚、胡双宝、宗明华辑校:《全汉赋》,北京:北京大学出版社,1993年版,第44页。

却孤独无依，被砍伐后弃置于沟渎之中不得其用，内心悲苦不已；幸得中郎和大匠的缮理、雕琢，才终成屏风而物尽其用。这篇赋细致描写了乔木由始被弃到终被用的命运转折过程，真实流露了作者惶遽不安、渴望“仁人”提携的焦虑心理，很大程度上是刘安本人生活状态和精神面貌的写照。全文四字一句，隔句押韵，既有《诗经》体的节奏美，又继承了《楚辞》体善于以曲折方式抒发哀怨之情的文学传统，语短意长，感情真切，风格质朴，甚为动人。

刘安《上书谏伐南越》作于汉武帝建元六年[①]。这一年闽越发兵攻打南越，汉武帝派兵救援，淮南王刘安闻讯上书谏阻。刘安首先指出越地偏远，乃“不居之地，不牧之民”，贸然兴兵对于汉帝国不仅殊为不易，而且毫无价值可言：“得其地，不可郡县也；攻之，不可暴取也”；然后通过回忆以前对外兴兵导致严重后果的往事提醒汉武帝不可重蹈覆辙：“亲老涕泣，孤子啼号，破家散业，迎尸千里之外，裹骸骨而归。悲哀之气数年不息，长老至今以为记”；接着又结合亲身体会得出越地对汉帝国危害不大的结论：“不习南方地形者，多以越为人众兵强，能难边城。淮南全国之时，多为边吏，臣窃闻之，与中国异”，并在此基础上正面提出自己的主张：“若陛下无所用之，则继其绝世，存其亡国，建其王侯，以为畜越，此必委质为藩臣，世共贡职。陛下以方寸之印，丈二之组，填抚方外，不劳一卒，不顿一戟，而威德并行”；最后以王道感化汉武帝作结：“陛下垂德惠以覆露之，使元元之民安生乐业，则泽被万世，传之子孙，施之无穷。天下之安犹泰山而四维之也，夷狄之地何足以为一日之闲，而烦汗马之劳乎！”然而刘安之言并未奏效，汉武帝仍执意兴兵，恰逢此时闽越爆发内讧并

---

① 《上书谏伐南越》全文见[汉]班固《汉书·严朱吾丘主父徐严终王贾传》，北京：中华书局，2000年版，第2098—2104页。

降汉，最终“汉兵罢。上嘉淮南之意”。从政治角度看，刘安此文不乏消极短视之处。但如果仅就文学角度而言，此文条分缕析，逻辑性强，此外还富于文采，如叙事栩栩如生：“行数百千里，夹以深林丛竹，水道上下击石，林中多蝮蛇猛兽，夏月暑时，欧泄霍乱之病相随属也”；如善于渲染气势：“南方暑湿，近夏瘅热，暴露水居，蝮蛇蠚生，疾疠多作，兵未血刃而病死者什二三，虽举越国而虏之，不足以偿所亡”；如善于根据内容决定语气，既有铺张扬厉之句又有娓娓道来之语：“陛下德配天地，明象日月，恩至禽兽，泽及草木，一人有饥寒不终其天年而死者，为之凄怆于心。”

刘安《八公操》：

> 煌煌上天，照下土兮。知我好道，公来下兮。公将与余，生毛羽兮。超腾青云，蹈梁甫兮。观见瑶光，过北斗兮。驰乘风云，使玉女兮。含精吐气，嚼芝草兮。悠悠将将，天相保兮。①

这首歌诗据说是好道的刘安为欢迎八公来淮南国而作②，抒发了作者希望与八公一起逍遥自在、翱翔天宇的心情，散发着浓郁的道家气息，而且形式上多用“兮”字，明显带有楚地歌辞的特点。

淮南小山《招隐士》：

> 桂树丛生兮山之幽，偃蹇连蜷兮枝相缭。山气巃嵸兮

① ［宋］郭茂倩：《乐府诗集》，北京：中华书局，1979年版，第852页。

② 宋代郭茂倩解《八公操》云：“一曰《淮南操》。《古今乐录》曰：‘淮南王好道，正月上辛，八公来降，王作此歌。’谢希逸《琴论》曰：‘《八公操》，淮南王作也。’”（［宋］郭茂倩：《乐府诗集》，北京：中华书局，1979年版，第851页）

石嵯峨，溪谷崭岩兮水曾波。猨狖群啸兮虎豹嗥，攀援桂枝兮聊淹留。王孙游兮不归，春草生兮萋萋。岁暮兮不自聊，蟪蛄鸣兮啾啾。坱兮轧，山曲岪，心淹留兮恫慌忽。罔兮沕，憭兮栗，虎豹穴，丛薄深林兮人上栗。嵚岑埼礒兮，碅磳磈硊，树轮相纠兮林木茷骫。青莎杂树兮薠草靃靡，白鹿麏麚兮或腾或倚。状貌崟崟兮峨峨，凄凄兮漇漇。猕猴兮熊罴，慕类兮以悲。攀援桂枝兮聊淹留，虎豹斗兮熊罴咆，禽兽骇兮亡其曹。王孙兮归来！山中兮不可以久留。[1]

这篇赋的创作背景历来争议颇多。东汉王逸《楚辞章句》认为是淮南小山“闵伤屈原”而作[2]，南宋朱熹《招隐操序》认为是淮南小山“极道山中穷苦之状，以风切遁世之士”而作[3]，清代王夫之《楚辞通释》认为是淮南小山“为淮南召致山谷潜伏之士”而作[4]，此外还有研究者认为是淮南小山为淮南王刘安而作[5]。上述诸说，以朱熹和王夫之的说法最不合情理，因为文中所招隐士的身份乃王孙无疑，而朱王二人所谓的隐士却是与王孙身份不存在必然关系的山中隐居者。至于所招隐士到底是屈原还是刘安，在没有确凿的具有充分说服力的新证据出现之前，二者皆有可能。其原因之一是屈、刘身份皆为王孙，与文意相符；其原因之二是屈、刘的生平遭际与文中所述之事以及所写之景特别吻合：屈原流放山泽，实际上与隐士无异，淮南小山创作这篇赋来

① [宋]洪兴祖撰，白化文等点校：《楚辞补注》，北京：中华书局，2015 年版，第 189—191 页。

② [宋]洪兴祖撰，白化文等点校：《楚辞补注》，北京：中华书局，2015 年版，第 189 页。

③ [宋]朱熹撰，刘永翔、朱幼文校点：《朱子全书》第一册，上海：上海古籍出版社，合肥：安徽教育出版社，2010 年版，第 223 页。

④ [清]王夫之：《楚辞通释》，《船山全书》第十四册，长沙：岳麓书社，2011 年版，第 437 页。

⑤ 如张德育《论〈招隐士〉为招刘安生魂之作》，《北方论丛》，1995 年第 4 期。

怀念屈原，其实也是淮南国作为楚国故地所必然产生的怀念屈原之情的反映；而刘安一生处于焦虑性的生存状态之中，无论其生前还是死后，都有令人同情之处，因此淮南小山以象征和隐喻的手法为刘安作赋，也是很自然的事。艺术性方面，这篇赋极力描写山居环境的寂寥险恶，流露出对王孙不归的无比担忧，以及对王孙归来的无比期盼，语言艳丽凄清，情致婉转缠绵，意境迷离惆怅，的确是“绍《楚辞》之余韵”①，可谓汉初淮南国文士团体文学创作的经典作品。

二　屈原作为文学批评对象的被发现与被利用

《汉书·地理志》云：“寿春、合肥受南北湖皮革、鲍、木之输，亦一都会也。始楚贤臣屈原被谗放流，作《离骚》诸赋以自伤悼。后有宋玉、唐勒之属慕而述之，皆以显名。……而淮南王安亦都寿春，招宾客著书。”②寿春在战国末期曾是楚国都城，楚文化流行，再加上宋玉等宫廷作家的传播，屈原其人其文必定在寿春具有一定的影响力：“屈原履忠被谮，忧悲愁思，独依诗人之义而作《离骚》，上以讽谏，下以自慰。遭时暗乱，不见省纳，不胜愤懑，遂复作《九歌》以下凡二十五篇。楚人高其行义，玮其文采，以相教传。”③汉初刘氏淮南国定都寿春，屈原在此地影响力犹存，“为人好书”的淮南王刘安及其领导之下的淮南国文士团体也必然会持续性地关注屈原。淮南国君臣的关注焦点，除了表现为创作上学习屈骚的基本范式之外，还突出地表现为对屈原其人其文的批评。刘安的《离骚传》就是现存的汉初有关屈原其人其文批评的第一篇重要作品，它的出现，使屈原第一次成为中国文

① [清]王夫之：《楚辞通释》，《船山全书》第十四册，长沙：岳麓书社，2011年版，第437页。

② [汉]班固：《汉书·地理志》，北京：中华书局，2000年版，第1328页。

③ [宋]洪兴祖撰，白化文等点校：《楚辞补注》，北京：中华书局，2015年版，第36页。

学批评史的重要对象[①]。

当然，刘安并不是汉初关注屈原的第一人。早在刘安之前，贾谊就已经对屈原"遭世罔极，乃陨厥身"的不幸遭遇表达了同情和惋惜之感。贾谊年少有为，在汉文帝即位之初得到重用，后由于周勃等人的妒忌陷害而被贬长沙。在湘水之畔，贾谊自感遭遇与"明于治乱，娴于辞令"的屈原相似，于是作《吊屈原赋》，一则以示哀悼，二则借以浇胸中之块垒：

> 共承嘉惠兮，俟罪长沙。侧闻屈原兮，自沉汨罗。造托湘流兮，敬吊先生。遭世罔极兮，乃陨厥身。呜呼哀哉，逢时不祥！鸾凤伏窜兮，鸱枭翱翔。阘茸尊显兮，谗谀得志；贤圣逆曳兮，方正倒植。世谓伯夷贪兮，谓盗跖廉；莫邪为顿兮，铅刀为铦。于嗟嚜嚜兮，生之无故！斡弃周鼎兮宝康瓠，腾驾罢牛兮骖蹇驴，骥垂两耳兮服盐车。章甫荐屦兮，渐不可久；嗟苦先生兮，独离此咎！
>
> 讯曰：已矣，国其莫我知，独堙郁兮其谁语？凤漂漂其高逝兮，夫固自缩而远去。袭九渊之神龙兮，沕深潜以自珍。弥融爚以隐处兮，夫岂从蚁与蛭螾？所贵圣人之神德兮，远浊世而自藏。使骐骥可得系羁兮，岂云异夫犬羊！般纷纷其离此尤兮，亦夫子之辜也！瞝九州而相君兮，何必怀此都也？凤皇翔于千仞之上兮，览德辉而下之；见细德之险征兮，摇增翮逝而去之。彼寻常之污渎兮，岂能容吞舟之鱼！横江湖之鳣鲟兮，固将制于蚁蝼。[②]

---

① 西汉之前，宋玉等人对屈原并没有自觉的文学批评意识，只是重在模仿其创作范式而已。

② [汉]司马迁：《史记·屈原贾生列传》，北京：中华书局，2000年版，第1941—1942页。

多年之后，贾谊的这种心态在淮南王刘安身上又得以重现。刘安“辩博善为文辞”，还有一套以道治国的政治思想，但是却长期遭受汉帝国最高统治集团的猜忌和压制。为摆脱这种焦虑性的生存状态，刘安一方面积极准备篡夺天下，另一方面又通过编纂《淮南子》和属意屈原以实现对于现实的超越，而《离骚传》正是这种超越的产物。

《离骚传》作于建元二年。这一年刘安朝觐汉武帝，汉武帝“使为《离骚传》”，刘安“旦受诏，日食时上”[①]。可惜《离骚传》后来散失，仅在《史记》中保留了部分内容：

> 离骚者，犹离忧也。夫天者，人之始也；父母者，人之本也。人穷则反本，故劳苦倦极，未尝不呼天也；疾痛惨怛，未尝不呼父母也。屈平正道直行，竭忠尽智以事其君，谗人间之，可谓穷矣。信而见疑，忠而被谤，能无怨乎？屈平之作《离骚》，盖自怨生也。《国风》好色而不淫，《小雅》怨诽而不乱。若《离骚》者，可谓兼之矣。上称帝喾，下道齐桓，中述汤武，以刺世事。明道德之广崇，治乱之条贯，靡不毕见。其文约，其辞微，其志洁，其行廉，其称文小而其指极大，举类迩而见义远。其志洁，故其称物芳。其行廉，故死而不容。自疏濯淖污泥之中，蝉蜕于浊秽，以浮游尘埃之外，不获世之滋垢，皭然泥而不滓者也。推此志也，虽与日月争光可也。
>
> 虽放流，眷顾楚国，系心怀王，不忘欲反，冀幸君之一悟，俗之一改也。其存君兴国而欲反覆之，一篇之中三致志

① ［汉］班固：《汉书·淮南衡山济北王传》，北京：中华书局，2000年版，第1652页。

焉。然终无可奈何，故不可以反，卒以此见怀王之终不悟也。人君无愚智贤不肖，莫不欲求忠以自为，举贤以自佐，然亡国破家相随属，而圣君治国累世而不见者，其所谓忠者不忠，而所谓贤者不贤也。怀王以不知忠臣之分，故内惑于郑袖，外欺于张仪，疏屈平而信上官大夫、令尹子兰。兵挫地削，亡其六郡，身客死于秦，为天下笑。此不知人之祸也。《易》曰："井泄不食，为我心恻，可以汲。王明，并受其福。"王之不明，岂足福哉！①

根据汤炳正先生的研究，这两段文字就是刘安所作《离骚传》而又被后人窜入到《史记》屈原本传里的内容。其理由主要如下：一是司马迁未见过刘安《离骚传》，因此这两段文字是后人窜入《史记》的；二是这两段文字在内容上与本传其他文字存在矛盾之处，有材料拼凑的痕迹，如"虽放流，眷顾楚国，系心怀王"即与上文楚怀王"怒而疏屈平"存在"放"与"疏"的矛盾，又如这两段文字对屈原的评价与文末"太史公曰"对屈原的评价存在极端赞扬与有所保留的矛盾，等等；三是这两段文字不仅写作风格一致，而且层次脉络相通，可视为接近完整的《离骚传》的梗概②。本书认为汤先生的观点能够自圆其说，的确言之有理。

对比贾谊和刘安针对屈原所发的上述议论，不难看出二者的差异之处。贾谊主要围绕屈原其人的不幸遭遇表达同情和惋惜之感，而刘安则力图对屈原其人其文展开全面的评价。一是对《离骚》的评价。刘安重点分析了《离骚》"盖自怨生"的创作原因，精辟总结了《离骚》情兼《风》《雅》、"文约"、"辞微"的艺术特

① 这两段文字出自[汉]司马迁《史记·屈原贾生列传》，北京：中华书局，2000 年版，第 1933—1936 页。

② 详情可参见汤炳正《屈赋新探》，济南：齐鲁书社，1984 年版，第 4—22 页。

点。二是对屈原的评价。刘安有同情屈原的心理，但更多的却是赞美，一方面站在道家超越现实的立场上赞美屈原“浮游尘埃之外”的高洁志向，另一方面又站在儒家忠君的立场上赞美屈原“竭忠尽智以事其君”的行为模式，而且还不惜通过尖锐批评楚怀王“不知人”来强化这种赞美。

刘安在汉初丰富和深化了人们对于屈原其人其文的认识，称得上是屈原作为文学批评对象在汉初的第一个发现者。屈原作为文学批评对象的被发现，无疑是楚辞学史上的一件大事，也是刘安对于中国文学和文化的重要贡献。这正如王逸所说的那样：“至于孝武帝，恢廓道训，使淮南王安作《离骚经章句》，则大义粲然。后世雄俊，莫不瞻慕，舒肆妙虑，缵述其词。”①

屈原作为文学批评对象被发现的过程，同时也是屈原作为文学批评对象被利用的过程。或者说，刘安既发现又利用了屈原作为文学批评对象的潜在价值。具体来说，刘安从以下两个方面利用了这一潜在价值：

其一是利用了屈赋的艺术借鉴价值和心灵慰藉价值。仅据《汉书·艺文志》的著录，以刘安为代表的淮南国文士团体所创作的赋的总量就多达 126 篇，尽管这些赋绝大部分失传，但从遗留至今的《屏风赋》和《招隐士》就可以推想这 126 篇赋应该或多或少学习借鉴了屈赋的艺术技巧并沿袭了屈赋的艺术风格。此外，屈赋作品往往是屈原“发愤以抒情”的产物。“发愤以抒情”既是屈原创作的原动力，又是屈原超越生存困境、进行自我心灵慰藉的重要方式。刘安品读屈赋以及学习借鉴屈赋进行文学创作的过程，其实也是刘安排遣内心郁积、寻求心灵安慰的过程。

其二是利用了屈赋的政治传播价值。鲁迅指出：“楚汉之

① [宋]洪兴祖撰，白化文等点校：《楚辞补注》，北京：中华书局，2015 年版，第 36—37 页。

际，诗教已熄，民间多乐楚声，刘邦以一亭长登帝位，其风遂亦被宫掖。盖秦灭六国，四方怨恨，而楚尤发愤，誓虽三户必亡秦，于是江湖激昂之士，遂以楚声为尚。”①汉初最高统治集团一直保留着好楚声的传统，汉武帝时期尤盛。以屈赋为代表的《楚辞》除了具备崇高的艺术价值，还因其蕴藏着浓郁的忠君情怀而具有很高的政治传播价值。这种政治传播价值，一方面通过最高统治者刻意向臣民倡导《楚辞》来实现②，另一方面通过臣民刻意向最高统治者解读《楚辞》来实现。刘安即是如此，他借作《离骚传》的机会，尖锐批评楚怀王“不知人”，以此发泄自己长期以来不被汉帝国最高统治者信任的怨气，同时又极力赞美屈原之“忠”，以此掩饰自己的“不忠”并企图赢得新即位的帝国最高统治者的信任。刘安的这种行为明显表现出了双重人格的特征，正是其长期处于焦虑性生存状态之中的客观反映。

---

① 鲁迅:《汉文学史纲要》,《鲁迅全集》第九卷,北京:人民文学出版社,1981年版,第385页。

② 汉武帝很重视以屈赋为代表的《楚辞》的政治传播价值,希望通过宣传《楚辞》来宣扬和强化儒家的政教观念。这一情况可参见鲁洪生、龙文玲《汉武帝和楚辞解读与传播》,《中国文化研究》,2007年春之卷。

第四章　汉初吴国和梁国的文学

楚元王刘交时期的楚国、河间献王刘德时期的河间国皆偏重于先秦儒学的传承，淮南王刘安时期的淮南国兼顾先秦道学的传承以及文学作品的创作，而汉初的吴国和梁国特别是梁国则出现了文学创作繁荣并且作品质量足以代表汉初藩国文学最高成就的局面。

第一节　吴梁两国藩王的个性心理特征与吴国的策士之文

汉初诸藩国之中，吴国因其综合实力的强大，梁国因其地理位置的重要，均拥有特殊的政治地位。吴王刘濞对内宽柔对外强硬，梁孝王刘武则一心觊觎帝位，并由此衍生出强烈的虚荣心。吴梁两国藩王的上述个性心理特征客观上为国内的士人群体创造了比较有利的文化环境。与吴王刘濞相比，梁孝王刘武给文士提供了更为广阔的文学活动空间，因此邹阳、枚乘、严忌等著名士人最终皆由吴入梁，并与司马相如等人一起掀起了汉初藩国文学创作的高潮。

一　宽柔与强硬并存的吴王刘濞

汉高祖十二年（前 195 年），刘仲之子刘濞被封为吴王。吴国据有东阳郡、鄣郡和吴郡，地域辽阔，濒临大海，自然资源丰富,“内铸消铜以为钱,东煮海水以为盐,上取江陵木以为船,一船之载当中国数十两车,国富民众”①。吴国负责镇抚汉帝国的东南地区,是汉初可与齐楚并列的三大强藩之一,政治地位极其重要:“昔高帝初定天下,昆弟少,诸子弱,大封同姓,故孽子悼惠王王齐七十二城,庶弟元王王楚四十城,兄子王吴五十余城。封三庶孽,分天下半。”②然而,汉文帝即位以后,吴国却一直与中央政权之间存在矛盾,而且愈演愈烈。汉景帝前元三年(前154年),吴王刘濞联合胶西、胶东、菑川、济南、楚、赵等六个藩国共同起兵反叛,结果几个月之后便兵败身死,吴国也在立国四十二年后不复存在。

吴国从强盛走向灭亡与吴王刘濞宽柔与强硬并存的个性心理特征关系极大。首先,刘濞性格中宽柔的一面是吴国逐步发展壮大的重要原因。吴国地理环境优越,刘濞支持国人开铜山铸钱、煮海水为盐,逐渐积累了大量的社会财富,但刘濞并没有贪婪粗暴地将这些财富据为己有,而是通过免赋、发放和赏赐钱物等等方式与民共享:“其居国以铜盐故,百姓无赋。卒践更,辄予平贾。岁时存问茂材,赏赐闾里。”③此外,刘濞在善待国人之余,还积极保护从其他郡国流亡到吴国的人,从而增强了吴国的实力和影响力:“它郡国吏欲来捕亡人者,颂共禁不与。”④刘濞这种宽柔的性格,不仅使吴国“国用富饶”,而且使他本人获得了极高的威望:“如此者三十余年,以故能使其众。”⑤

其次,刘濞性格中强硬的一面是吴国最终走向灭亡的关键原因。刘濞年仅二十岁就随军镇压谋反的淮南王英布,深受刘

① [汉]司马迁:《史记·淮南衡山列传》,北京:中华书局,2000年版,第2349页。
② [汉]班固:《汉书·荆燕吴传》,北京:中华书局,2000年版,第1485—1486页。
③ [汉]班固:《汉书·荆燕吴传》,北京:中华书局,2000年版,第1485页。
④ [汉]班固:《汉书·荆燕吴传》,北京:中华书局,2000年版,第1485页。
⑤ [汉]班固:《汉书·荆燕吴传》,北京:中华书局,2000年版,第1485页。

邦赏识，被视为刘氏子弟中能够镇守吴、会稽等民风轻悍之地的最佳人选。刘濞为人之勇猛剽悍由此可见一斑，乃至于引起了刘邦的些许不安。刘濞被封为吴王后，在汉惠帝和高后时期尚能与中央政权和平相处。汉文帝时期，刘濞开始与汉帝国中央政权发生矛盾。这一矛盾肇始于刘濞之子被汉文帝之子刘启所杀一事①。刘濞之子虽对刘启“不恭”，但也罪不至死，因此刘濞“由是怨望，稍失藩臣礼，称疾不朝”②。在汉文帝一再兴师问罪的情况下，刘濞萌生反意。后来直接刺激刘濞悍然反叛的导火索则是御史大夫晁错强烈建议汉景帝加紧实施对包括吴国在内的刘氏藩王的削藩计划：“今吴王前有太子之隙，诈称病不朝，于古法当诛。文帝不忍，因赐几杖，德至厚也。不改过自新，乃益骄恣，公即山铸钱，煮海为盐，诱天下亡人谋作乱逆。今削之亦反，不削亦反。削之，其反亟，祸小；不削之，其反迟，祸大”③，正是在这种情形下，刘濞“恐削地无已”，才纠集其他六国公开起兵反抗。其实在晁错等大臣议论削吴之事时，楚、赵等国已经遭遇削地的命运，如果刘濞可以忍受这样的命运，就不会失去藩王之位，更不会招致身死国除的厄运，但刘濞强硬的性格却使他毅然选择了不惜与中央政权相对抗的方式。

“汉兴，诸侯王皆自治民聘贤。吴王濞招致四方游士，阳与吴严忌、枚乘等俱仕吴，皆以文辩著名”④，在中国古代社会，为政仁厚的统治者无疑对士人具有莫大的吸引力，刘濞正是这样的统治者，因此才能够吸引邹阳等人来到吴国。根据石观海、杨

① ［汉］班固《汉书·荆燕吴传》：“孝文时，吴太子入见，得侍皇太子饮博。吴太子师傅皆楚人，轻悍，又素骄。博争道，不恭，皇太子引博局提吴太子，杀之。”（北京：中华书局，2000年版，第1484—1485页）

② ［汉］班固：《汉书·荆燕吴传》，北京：中华书局，2000年版，第1485页。

③ ［汉］班固：《汉书·荆燕吴传》，北京：中华书局，2000年版，第1486页。

④ ［汉］班固：《汉书·贾邹枚路传》，北京：中华书局，2000年版，第1789页。

亚蕾的研究，邹阳、严忌和枚乘在高后七年（前181年）仕吴王刘濞，汉文帝后元二年（前162年）一起由吴入梁，三人在吴国待了二十年之久[①]。在长达二十年的时间里，邹阳等士人始终被刘濞宽厚以待，即使在邹阳上书劝阻刘濞蓄意谋反时，刘濞也并没有因为自己的秘密被窥破而恼羞成怒，只是“不内其言”而已；同样地对于枚乘上书劝阻谋反一事，刘濞亦没有怪罪，只是“不纳”罢了。但是，邹阳、枚乘和严忌却为此大感失望，于是决定改换门庭，“皆去之梁，从孝王游”[②]，而刘濞也没有强行阻止，更没有强加以莫须有的罪名。总之，刘濞给士人营造出的这种宽松氛围，客观上促进了吴国文学的发展，并使之成为汉初藩国文学的一个重要组成部分。

二　野心与虚荣心交织的梁孝王刘武

汉高祖五年，彭越被封为梁王。汉高祖十一年，彭越谋反被诛，刘邦之子刘恢被立为梁王。高后时期，吕产曾徙为梁王。汉文帝前元二年，文帝第四子刘揖被立为梁王（即梁怀王）[③]。汉文帝前元十二年（前168年），文帝次子刘武徙为梁王，汉景帝中元六年（前144年），梁孝王刘武薨。刘武死后梁国一分为五，刘武五子分别为王，其中长子刘买为梁王（即梁共王）。刘买之后，梁国又先后历经了梁平王刘襄、梁顷王刘无伤、梁敬王刘定国、梁夷王刘遂、梁荒王刘嘉、梁王刘立和梁王刘音，王莽篡位后国除。

梁孝王时期的梁国“居天下膏腴地，北界泰山，西至高阳，四十余城，多大县”[④]，是居于关中的汉帝国中央政权交通东方

① 石观海、杨亚蕾：《梁园赋家行年新考》，《齐鲁学刊》，2006年第2期。

② ［汉］班固：《汉书·贾邹枚路传》，北京：中华书局，2000年版，第1792页。

③ ［汉］司马迁《史记·梁孝王世家》记载梁怀王名胜，而［汉］班固《汉书·文三王传》记载梁怀王名揖。

④ ［汉］班固：《汉书·文三王传》，北京：中华书局，2000年版，第1698页。

各藩国的咽喉与防范东方各藩国的屏障，其重要性可谓不言而喻。身为汉文帝次子、汉景帝胞弟、窦太后嫡子的梁孝王刘武在经营梁国期间，梁国文学在中国古代文学史上留下了光辉灿烂的足迹。梁国文学之所以繁荣，固然不能完全排除有刘武喜爱文学的因素①，但更直接的原因则是刘武的称帝野心以及身为皇家子弟的强烈虚荣心。换句话说，刘武广泛招揽文士并亲自组织文学创作活动的主要目的，一是在政治上扩大声势，以便实现其称帝野心，二是获得附庸风雅的机会，以便满足其强烈的虚荣心。

汉景帝即位之初，"未置太子，与孝王宴饮，从容言曰：'千秋万岁后传于王。'王辞谢。虽知非至言，然心内喜。太后亦然"②，由此可见汉初君统不明以及君权的相对性，激起了刘武的称帝野心，而窦太后的默认则强化了这一野心。为了实现称帝野心，刘武开始了一系列准备工作，首先是广泛"招延四方豪桀，自山东游士莫不至"③；其次是积极做好物质储备，"多作兵弩弓数十万，而府库金钱且百巨万，珠玉宝器多于京师"④；再次是联络窦太后作为后援，以至于"太后心欲以梁王为嗣"⑤。

在中国古代社会，有称帝野心者往往会刻意隐藏自己内心的真实想法，甚至还会故意伪装出一副淡泊名利、忘怀天下的面孔，淮南王刘安就是这样。刘武却恰恰相反，从不忌讳公开表明自己的称帝野心。这种肆无忌惮的反常举动虽然与刘武的特殊身份相关，但另一个因素亦不可忽视，那就是刘武身为皇家子弟所具有的强烈虚荣心。这种虚荣心的突出表现之一便是刘武好

① 刘武是否喜爱文学，《史记》和《汉书》本传均未明言。
② [汉]班固：《汉书·文三王传》，北京：中华书局，2000年版，第1697页。
③ [汉]班固：《汉书·文三王传》，北京：中华书局，2000年版，第1698页。
④ [汉]班固：《汉书·文三王传》，北京：中华书局，2000年版，第1698页。
⑤ [汉]班固：《汉书·文三王传》，北京：中华书局，2000年版，第1698页。

大喜功、盲目攀比，以至于不惜屡屡僭越礼法："筑东苑，方三百余里，广睢阳城七十里，大治宫室，为复道，自宫连属于平台三十余里。得赐天子旌旗，从千乘万骑，出称警，入言跸，拟于天子。……入则侍帝同辇，出则同车游猎上林中。梁之侍中、郎、谒者著引籍出入天子殿门，与汉宦官亡异。"①这种虚荣心的突出表现之二便是刘武好胜心和妒忌心极强，以至于达不到称帝目的之后竟然不计后果杀人泄愤："上立胶东王为太子。梁王怨爰盎及议臣，乃与羊胜、公孙诡之属谋，阴使人刺杀爰盎及他议臣十余人。"②

刘武终因汉景帝的忌恨、疏远和冷落而在巨大的失意中死去。刘武政治上的失败是注定的，但是，刘武在称帝野心和强烈虚荣心的驱使下，客观上为梁国文士团体提供了开展文学活动的充足物质条件，营造了进行文学创作的良好文化氛围。这固然不一定完全符合刘武的主观愿望，但却有力促进了梁国文学的发展，并使之成为汉初藩国文学最高成就的代表。

三　吴国的策士之文以及士人从策士到文士的身份转型

秦汉之际，策士和儒士构成了汉初士人的主体。儒士以先秦儒家学说为宗，或者从事学术活动，或者参与国家思想理论制度建设，如申公、韩婴、辕固、陆贾、叔孙通和贾谊等人就是其中的典型人物。策士则积极投身社会实践，在政治、军事、外交等领域为统治集团出谋划策、奔走四方，如郦食其、蒯通、娄敬、晁错和主父偃等人就是其中的著名人物。汉初士人多寄食于地方藩王，成为藩王的宾客。地方藩王也有意效仿战国贵族而大兴养士之风，其所养之士既包括儒士也包括策士，前者如楚元王刘交和河间献王刘德，后者如吴王刘濞。

① [汉]班固：《汉书·文三王传》，北京：中华书局，2000年版，第1698页。
② [汉]班固：《汉书·文三王传》，北京：中华书局，2000年版，第1699页。

“汉兴，高祖王兄子濞于吴，招致天下之娱游子弟，枚乘、邹阳、严夫子之徒兴于文、景之际”①，枚乘、邹阳和严忌就是汉文帝时期活跃在刘濞身边的士人。三人在历史上皆以文士知名，但他们的文学成就和文学声望却是在梁国获得的。在由吴入梁之前，三人在吴国的主要身份是策士，《史记》《汉书》之司马相如本传均称三人为“游说之士”即为明证。邹阳和枚乘在吴国分别写有《上书吴王》和《上书谏吴王》②，从现在的“大文学”观念看，这两篇策士之文构成了汉初吴国现存文学作品的主体。

邹阳，齐人，仕吴后有感于刘濞“以太子事怨望，称疾不朝，阴有邪谋”③，便上书谏阻。在《上书吴王》一文中，邹阳首先追述秦王朝因“列郡不相亲，万室不相救”而招致覆灭的历史教训，并联系现实分析当前的国内外形势，指出汉帝国此刻正内有“强赵责于河间，六齐望于惠后，城阳顾于卢博，三淮南之心思坟墓”之忧，外有“胡马遂进窥于邯郸，越水长沙，还舟青阳”之虞，从而勉励刘濞以刘氏天下为重，又含蓄提醒刘濞不要寄希望于各怀心事的赵、齐、城阳和淮南等国的支持；然后暗示刘濞不要忘记“淮南连山东之侠，死士盈朝，不能还厉王之西也”的往事；最后强调说明当今已经形成了天子“左规山东，右制关中”的稳定政治局面，并以“愿大王孰察之”的口吻委婉作结。这篇文章篇幅不长，叙事说理曲折隐晦、言辞恳切、富于文采，在谈古论今中暗含纵横捭阖的气势，是一篇典型的策士之文。

枚乘，字叔，淮阴人，曾任吴王刘濞郎中。与邹阳一样，枚乘也是有感于刘濞“怨望谋为逆”之后写成《上书谏吴王》一文。但

① [汉]班固：《汉书·地理志》，北京：中华书局，2000年版，第1328页。

② 《上书吴王》和《上书谏吴王》全文见[汉]班固《汉书·贾邹枚路传》，北京：中华书局，2000年版，第1789—1791页，第1803—1804页。

③ [汉]班固：《汉书·贾邹枚路传》，北京：中华书局，2000年版，第1789页。

与邹阳《上书吴王》曲折隐晦的风格不同，枚乘的《上书谏吴王》直白坦率、一针见血。这篇文章首先自我表白上书的动机是“披腹心而效愚忠”，以此自然切入正题；然后直接告诫刘濞不要“乘累卵之危，走上天之难”；接着用生活中几个常见的例子打比方，提醒刘濞“欲人勿闻，莫若勿言；欲人勿知，莫若勿为”；最后又用一系列自然现象和社会现象做类比，劝告刘濞要懂得“积德累行，不知其善，有时而用；弃义背理，不知其恶，有时而亡”的道理。全文条分缕析、环环相扣、义正词严而又文采斐然，具有一种雄辩的力量，也是一篇典型的策士之文。

然而，刘濞并没有采纳邹阳和枚乘的建议，于是怀着失望心情的枚、邹便与严忌离开吴国去投奔梁孝王刘武，三人最终作为梁孝王文士团体的核心成员将梁国文学推向了高峰。如果以这个后起的文学高峰为背景来回顾汉文帝后期枚乘三人由吴入梁一事①，就不难发现枚乘三人由吴入梁的过程实质上也是三人身份从策士转型为文士的过程②。

所谓文士，是指出于纯粹的文学兴趣并以文学创作为主要生活方式的士人，其源头是先秦宫廷文学侍臣。宋玉、唐勒、景差等战国末期的楚国宫廷文学侍臣“皆好辞而以赋见称”③，可谓中国古代以集体形式出现的最早的一批真正意义上的文士。秦统一六国后，崇尚严刑峻法，因此秦王朝缺乏文学生长的氛围和土壤。秦亡汉兴之际，士人获得了空前的参政机遇，纷纷以策士的身份周游于各种政治势力之间。到了汉初，策士或效力于

① 枚乘等三人由吴入梁的具体时间已无法确考，一般认为是汉文帝后期，最迟则不晚于汉景帝前元三年吴楚七国之乱爆发前。

② 程世和《汉初士风与汉初文学》认为，在邹阳、枚乘、严忌等人离吴赴梁、由吴府士人转为梁府士人之后，他们就初步完成了由策士向文士的转型。（苏州大学 2001 年博士学位论文）

③ ［汉］司马迁：《史记・屈原贾生列传》，北京：中华书局，2000 年版，第 1940 页。

中央政权,或奔走于地方藩国,极其活跃,再加上汉初帝国最高政治集团大多不好文学①,所以就总体而言,汉初的策士尽管时有文章问世,但在自我意识上都不以文士自居。这种状况一直持续到枚乘、邹阳和严忌由吴入梁之后才真正得以改变。枚乘三人由吴入梁,标志着他们的身份发生了从策士到文士的转型,而随后出现的梁国文学的繁荣局面就是这一转型所结出的硕果。

第二节　梁孝王刘武文士团体及其文学创作

梁孝王刘武文士团体与淮南王刘安文士团体均以赋体创作为主,但后者流传至今的文学作品却寥寥无几,而前者不仅流传至今的作品数量多,整体质量也高。梁孝王刘武文士团体可谓是汉初藩国中文学色彩最浓厚、文学成就最高的文学创作团体,在汉初文学乃至于中国古代文学史上具有深远的影响。

一　梁孝王刘武文士团体的主要成员

为了实现称帝野心以及满足强烈的虚荣心,梁孝王刘武在梁国大兴土木,修建了方三百余里的东苑。据《西京杂记》记载,刘武"好营宫室苑囿之乐,作曜华之宫,筑兔园。园中有百灵山,山有肤寸石、落猿岩、栖龙岫。又有雁池,池间有鹤洲凫渚。其诸宫观相连,延亘数十里,奇果异树,瑰禽怪兽毕备。王日与宫人宾客弋钓其中"②。这些繁华无比的宫室苑囿,成为刘武及其文士团体消遣娱乐和开展文学活动的乐园。梁孝王"招延四方

① 汉武帝之前的汉代最高统治者一般不爱好文学,这种情况直至汉武帝即位后才得以改变。

② [汉]刘歆等撰,王根林校点:《西京杂记》(外五种),上海:上海古籍出版社,2012年版,第22页。

豪桀”，其文士团体成员想必为数众多，但有名可考者只有如下几人：

枚乘，淮阴人，仕吴时曾作《上书谏吴王》一文规劝刘濞放弃谋反企图，未果，于是与邹阳、严忌赴梁国从孝王游。吴楚七国之乱爆发后，枚乘作《上书重谏吴王》一文再次规劝刘濞，仍未果，但枚乘由此名扬天下，被汉景帝拜为弘农都尉。枚乘因不喜为郡吏而托病去官，第二次来到梁国。梁孝王死后，枚乘回淮阴。汉武帝即位后以安车蒲轮征之，结果枚乘死于赴长安途中：“武帝自为太子闻乘名，及即位，乘年老，乃以安车蒲轮征乘，道死。诏问乘子，无能为文者，后乃得其孽子皋。”①

邹阳，齐人，仕吴时曾作《上书吴王》一文劝阻刘濞谋反，失败后与枚乘、严忌入梁从孝王游。邹阳“为人有智略，慷慨不苟合”②，遭到梁孝王门客羊胜等人的中伤而下狱。邹阳作《狱中上书自明》一文，梁孝王被打动，“立出之，卒为上客”③。后来梁孝王派人刺杀爰盎等朝臣，使得汉景帝大怒，于是邹阳入长安游说王长君，成功为孝王免除罪责。

严忌，吴人，曾仕吴王刘濞，后与枚乘、邹阳一起入梁。

司马相如，字长卿，蜀郡成都人，曾为汉景帝武骑常侍。梁孝王来长安朝觐，枚乘、邹阳和严忌等相随，司马相如与三人一见如故，于是“客游梁，得与诸侯游士居”④。梁孝王死后，司马相如回蜀郡，后为汉武帝所用。

公孙诡，齐人，多奇邪计，官至梁国中尉，号曰公孙将军，后因参与刘武派人刺杀爰盎等朝臣一案而被迫自杀：“于是天子意

① ［汉］班固：《汉书·贾邹枚路传》，北京：中华书局，2000年版，第1808页。
② ［汉］班固：《汉书·贾邹枚路传》，北京：中华书局，2000年版，第1792页。
③ ［汉］班固：《汉书·贾邹枚路传》，北京：中华书局，2000年版，第1799页。
④ ［汉］班固：《汉书·司马相如传》，北京：中华书局，2000年版，第1923页。

梁，逐贼，果梁使之。遣使冠盖相望于道，覆案梁事。捕公孙诡、羊胜，皆匿王后宫。使者责二千石急，梁相轩丘豹及内史安国皆泣谏王，王乃令胜、诡皆自杀，出之。”①

羊胜，齐人，因参与刘武派人刺杀爰盎等朝臣一案而被迫自杀。

韩安国，字长孺，梁人，为梁孝王中大夫。吴楚七国之乱时韩安国和张羽领梁兵成功拒吴，“吴楚破，安国、张羽名由此显梁”②。后为梁国内史，力谏梁孝王赐死公孙诡和羊胜以免祸。梁孝王死后，韩安国坐法失官居家。汉武帝即位后，韩安国离梁，先后任北地都尉、大司农、御史大夫等职。

此外还有公孙乘和路乔如两人，两人之名在《西京杂记》“梁孝王忘忧馆时豪七赋”这一篇中出现③，但具体情况不详。

以上文士构成了梁孝王刘武文士团体的主干。梁孝王刘武文士团体是中国古代著名的文学创作团体，“梁园之游”的历史佳话已经凝结为一种文化符号，受到后代作家的持续关注，成为后代作家取之不尽的精神养料。中国古代历来都不乏作家通过相关文学创作来展示他们对梁园文学的想象，如南北朝时期谢惠连的作品《雪赋》，以及江淹的作品《学梁王菟园赋》；还有更多的作家以“梁园”为意象抒发怀古之情，或者发泄对自身坎坷人生际遇的不平情绪。如唐代李白《梁园吟》云：“平台为客忧思多，对酒遂作梁园歌”④，杜甫《寄李十二白二十韵》云：“醉舞梁园夜，行歌泗水春。才高心不展，道屈善无邻”⑤，高适《宋中十

① ［汉］班固：《汉书·文三王传》，北京：中华书局，2000年版，第1699页。

② ［汉］班固：《汉书·窦田灌韩传》，北京：中华书局，2000年版，第1827页。

③ ［汉］刘歆等撰，王根林校点：《西京杂记》（外五种），上海：上海古籍出版社，2012年版，第32—33页。

④ 《全唐诗》，北京：中华书局，1999年版，第1720页。

⑤ 《全唐诗》，北京：中华书局，1999年版，第2432页。

首》云："梁王昔全盛，宾客复多才。悠悠一千年，陈迹唯高台"[①]，岑参《梁园歌送河南王说判官》云："梁园二月梨花飞，却似梁王雪下时。当时置酒延枚叟，肯料平台狐兔走"[②]，北宋梅尧臣《次韵和酬杨乐道待制咏雪》云："梁苑孝王迹，灞陵游客心"[③]，明代李梦阳《梁园雪歌》云："今为梁园客，独对梁园雪"[④]，清代侯方域《梁园怀古》云："驱车荒城隅，昔是梁王园。当日宾客馆，离离百草蕃。邹枚自奇士，文采何翻翻。遂使辞赋业，远托金石尊"[⑤]，蒋湘南《梁园吟和李白韵》云："我昔游梁发清兴，驱车遍访夷门山。汴人指点道旁树，黄沙漠漠埋其间"[⑥]，等等。此类作品历代甚多，兹不赘述。

二　梁孝王刘武文士团体的文学创作

梁孝王刘武文士团体的创作文体主要是散文和赋，以赋为主。至于梁孝王刘武文士团体的诗歌创作，虽然逯钦立《先秦汉魏晋南北朝诗》收录枚乘诗一首和司马相如诗两首[⑦]，但这三首诗的出现并不能说明梁孝王刘武文士团体对诗歌创作的关注，因为枚乘诗出自枚乘赋《七发》，并非枚乘有意作诗的结果，而司马相如的两首诗或出自相如的《美人赋》，或相如游临邛时所作，均非相如在梁国时期的作品。

邹阳《狱中上书自明》和枚乘《上书重谏吴王》是梁孝王刘武

---

① 《全唐诗》，北京：中华书局，1999年版，第2210页。

② 《全唐诗》，北京：中华书局，1999年版，第2058页。

③ 朱东润：《梅尧臣集编年校注》，上海：上海古籍出版社，2006年版，第1064页。

④ [明]李梦阳：《空同集》，影印文渊阁《四库全书》第1262册，台北：台湾商务印书馆，1986年版，第132页。

⑤ 《清代诗文集汇编》第62册，上海：上海古籍出版社，2010年版，第597页。

⑥ 《清代诗文集汇编》第591册，上海：上海古籍出版社，2010年版，第275页。

⑦ 逯钦立辑校：《先秦汉魏晋南北朝诗》，北京：中华书局，1983年版，第98—100页。

文士团体现存的两篇散文①。邹阳由吴入梁后，因羊胜等人向梁孝王进谗言而惹上杀身之祸。在狱中，邹阳上书梁孝王表明心迹。《狱中上书自明》开篇第一句就故意正话反说，以引起梁孝王的注意："臣闻忠无不报，信不见疑，臣常以为然，徒虚语耳"；然后用李斯、樊於期等历史人物为例说明君王明辨是非、知遇士人的重要性；接着针对自己被谗言所害的情况，用齐桓公、秦穆公等历史人物为例指出君王只有做到"公听并观，垂明当世"才能成就功业，又针对自己游士的身份指出现今天下"布衣穷居之士"的困境，希望梁孝王能够为游士阶层提供忠君辅国的机遇；最后再次强调指出君王听信谗言必将导致"士有伏死堀穴岩薮之中耳，安有尽忠信而趋阙下者哉"的不良后果，可谓振聋发聩、发人深省。这篇文章一个非常明显的艺术特征就是大量使用历史典故，从而使说理既形象生动又委婉感人，具有很强的说服力。

《上书重谏吴王》是枚乘游梁期间得知吴王刘濞发动叛乱后所作。文章首先分析了秦国之所以能够消灭东方六国的历史原因；然后将秦国与汉帝国进行实力对比，指出二者之间存在着"地相什而民相百"的巨大差距，因此吴军之于汉军"譬犹蝇蚋之附群牛，腐肉之齿利剑"，以此规劝刘濞不要自不量力、自取祸殃；接着分析了吴国"有诸侯之位，而实富于天子"的大好局面，提醒刘濞珍惜吴国的政治前途；最后分析了刘濞谋反之后所面临的不利局势，希望刘濞立即罢兵。这篇文章说理层层推进，显示出了很强的逻辑力量，而且语言直接坦率、富于感染力。

梁孝王刘武文士团体现存的赋体作品大致可分为两类，即

① 《狱中上书自明》和《上书重谏吴王》全文见[汉]班固《汉书·贾邹枚路传》，北京：中华书局，2000年版，第1793—1799页，第1805—1807页。

单纯咏物的小赋和内容更为复杂的散体大赋。流传至今的咏物小赋有梁孝王在忘忧馆召集文士集体酬唱时所作的七篇赋，以及枚乘的《梁王菟园赋》。

《西京杂记》记载了"梁孝王忘忧馆时豪七赋"的场景：

梁孝王游于忘忧之馆，集诸游士，各使为赋。枚乘为《柳赋》，其辞曰："忘忧之馆，垂条之木。枝逶迟而含紫，叶萋萋而吐绿。出入风云，去来羽族。既上下而好音，亦黄衣而绛足。蜩螗厉响，蜘蛛吐丝。阶草漠漠，白日迟迟。于嗟细柳，流乱轻丝。君王渊穆其度，御群英而玩之。小臣瞽聩，与此陈词。于嗟乐兮！于是樽盈缥玉之酒，爵献金浆之醪。庶羞千族，盈满六庖。弱丝清管，与风霜而共雕。枪锽啾唧，萧条寂寥。俊乂英旄，列襟联袍。小臣莫效于鸿毛，空衔鲜而嗽醪。虽复河清海竭，终无增景于边撩。"路乔如为《鹤赋》，其词曰："白鸟朱冠，鼓翼池干。举修距而跃跃，奋皓翅之㶉㶉。宛修颈而顾步，啄沙碛而相欢。岂忘赤霄之上，忽池籞而盘桓。饮清流而不举，食稻粱而未安。故知野禽野性，未脱笼樊。赖吾王之广爱，虽禽鸟兮抱恩。方腾骧而鸣舞，凭朱槛而为欢。"公孙诡为《文鹿赋》，其词曰："麀鹿濯濯，来我槐庭。食我槐叶，怀我德声。质如缃缛，文如素綦。呦呦相召，《小雅》之诗。叹丘山之比岁，逢梁王于一时。"邹阳为《酒赋》，其词曰："清者为酒，浊者为醴；清者圣明，浊者顽骏。皆曲湒丘之麦，酿野田之米。仓风莫预，方金未启。嗟同物而异味，叹殊才而共侍。流光醳醳，甘滋泥泥。醪酿既成，绿瓷既启。且筐且漉，载篘载齐。庶民以为欢，君子以为礼。其品类，则沙洛渌酃，程乡若下，高公之清。关中白薄，青渚萦停。凝醳醇酎，千日一醒。哲王临国，绰矣多暇。召幡幡之臣，聚肃肃之宾。安广坐，列雕屏，绡绮为席，犀璩为镇。曳长裾，飞广袖，奋长缨。英伟之士，莞尔而即之。君王凭玉几、倚玉屏。举手一劳，四座之士，皆若哺粱肉焉。乃纵酒作倡，倾碗覆觞。右曰宫申，旁亦征扬。乐只之深，不吴不狂。于是锡名饵，祛夕醉，遣朝酲。吾君寿亿万岁，常与日月争光。”公孙乘为《月赋》，其辞曰：“月出皦兮，君子之光。鹍鸡舞于兰渚，蟋蟀鸣于西堂。君有礼乐，我有衣裳。猗嗟明月，当心而出。隐员岩而似钩，蔽修堞而分镜。既少进以增辉，遂临庭而高映。炎日匪明，皓璧非净。躔度运行，阴阳以正。文林辩囿，小臣不佞。”羊胜为《屏风赋》，其辞曰：“屏风鞈匝，蔽我君王。重葩累绣，沓璧连璋。饰以文锦，映以流黄。画以古列，颙颙昂昂。藩后宜之，寿考无疆。”韩安国作《几赋》不成，邹阳代作，其辞曰：“高树凌云，蟠纡烦冤，旁生附枝。王尔公输之徒，荷斧斤，援葛藟，攀乔枝。上不测之绝顶，伐之以归。眇者督直，聋者磨砻。齐贡金斧，楚入名工，乃成斯几。离奇仿佛，似龙盘马回，凤去鸾归。君王凭之，圣德日跻。”邹阳、安国罚酒三升，赐枚乘、路乔如绢，人五匹。①

梁孝王刘武文士团体在忘忧馆所作之赋是枚乘《柳赋》、路乔如《鹤赋》、公孙诡《文鹿赋》、邹阳《酒赋》、公孙乘《月赋》、羊胜《屏风赋》和邹阳代韩安国所作《几赋》。关于这组赋的真伪，历来争议颇多。刘跃进在《梁孝王集团的文学想象》一文中比较全面地总结分析了这个问题，认为“《西京杂记》所记述的梁孝王宾客作赋事，虽然不能一定说确有其事，但是其文化背景还是很有

① ［汉］刘歆等撰，王根林校点：《西京杂记》（外五种），上海：上海古籍出版社，2012年版，第32—33页。

可能的”,“《西京杂记》收录的《柳赋》、《鹤赋》、《文鹿赋》、《酒赋》、《月赋》、《屏风赋》、《几赋》等不能排除是汉代的作品,它反映了汉代对于梁孝王集团的文学想象”[①]。本书赞同刘跃进的分析,认为这七篇赋不仅在状物抒情上继承了先秦小赋的特点,而且表现出的总体氛围也切合正处于蓬勃发展阶段的梁国君臣关系的特点,因此即使其产生于梁孝王时期的梁国这一判断缺乏充分可靠性,但至少也存在着逻辑上的可能性。在这种情况下,如果没有坚实的事实依据,我们就不能轻易否认这组赋作于梁孝王时期的梁国的真实性。

这七篇赋的总体特征有二:一是皆为重状物同时又在赋尾附带少许歌颂梁孝王之词的咏物小赋。咏物小赋在先秦时期即已出现,荀子的《赋篇》和屈原的《橘颂》可说是先秦咏物小赋的滥觞,代表了先秦咏物小赋的两种类型。《赋篇》重在状物而无思想情感的寄托,其创作方式源于带有游戏性质的先秦隐语[②];《橘颂》则轻于状物而重在思想情感的抒发,其创作方式源于抒情色彩浓郁的楚歌。关于以《赋篇》和《橘颂》为代表的两种类型的咏物小赋的这一区别,挚虞曾在《文章流别志论》中做过如下总结:“古诗之赋,以情义为主,以事类为佐。今之赋,以事形为本,以义正为助。情义为主,则言省而文有例矣;事形为本,则言富而辞无常矣。”[③]很明显,这七篇赋沿袭了《赋篇》重在状物和《橘颂》重在抒情的写法。二是继承了《诗经》体的句法和楚辞体的章法。《诗经》体以四言为主,一般隔句用韵,这七篇赋虽然不

① 跃进:《梁孝王集团的文学想象》,《深圳大学学报(人文社会科学版)》,2008年第1期。

② 关于赋体源于先秦隐语的问题,可参见王长华《汉赋文体形成新论》,《文艺研究》,2004年第4期。

③ 穆克宏主编:《魏晋南北朝文论全编》,上海:上海远东出版社,2012年版,第79页。

乏杂言，但大体上保留了《诗经》体的句法特点；另一个方面，这七篇赋没有因袭《诗经》体的重章叠句手法，而是传承了楚辞体善于纵向展开情节的章法特点，这就有效避免了《诗经》体的重章叠句手法所带来的“文繁而意少”的缺陷，能够保证状物和抒情的流畅进行。

梁孝王刘武文士团体创作的咏物小赋除《西京杂记》所记载的“忘忧馆七赋”之外，还有枚乘的《梁王菟园赋》①。《梁王菟园赋》是枚乘游梁时所作。这篇赋首先细致描写了菟园一带的优美景色，然后由景及人，描写女子的艳丽和游乐生活的欢愉，最后以“桑萎蚕饥，中人望奈何”作结，含有规讽之意。《梁王菟园赋》的篇幅要长于“忘忧馆七赋”，描写层次更为繁复，状物写人更加生动，而且结尾一反“忘忧馆七赋”歌功颂德的套路，是散体大赋“劝百讽一”手法的萌芽。此外这篇赋的句式不再以四言而是以杂言为主，同时还运用了散文的笔法。由此可见，《梁王菟园赋》是汉初咏物小赋向散体大赋过渡阶段出现的一部重要作品②。

汉初咏物小赋的表现对象多为作家日常生活中熟悉的自然景物和生活器具。随着作家生活经历的日益丰富、创作视野的逐渐开阔以及想象力的不断提升，咏物小赋的表现对象开始超越日常经验型事物，变得愈来愈广阔，举凡山川大地、风雨云雪、日月星辰、古今人物、神话传说等等皆可纳入作家的笔端，这正

① 《梁王菟园赋》全文见费振刚、胡双宝、宗明华辑校《全汉赋》，北京：北京大学出版社，1993 年版，第 29—30 页。

② 至于枚乘的其他咏物小赋，根据《文选》马融《长笛赋》序云“追慕王子渊、枚乘、刘伯康、傅武仲等箫琴笙颂，唯笛独无”，李善据此推论枚乘所作“当为《笙赋》”；《笙赋》顾名思义应属咏物小赋，但现在仅为存目，已经不能确定其是否作于枚乘游梁之时。此外《文选》所提及的枚乘《临灞池远诀赋》现在也仅为存目，已经无法确定其具体创作时间以及是否属于咏物小赋。参见[梁]萧统编、[唐]李善注《文选》，北京：中华书局，1977 年版，第 249、385 页。

如司马相如所言:“赋家之心,苞括宇宙,总览人物。”[①]于是,咏物小赋的主体地位很自然地逐渐被散体大赋所取代,散体大赋最终登上大雅之堂并风靡汉代文坛。在这个转变过程中,梁孝王刘武文士团体创作的散体大赋起到了开风气之先的重要作用。

梁孝王刘武文士团体留存至今的散体大赋仅两篇,即枚乘的《七发》和司马相如的《子虚赋》[②]。当然,关于《七发》的创作意图以及创作时间问题历来颇有争议,其中除了刘勰“盖七窍所发,发乎嗜欲,始邪末正,所以戒膏粱之子也”这种泛泛而论的观点之外[③],影响较大的观点主要有两种:第一种观点以李善等六臣所注《文选》为代表,认为《七发》是枚乘在梁国规谏梁孝王刘武所作:“恐孝王反,故作《七发》以谏之”[④];第二种观点以清人梁章钜所引朱绶的观点为代表,认为《七发》是枚乘在吴国规谏吴王刘濞所作:“《七发》之作,疑在吴王濞时。扬州本楚境,故曰楚太子也。若梁孝王,岂能观涛曲江哉”[⑤]。由于历史文献的局限,后人已经很难断定哪一种观点绝对正确,只能够通过《七发》文本的解读去推断哪一种观点具有相对的合理性。因为中国古代的文学创作有一个基本的传统,就是作品的内容既包括虚构的成分,同时又多多少少摄入了一些现实生活真相,以达到虚实

① [汉]刘歆等撰,王根林校点:《西京杂记》(外五种),上海:上海古籍出版社,2012年版,第19页。

② 《七发》全文见费振刚、胡双宝、宗明华辑校《全汉赋》,北京:北京大学出版社,1993年版,第16—21页。《子虚赋》全文见[汉]司马迁《史记·司马相如列传》,北京:中华书局,2000年版,第2289—2298页。《子虚赋》全文亦收录于[汉]班固《汉书·司马相如传》,北京:中华书局,2000年版,第1926—1935页。

③ [梁]刘勰撰,詹锳义证:《文心雕龙义证》,上海:上海古籍出版社,1989年版,第491页。

④ [梁]萧统编,[唐]李善等注:《六臣注文选》,北京:中华书局,1987年版,第634页。

⑤ [清]梁章钜:《文选旁证》卷二十八,清道光刻本。

相生的效果，所以通过文本的解读，可以在一定程度上把握作品中所包含的现实生活真相，然后再将这些现实生活真相与历史上的具体人和事进行比对，就有可能推动相关学术问题的解决。从这个思路出发考察上述关于《七发》创作时间的争议，不难看出《七发》乃枚乘在吴国规谏吴王刘濞所作这种观点的合理性相对较小，其原因就在于《七发》中的"楚太子"的形象无法与历史上的吴王刘濞的形象吻合。具体而言，"楚太子"的生活极度侈靡："肤色靡曼，四支委随，筋骨挺解，血脉淫濯，手足堕窳；越女侍前，齐姬奉后；往来游醼，纵恣于曲房隐间之中"，而吴王刘濞却是一个对内宽柔、治国有方并且生活上不追求奢侈享受的藩王，因此枚乘在吴国作《七发》以规谏吴王刘濞说就很值得怀疑。与此相反，如果将"楚太子"极度侈靡的形象与梁孝王刘武好大喜功、盲目攀比的形象进行比较，就不难发现二者的高度吻合；而且刘武又是一个虚荣心极强的人，不像刘濞那样能够虚心对待逆耳之言，所以枚乘在害怕直谏会重蹈邹阳覆辙的情形下不得不借《七发》进行委婉的规谏也是合乎情理之事[①]。总之，《七发》乃枚乘游梁期间为规谏梁孝王刘武而作的观点目前虽然不能完全坐实，但相对来说还是具有较大的合理性。《七发》假托吴客前去探望患病的楚太子，吴客以音乐、饮食、车马、游乐、田猎、观涛和要言妙道等七事一步步启发太子，最后使太子"涊然汗出，霍然病已"，以此规谏刘武放弃腐朽纵欲的生活方式。《七发》"腴辞云构，夸丽风骇"，极尽铺陈夸张之能事，是梁孝王刘武文士团体的经典之作，也是汉代散体大赋的开山之作。后代不少作家借鉴《七发》进行创作，从而形成了一种专门的文体"七体"，如傅毅《七激》、张衡《七辩》、曹植《七启》等等。

① ［汉］班固《汉书·贾邹枚路传》："梁王始与胜、诡有谋，阳争以为不可，故见谗。枚先生、严夫子皆不敢谏。"（北京：中华书局，2000年版，第1799页）

梁孝王刘武文士团体创作的散体大赋作品还包括司马相如的《子虚赋》。司马相如追随邹阳、枚乘和严忌等人来梁国后，“梁孝王令与诸生同舍，相如得与诸生游士居数岁，乃著《子虚之赋》”[①]。《子虚赋》假托楚国子虚先生出使齐国，对齐国的乌有先生极力渲染楚王游猎云梦泽的盛况，最后卒章显志、劝百讽一，借乌有先生之口批评楚王侈靡的生活方式。与枚乘《七发》一样，《子虚赋》也是语言华美、极尽铺陈夸张之能事，但不同的是，《七发》是以个体为本位，着力于书写个体道德的升华过程：“今如太子之病者，独宜世之君子，博见强识，承间语事，变度易意，常无离侧，以为羽翼。淹沉之乐，浩唐之心，遁佚之志，其奚由至哉”；而《子虚赋》则是以国家为本位，着力于思考国家形象的提升问题：“问楚地之有无者，愿闻大国之风烈，先生之余论也。今足下不称楚王之德厚，而盛推云梦以为高，奢言淫乐而显侈靡，窃为足下不取也。必若所言，固非楚国之美也。有而言之，是章君之恶；无而言之，是害足下之信。章君之恶而伤私义，二者无一可，而先生行之，必且轻于齐而累于楚矣”，二者的这种不同标志着汉初散体大赋在书写方式和美学趣味上已经开始发生转变。

汉初梁孝王刘武文士团体留存至今的赋作除了咏物小赋和散体大赋之外，还有一篇带有骚体性质的小赋，即严忌的《哀时命》。《汉书·艺文志》著录“庄夫子赋二十四篇”[②]，现仅存《哀时命》一篇，收录在《楚辞》一书中。王逸《楚辞章句》明确说明《哀时命》是严忌在梁国梁孝王时期的作品：“《哀时命》者，严夫子之所作也。夫子名忌，与司马相如俱好辞赋，客游于梁，梁孝

① [汉]司马迁：《史记·司马相如列传》，北京：中华书局，2000年版，第2287页。

② [汉]班固：《汉书·艺文志》，北京：中华书局，2000年版，第1379页。按：严忌本称庄忌，因避汉明帝刘庄讳而在历史上又称为严忌。

王甚奇重之。忌哀屈原受性忠贞，不遭明君而遇暗世，斐然作辞，叹而述之，故曰《哀时命》也。”①《哀时命》抒发了作者怀才不遇的感伤之情，充满了人生的苦闷和迷惘。这篇赋其实反映的是整个封建时代士阶层的普遍性遭遇，因此能够激起历代士人的心理共鸣，是汉初骚体赋的佳作。

附：梁孝王时期梁国文士团体主要成员及现存作品一览表

主要成员	现存作品	
	赋类	散文类
邹阳	《酒赋》《几赋》	《狱中上书自明》
枚乘	《柳赋》《梁王菟园赋》《七发》	《上书重谏吴王》
严忌	《哀时命》	
司马相如	《子虚赋》	
公孙诡	《文鹿赋》	
羊胜	《屏风赋》	
韩安国	无	
公孙乘	《月赋》	
路乔如	《鹤赋》	

① [宋]洪兴祖撰，白化文等点校：《楚辞补注》，北京：中华书局，2015年版，第213页。

第五章　汉武帝前期新官方文化文学的兴起与藩国文化文学的衰落

汉初藩国中，楚元王刘交和河间献王刘德均推崇醇儒之学，淮南王刘安则推崇道家之学。汉武帝即位后大力推崇儒学，于是风行一时的黄老之学在汉帝国新官方文化体系中不再占据主导地位，与黄老之学息息相通的淮南国道家之学也自然受到最高统治者的冷落。为了适应汉武帝时代"大一统"的政治要求，思想成分芜杂的汉初儒学不断被改造，并最终以新儒学的面貌在汉帝国新官方文化体系中获得独尊的地位。随着新儒学的崛起，汉初藩国醇儒之学日益衰落。与此同时，汉初文学发展的中心也开始由地方藩国转向汉帝国宫廷。汉帝国新宫廷文学的兴起，是汉武帝时代"大一统"政治要求在文学领域的必然反映。

第一节　汉帝国新儒学的兴起与藩国醇儒之学的衰落

汉初儒士群体的内部分化，必定导致汉初儒学发展的分化。以董仲舒为代表的贤良之儒主动适应汉武帝时代"大一统"的政治要求，对思想成分芜杂的汉初儒学进行了革命性的改造[①]，并

① [汉]班固《汉书・董仲舒传》："仲舒遭汉承秦灭学之后，《六经》离析，下帷发愤，潜心大业，令后学者有所统一，为群儒首。"(北京：中华书局，2000 年版，第 1920 页)

成功促使汉武帝以“罢黜百家，独尊儒术”为基本国策。而以河间献王刘德为代表的藩王，则在这个儒学发展的重大转折关头选择了继续坚守传统的醇儒之学，于是最终，以河间国为代表的汉初藩国醇儒之学便无可挽回地走向了衰落。

一　“独尊儒术”的政治文化意义：构建“大一统”的国家思想意识体系

“大一统”一词最早见于《春秋公羊传》，“大一统”思想在先秦时期即已出现，其核心内涵是天下一统。先秦诸子对于“大一统”思想多有阐述，其中以儒家最具系统性和代表性。先秦儒家往往用“天下”这个概念来阐释“大一统”思想，如《论语》《孟子》《荀子》等等先秦儒家经典中就多次出现有关“天下”一词的论述，可见儒学有着深厚的“大一统”思想传统。

秦兼并天下后，采取了实施郡县制和统一度量衡等措施，在中国历史上第一次形成了“大一统”的格局，但这种“大一统”仅仅只是外在的政治制度上的“大一统”，而不是内在的思想文化上的“大一统”。因为秦王朝统治者所推崇的法家思想在实际政治生活中往往更多地表现为一种便利于统治阶层运用的形而下的治术，而不是统治阶层和被统治阶层能够自发共同信仰的内在的思想意识体系。正因为秦王朝没有重视国家层面“大一统”思想意识体系的构建，再加上施行暴政，所以很快就灭亡了。秦王朝的灭亡从文化建设的角度充分说明了“大一统”国家思想意识体系的构建对于一个王朝长治久安的重要意义。

秦亡汉兴，汉初陆贾向刘邦指明了可“居马上得之”而不可“以马上治之”的道理[①]，贾谊则在《过秦论》中总结秦王朝灭亡的历史教训时指出了“仁义不施，而攻守之势异也”这个根本原

① ［汉］司马迁：《史记·郦生陆贾列传》，北京：中华书局，2000年版，第2084页。

因[1]，这些都意味着陆贾和贾谊等汉初著名思想家已经认识到“大一统”国家思想意识体系的构建对于稳固汉帝国政权的极端重要性。汉武帝之前的汉初最高统治者在国家思想意识体系的构建上力主黄老之学。黄老之学在迅速恢复汉初社会秩序和经济秩序方面确实卓有成效，但黄老之学本质上仍然属于一种形而下的治术，根本不可能有效改变汉初思想界“百家殊方，指意不同”的现状[2]，当然也就无法在汉帝国“大一统”国家思想意识体系的构建中发挥主导作用。

雄才大略的汉武帝即位后，希望改变汉初长期存在的君权相对性局面，构建一个君权至上、天下一统的中央集权制国家。由于儒学有着深厚的“大一统”思想传统，因此汉武帝力排众议大力推崇儒术，但却受到喜爱黄老之学的窦太后的阻挠。建元六年(前 135 年)，窦太后去世，亲政的汉武帝大力整顿思想界，力图让儒学成为汉帝国新的国家思想意识体系的主导者。为此，汉武帝一方面对外积极开拓、对内施行“推恩制”，以便为构建“大一统”国家思想意识体系营造良好的政治环境；另一方面，汉武帝通过“举贤良”的方式大力选拔公孙弘、董仲舒等“文学儒者以百数”[3]，从而为构建“大一统”国家思想意识体系储备丰富的人才资源。元光元年(前 134 年)，汉武帝诏问贤良文学之士确保汉帝国长治久安的方法，希望借此找到一种既能总结历史兴衰成败的经验教训又能解决汉帝国当前和长远问题的带有根本性、普遍性和规律性的治国思想，即武帝所谓的“大道之要，至论之极”[4]。在这种思想文化背景下，董仲舒的《举贤良对策》应

① [清]严可均辑:《全汉文》,北京:商务印书馆,1999 年版,第 168 页。
② [汉]班固:《汉书・董仲舒传》,北京:中华书局,2000 年版,第 1918 页。
③ [汉]班固:《汉书・儒林传》,北京:中华书局,2000 年版,第 2666 页。
④ [汉]班固:《汉书・董仲舒传》,北京:中华书局,2000 年版,第 1899 页。

运而生[1]。

《举贤良对策》是汉初以董仲舒为代表的贤良之儒主动顺应新的时代要求而对儒家传统"大一统"思想进行继承和改造的产物。《举贤良对策》杂糅儒家、法家和阴阳家等等学派的思想，提出了天人感应、君权神授、修明教化、养士举贤、推崇孔学、抑黜百家等一系列观点主张。推崇孔学、抑黜百家即后人所说的"罢黜百家，独尊儒术"，是《举贤良对策》一文中最具历史影响力的思想主张。汉武帝最终采纳了这个主张并以之为基本国策。"罢黜百家，独尊儒术"国策的实施对于汉帝国"大一统"国家思想意识体系的构建具有非常重要的政治文化意义。

首先，"罢黜百家，独尊儒术"国策的实施是历史不断选择的结果，为汉代社会的安定和国家的真正统一奠定了坚实的思想理论基础。先秦诸子学派是春秋战国乱世的产物，其思想观点尽管各不相同，但多带有入世色彩。为了让统治者采纳自己的政治思想主张，这些学派之间经常发生激烈的论争。战国时期在国家思想意识体系构建中出现的论争主要是儒法之争。法家思想由于受到秦国最高统治者的推崇而成为秦国以至于后来秦王朝维护"大一统"政治格局的主导思想，但法家思想因其"遗礼义，弃仁恩"的固有缺陷导致了秦的灭亡以及风俗人心"天下大败"的结局[2]。鉴于亡秦的深刻教训，汉初贾谊等人希望最高统治者采用儒家思想安邦治国、移风易俗，但黄老之学的盛行使贾谊等人的政治设想归于失败，这一次儒道之争以儒家的失败而告终。然而黄老之学长于维护社会和谐稳定而短于抑制地方藩王势力坐大的局限性也越来越明显地表现出来，因此汉武帝即

① 《举贤良对策》又名《天人三策》，全文见[汉]班固《汉书·董仲舒传》，北京：中华书局，2000年版，第1901—1918页。

② [汉]班固：《汉书·贾谊传》，北京：中华书局，2000年版，第1723页。

位后面临着一个重大的历史选择，那就是要么继续维持黄老之学的官方思想主导地位而放任汉帝国一步步陷入不安定不统一的境地，要么力推儒学为新的官方主导思想从而推动汉帝国“大一统”政治格局的真正形成。汉武帝最终选择了后者，史无前例地确定了儒学的独尊地位，西汉社会也由此开始走向全盛，成为中国历史上第一个真正实现“大一统”的王朝。

其次，“罢黜百家，独尊儒术”国策的实施根本扭转了汉初社会长期以来存在的君权相对性局面，君权至上的观念由此确立。先秦时期，天子往往只是名义上的天下共主，没有绝对权力。秦灭六国之后，秦始皇成为中国古代第一个拥有绝对君权的帝王。刘邦以庶民身份即皇帝位之初，在刘氏宗室和兴汉功臣面前也不具备绝对权威，故叔孙通急于制定礼仪以改变这种状况，虽然收到了一定效果，但因为仅仅局限于外在的仪式而缺乏思想理论的内在支撑，君权至上的思想观念仍然没有成为人们的共识。文景时期积极推行的削藩政策更是凸显了汉初君权相对性的窘境，吴楚七国之乱的爆发即是这种窘境的直接反映。为了构造“大一统”的政治格局，汉武帝十分关注君权绝对化的问题。在这种情况下，董仲舒大力改造原本主张君权相对性的传统儒学，创造了“天人感应”和“君权神授”学说以论证君权的至高无上。董仲舒对传统儒学的这种改造具体体现在其所著《春秋繁露》中。虽然董仲舒《举贤良对策》一文倡导独尊“六艺之科孔子之术”，但实际上又在《春秋繁露》中提出了很多新的学说，从而改造和发展了以孔子思想为代表的传统儒学。随着新儒学获得独尊的地位，汉武帝时期君权至上以及“大一统”的观念逐渐成为汉代社会的主流思想。

最后，“罢黜百家，独尊儒术”国策的实施极大促进了汉代以儒学为中心的文化教育事业的发展，以及以儒家思想为核心的汉民族共同道德观、人生观和价值观的形成，从而在思想文化教育的层面巩固了人们的“大一统”观念。董仲舒在《举贤良对策》中建议汉武帝修明教化、养士举贤。儒学成为官方正统哲学之后，汉初社会出现了以儒学为中心的国家文化教育事业的发展高潮：“孝武初立，卓然罢黜百家，表章《六经》。遂畴咨海内，举其俊茂，与之立功。兴太学，修郊祀，改正朔，定历数，协音律，作诗乐，建封禧，礼百神，绍周后，号令文章，焕焉可述。”[①]从此，以儒学为中心的国家文化教育事业便一直备受汉代帝王的重视。自从周代礼崩乐坏以来，中国社会就长期缺乏有效维系天下人心的共同思想基础，这种情况一直持续到汉武帝选择“独尊儒术”之后才得以改变。儒学在起源之初就与社会各阶层的日常生活存在着紧密的联系，因此与其他学派相比，儒学作为维系天下人心的共同思想基础原本就具有先天性的优势，而儒术独尊地位的形成又强化了这一优势。在汉帝国官方的支持下，儒家思想更加深入人心，汉民族逐渐形成了以儒家思想为核心的共同道德观、人生观和价值观，儒学也由此成为千百年来凝聚民族共识、维护天下“一统”的强大思想武器。

二　醇儒之学与新儒学的矛盾：河间献王死因传闻背后的历史逻辑

河间献王刘德在位二十六年而薨。关于刘德的死因，《史记》《汉书》本传均无明确记载，《史记·五宗世家》裴骃集解引《汉名臣奏》则作了如下说明：

> 杜业奏曰：“河间献王经术通明，积德累行，天下雄俊众儒皆归之。孝武帝时，献王朝，被服造次必于仁义。问以五

① ［汉］班固：《汉书·武帝纪》，北京：中华书局，2000年版，第150—151页。

策，献王辄对无穷。孝武帝艴然难之，谓献王曰：'汤以七十里，文王百里，王其勉之。'王知其意，归即纵酒听乐，因以终。"①

然而上述说法却引发了后人的争议。怀疑者有清人何焯、王先谦以及日本学者泷川资言等，支持者有梁元帝萧绎以及近人徐复观、钱穆等。

何焯认为刘德获得"献王"的谥号证明汉武帝不可能对之施以迫害："王身端行治，宜谥曰献王。献王，策谥之辞，褒崇若此，五宗世家注中杜业之语，知其无稽。"②王先谦指出刘德死于汉武帝迫害之说纯属误传："史表，武帝元光五年献王来朝，即王之二十六年也，归后即薨，此自当时流传之误。"③泷川资言则引何焯之语以示认可④。

由此可见，尽管怀疑派的依据不完全一致，但确实都有一定的合理性。刘德卒于公元前 130 年，司马迁大约生于公元前 145 年，两人生活的时代相距很近。如果刘德之死果真是汉武帝施加政治压力的结果，那么作为良史的司马迁没有任何理由不记载这一事件，除非他和他的同时代人根本就对这一事件一无所知。但是，如果司马迁和他的同时代人对这一事件一无所知，那么生活在西汉后期的杜业又是如何知道的呢？当然，退一步讲，司马迁等多数人不知道的事件，杜业不一定也不知道，可毕竟孤

① ［汉］司马迁：《史记·五宗世家》，北京：中华书局，2000 年版，第 1667 页。

② ［清］何焯撰，崔高维点校：《义门读书记》，北京：中华书局，1987 年版，第 286 页。

③ ［清］王先谦：《汉书补注》，北京：中华书局，1983 年版，第 1117 页。

④ ［日本］泷川资言撰，杨海峥整理：《史记会注考证》，上海：上海古籍出版社，2015 年版，第 2683 页。

证难立，故杜业之言引人怀疑实属正常[①]。另外，东汉班固《汉书》本传也没有关于刘德是死于汉武帝施加政治压力的结果的任何信息，这就更让人怀疑杜业之言了。

当然，支持派也不乏其人。萧绎通过简单引用杜业之语以示认同[②]。徐复观则指出根据谥号判断刘德并非死于汉武帝迫害说的不可靠性："按刘德非以罪死，而系以猜嫌忧愤而死。既死则猜嫌消而猜嫌之迹可泯。死后赐谥，乃当时之常例。而政治上表里异致，实古今之所同；猜嫌者其里，死后褒崇者其表。此在今日犹随处可以举例。何焯小儒，对政治全无了解，其言至可鄙笑。"[③]钱穆分析认为汉武帝可能因为猜忌刘德从而对其施加迫害："则献王之见忌于武帝，盖视淮南尤益甚矣。考景帝子十四人，惟献王与栗太子同母。栗太子废而献王于诸子年最长，又得贤名。武帝之忌献王，有以也。献王即以来朝之年正月薨，其时朝十月，盖归而即卒；杜业之奏，非无据矣。"[④]

平心而论，支持者的理由也并非空穴来风，毕竟历史上的确发生过多起由于与最高统治者发生矛盾致使受害人因心情压抑而不得善终的事件。如战国时期信陵君遭魏王猜忌被剥夺兵权后，最终郁郁寡欢而死："公子自知再以毁废，乃谢病不朝，与宾客为长夜饮，饮醇酒，多近妇女。日夜为乐饮者四岁，竟病酒而卒。"[⑤]如汉惠帝为保护赵王刘如意而不惜与母后吕雉抗衡，但吕太后仍然找到机会鸩杀了刘如意，又残害其母戚夫人并使之

① 徐复观先生从分析杜业的家世入手，以此"说明杜业是有资格知道汉廷的内幕，故其所言刘德的故事为可信"。参见徐复观《两汉思想史》第一册，北京：九州出版社，2014年版，第168页。按：徐复观先生此说纯属推测，只能作为一家之言。

② 王云五主编：《金楼子》，《丛书集成初编·仲长统论及其他三种》，上海：商务印书馆，1939年版，第38页。

③ 徐复观：《两汉思想史》第一册，北京：九州出版社，2014年版，第168页。

④ 钱穆：《秦汉史》，北京：九州出版社，2011年版，第70页。

⑤ ［汉］司马迁：《史记·魏公子列传》，北京：中华书局，2000年版，第1868页。

为“人彘”，不久又召惠帝前往观看，使惠帝身心大受刺激，最终怏怏不乐而死：“孝惠以此日饮为淫乐，不听政，故有病也。”[①]如汉景帝时期刘德之胞兄废太子刘荣“坐侵庙壖垣为宫”，被传至中尉府受审，最终因恐惧而死：“荣至，诣中尉府簿。中尉郅都责讯王，王恐，自杀。”[②]汉初这种因与最高统治者发生矛盾从而心情压抑的现象在汉武帝时期的藩王群体中更加普遍性地出现了。汉武帝即位以后，延续了汉景帝时期削弱藩王的政策，采取了包括任用酷吏打压藩王等在内的各种手段，使得藩王们感受到了极大的精神压力：“武帝初即位，大臣惩吴楚七国行事，议者多冤晁错之策，皆以诸侯连城数十，泰强，欲稍侵削，数奏暴其过恶。诸侯王自以骨肉至亲，先帝所以广封连城，犬牙相错者，为盘石宗也。今或无罪，为臣下所侵辱，有司吹毛求疵，笞服其臣，使证其君，多自以侵冤。”[③]刘德异母弟中山靖王刘胜甚至在汉武帝的宴会上闻乐声而泣下：“今群臣非有葭莩之亲，鸿毛之重，群居党议，朋友相为，使夫宗室摈却，骨肉冰释。斯伯奇所以流离，比干所以横分也。”[④]武帝朝这种中央政权与地方藩国之间关系的不正常状态，的确不能不让人怀疑刘德之死是汉武帝施加政治压力的结果。

总之，怀疑派以《史记》《汉书》本传并无刘德死因的明确记载为基本依据，却没有充分考虑到历史事件往往充满复杂性与偶然性；支持派虽然注意到了极有可能导致刘德之死的政治因素，却无法圆满解释《史记》《汉书》本传为何没有明确记载刘德死因的原因。

---

① [汉]司马迁：《史记·吕太后本纪》，北京：中华书局，2000年版，第280页。
② [汉]司马迁：《史记·五宗世家》，北京：中华书局，2000年版，第1668页。
③ [汉]班固：《汉书·景十三王传》，北京：中华书局，2000年版，第1847页。
④ [汉]班固：《汉书·景十三王传》，北京：中华书局，2000年版，第1849页。

由此看来，杜业关于刘德死因的说法可谓既查无实据又事出有因，所以如果单从考据的角度审视杜业之言，则其历史价值甚微。但是，如果联系汉初特别是汉武帝时期的社会政治状况，就能够发现这段话其实揭示出了隐藏在刘德死因背后的某种历史逻辑。换句话说，无论杜业关于刘德死因的说法是否为真，其所揭示出的历史逻辑却是客观存在的，而这也正是杜业之言的价值所在。

简而言之，隐藏在刘德死因传闻背后的这种历史逻辑就是汉武帝时期河间国醇儒所传承的先秦传统儒学与帝国贤良之儒所创造的汉初新儒学之间产生矛盾的历史必然性，以及这一历史必然性所导致的汉初醇儒之学必将走向衰落的结局。具体地说，汉武帝前期河间国醇儒所传承的先秦传统儒学与汉帝国贤良之儒所创造的新儒学之间的矛盾主要表现为以下两组思想观念的对立：

其一是相对君权与绝对君权之思想观念的对立。先秦传统儒学根植于东周乱世，看待君臣关系时素来主张君权只具有相对性。如孔子就认为君臣关系的产生与否应该以这种关系是否合乎“道”为根本前提，而且君臣之间是互为权利与义务的关系，孟子则更进一步认为君权不是绝对的，君臣之间完全是互为对等的关系①。河间献王醇儒学术团体传承先秦传统儒学时，在理论上不可能不继承这种相对君权的思想观念，在实际政治生活中亦不可能不受其影响。例如刘德受封河间王之后，前来长安朝觐皇帝一共只有四次，其中汉景帝期间三次，分别在公元

① 《论语·泰伯》：“子曰：‘笃信好学，守死善道。危邦不入，乱邦不居。天下有道则见，无道则隐。’”《论语·公冶长》：“子曰：‘道不行，乘桴浮于海。’”《论语·八佾》：“定公问：‘君使臣，臣事君，如之何？’孔子对曰：‘君使臣以礼，臣事君以忠。’”《孟子·离娄》：“君之视臣如手足，则臣视君如腹心；君之视臣如犬马，则臣视君如国人；君之视臣如土芥，则臣视君如寇仇。”

前154年、公元前148年和公元前143年;汉武帝时期一次,在公元前130年[①]。按照传统礼制,诸侯每五年朝觐一次天子。汉初对于藩王朝觐皇帝的时间节点虽然没有统一规定,但藩王参照、效仿周代礼制也是可行的[②]。这样看来,刘德朝觐父亲汉景帝的时间节点尚属正常,但首次朝觐异母弟汉武帝的时间节点却实属蹊跷,竟然是在汉武帝即位的第十一年,这明显与刘德崇尚先秦传统儒学的性情很不相符。至于刘德迟迟不朝觐汉武帝的原因,并无历史材料明确说明,但客观上却表明了刘德以藩王身份面对当朝皇帝时所采取的保留态度,以及先秦传统儒学相对君权之思想观念对于刘德的影响。

有趣的是,汉初相对君权的政治局面正好与先秦传统儒学相对君权的思想观念相吻合。汉初的帝国最高统治者一直都面临着君权相对性的困境。刘邦做皇帝的八年间,藐视皇权的事件就不断发生:汉高祖五年,"故临江王欢为项羽叛汉","燕王臧荼反","利几反";汉高祖六年,"人有上变事告楚王信谋反";汉高祖七年,"匈奴攻韩王信马邑,信因与谋反太原";汉高祖八年,"高祖之东垣,过柏人,赵相贯高等谋弑高祖";汉高祖十年,"赵相国陈豨反代地";汉高祖十一年,"豨将侯敞将万余人游行,王黄军曲逆,张春渡河击聊城","淮阴侯韩信谋反关中","梁王彭越谋反","淮南王黥布反";汉高祖十二年,"上使辟阳侯迎绾,绾

① [汉]司马迁:《史记·汉兴以来诸侯王年表》,北京:中华书局,2000年版,第710、714、718、722页。

② [汉]班固《汉书·文三王传》:"代王武徙为淮阳王,而参徙为代王,复并得太原,都晋阳如故。五年一朝,凡三朝。……梁怀王揖,文帝少子也。好《诗》《书》,帝爱之,异于他子。五年一朝,凡再入朝。"(北京:中华书局,2000年版,第1700、1701页)也有材料说明汉武帝时期藩王亦可三年一朝:"元鼎四年,汉使安国少季往谕王、王太后以入朝,比内诸侯。……太后恐乱起,亦欲倚汉威,数劝王及群臣求内属。即因使者上书,请比内诸侯,三岁一朝。"([汉]司马迁:《史记·南越列传》,北京:中华书局,2000年版,第2268页)

称病。辟阳侯归,具言绾反有端矣”[①]。正因为皇权不稳固、天下不安宁,刘邦才借《大风歌》抒发感伤之情。汉惠帝时期,朝中大权完全被吕太后把持。汉文帝以庶子身份登上皇位后,不得不倚重刘邦时期的军功集团,并且对刘氏诸王采取怀柔政策。汉景帝初期爆发的吴楚七国之乱,表面原因是藩王抗拒削地,实际上亦是君权不伸的结果。这种情形一直延续到汉武帝即位之初,武帝在位的前六年,欲有所作为却时时受到窦太后的牵制。

雄才大略的汉武帝自然不会容忍这种相对君权政治局面的长期存在,最终决定采纳以董仲舒为代表的贤良之儒所创造的主张绝对君权的新儒学为汉帝国的官方意识形态。这种新儒学以大一统为政治目标:“《春秋》大一统者,天地之常经,古今之通谊也”[②];以天人感应为基本特征:“唯天子受命于天,天下受命于天子,一国则受命于君”[③];以三纲等理论为实施手段:“君为阳,臣为阴;父为阳,子为阴;夫为阳,妻为阴。……王道之三纲,可求于天”[④],企图建立一个“立义以明尊卑之分;强干弱枝,以明大小之职”的绝对君权的中央集权制国家[⑤]。汉初贤良之儒所创造的这种新儒学顺应了时代发展的大趋势,显然会与河间献王醇儒学术团体所传承的先秦传统儒学产生思想观念上的对立斗争。最终,这场斗争以汉武帝支持新儒学而宣告终结。

其二是传统礼乐治国与霸王道兼顾治国之思想观念的对

---

① 上述藐视皇权的事件可参见[汉]司马迁《史记·高祖本纪》,北京:中华书局,2000年版,第268—275页。

② [汉]班固:《汉书·董仲舒传》,北京:中华书局,2000年版,第1918页。

③ [汉]董仲舒撰,钟肇鹏校释:《春秋繁露校释》,石家庄:河北人民出版社,2005年版,第705页。

④ [汉]董仲舒撰,钟肇鹏校释:《春秋繁露校释》,石家庄:河北人民出版社,2005年版,第788、791页。

⑤ [汉]董仲舒撰,钟肇鹏校释:《春秋繁露校释》,石家庄:河北人民出版社,2005年版,第300页。

立。先秦传统儒学崇尚礼乐治国的思想观念[①]，刘德为首的河间国醇儒学术团体传承了这种思想观念，十分重视礼乐之教化功能对于国家治理的重要性："河间献王有雅材，亦以为治道非礼乐不成"，"河间献王聘求幽隐，修兴雅乐以助化"[②]。为此，刘德不仅注意搜集、整理先秦传统儒学关于"礼乐"的资料，还积极向汉武帝推荐："河间献王采礼乐古事，稍稍增辑，至五百余篇"[③]，"武帝时，献王来朝，献雅乐"[④]。但是，汉武帝却钟情于地方音乐以及时人所造的新乐，"定郊祀之礼，祠太一于甘泉，就乾位也；祭后土于汾阴，泽中方丘也。乃立乐府，采诗夜诵，有赵、代、秦、楚之讴。以李延年为协律都尉，多举司马相如等数十人造为诗赋，略论律吕，以合八音之调，作十九章之歌。以正月上辛用事甘泉圆丘，使童男女七十人俱歌，昏祠至明。夜常有神光如流星止集于祠坛，天子自竹宫而望拜，百官侍祠者数百人皆肃然动心焉"[⑤]，而对刘德所献雅乐采取了漠视的态度："天子下大乐官，常存肄之，岁时以备数，然不常御，常御及郊庙皆非雅声"[⑥]。

显然，刘德与汉武帝之间存在着推崇先秦雅乐与推崇汉初新乐的分歧。表面看来这只是个人喜好的不同，然而进一步深究，则可发现这更是二者治国思想之不同的反映。"夫上古明王举乐者，非以娱心自乐，快意恣欲，将欲为治也"[⑦]，礼乐虽然主要地表现为形式方面的属性，但由于其具有潜移默化的教化功

---

① [汉]班固《汉书·礼乐志》："孔子曰：'安上治民，莫善于礼；移风易俗，莫善于乐。'"(北京：中华书局，2000 年版，第 881 页)

② [汉]班固：《汉书·礼乐志》，北京：中华书局，2000 年版，第 911、912 页。

③ [汉]班固：《汉书·礼乐志》，北京：中华书局，2000 年版，第 887 页。

④ [汉]班固：《汉书·景十三王传》，北京：中华书局，2000 年版，第 1840 页。

⑤ [汉]班固：《汉书·礼乐志》，北京：中华书局，2000 年版，第 893 页。

⑥ [汉]班固：《汉书·礼乐志》，北京：中华书局，2000 年版，第 911 页。

⑦ [汉]司马迁：《史记·乐书》，北京：中华书局，2000 年版，第 1079 页。

能，从而能够起到有效传播最高统治集团政治诉求以及树立个人和国家形象的重要作用。如汉武帝“又尝得神马渥洼水中，复次以为《太一之歌》。歌曲曰：‘太一贡兮天马下，沾赤汗兮沫流赭。骋容与兮跇万里，今安匹兮龙为友。’后伐大宛得千里马，马名蒲梢，次作以为歌。歌诗曰：‘天马来兮从西极，经万里兮归有德。承灵威兮降外国，涉流沙兮四夷服。’中尉汲黯进曰：‘凡王者作乐，上以承祖宗，下以化兆民。今陛下得马，诗以为歌，协于宗庙，先帝百姓岂能知其音邪？’上默然不说”①，汉武帝喜好新乐而被刚直的汲黯毫不留情地批评，可见天子对于音乐的选择是一件关乎治国安邦问题的具有重大政治影响的大事。从这个意义上讲，汉武帝对先秦雅乐与汉初新乐的选择实际上是对相应治国思想的选择。

“凡音者，生于人心者也；乐者，通于伦理者也”，“审音以知乐，审乐以知政”②。先秦雅乐中正平和，因此刘德推崇先秦雅乐，表明其治国思想“是地道的儒家淑世思想，其核心主张即通过礼乐教化来推进政治”③；汉初新乐如同郑声④，因此汉武帝推崇汉初新乐，表明其治国思想有求新求变的特点。这种求新求变的特点体现为汉武帝立足于当时的社会现实采纳了以董仲舒为代表的贤良之儒所主张的霸王道兼顾的治国思想，以便最终达到“礼节民心，乐和民声，政以行之，刑以防之。礼乐刑政四达而不悖，则王道备矣”的完美境界⑤。

① [汉]司马迁：《史记·乐书》，北京：中华书局，2000年版，第1039页。

② [汉]司马迁：《史记·乐书》，北京：中华书局，2000年版，第1043页。

③ 王长华、易卫华：《汉代河间儒学与〈毛诗〉》，《河北师范大学学报（哲学社会科学版）》，2004年第6期。

④ [汉]班固《汉书·礼乐志》：“今汉郊庙诗歌，未有祖宗之事，八音调均，又不协于钟律，而内有掖庭材人，外有上林乐府，皆以郑声施于朝廷。”（北京：中华书局，2000年版，第912页）

⑤ [汉]司马迁：《史记·乐书》，北京：中华书局，2000年版，第1045页。

汉武帝霸王道兼顾的治国思想的产生是汉初中央集权之时代要求的客观反映，顺应了社会发展的潮流，具有历史的合理性。与此相反，刘德没有认识到汉初历史发展的大趋势，只是盲目地向往和提倡先秦儒家富于乌托邦色彩的礼乐治国的思想，这种一味复古的做法确实显得“迂阔而远于事情”。

总之，汉武帝前期河间国醇儒所传承的先秦传统儒学与汉帝国贤良之儒所创造的汉初新儒学之间，既存在着相对君权与绝对君权之思想观念的对立，又存在着传统礼乐治国与霸王道兼顾治国之思想观念的对立，再加上刘德本人因“修学好古”、大力延揽儒士而声望甚隆，其领导之下的河间国醇儒学术团体已发展成为一股不可忽视的地方政治文化势力，所以汉武帝尽管表面上对刘德礼遇有加，但实际上采取了淡然处之的态度，甚至还极有可能产生强烈的猜忌心理①。

由于历史资料的缺失，刘德的死因现在已经无法明确，但刘德去世后，曾盛极一时的河间国醇儒学术团体也随之走向没落的历史事实却是确凿无疑的。河间国醇儒学术团体的没落，标志着汉初醇儒之学的衰落。从此，以董仲舒为代表的贤良之儒占据了汉初儒家这个思想成分芜杂的学派的首席位置，而贤良之儒所创造的新儒学也成了汉帝国最高统治集团认可和支持的官方主流思想意识形态。

---

① 景帝时代，朝廷猜防的重点在诸侯王的领土与职权。至武帝，则诸侯的领土与职权已不成问题；于是猜防的重点特转向到诸王的宾客上面，尤其是转向到有学术意义的宾客上面。而能招致才智及在学术上有所成就之士的诸侯王，其本身也相当的才智，在学术上也有相当的修养；而其生活行为，也多能奋发向上，可以承受名誉。这更触犯了专制者的大忌。（徐复观：《两汉思想史》第一册，北京：九州出版社，2014 年版，第 163 页）

第二节　汉帝国新宫廷文学的兴起与藩国文学的衰落

随着西汉国力的极大增强，汉武帝迫切要求构建汉帝国“大一统”的国家形象传播体系。这个要求在文学领域的反映，就是文学作品必须描述、赞颂和传播汉帝国强盛统一、四海宾服的“大一统”国家形象。最先占据汉初文学创作主导地位的骚体创作范式由于自身的历史局限性，不仅不能完成这样的时代使命，而且还在客观上不可避免地与能够胜任这种时代使命的国家宏大叙事之间产生了主导权之争的矛盾。在汉武帝的重视和倡导下，能够完美体现国家宏大叙事策略的散体大赋最终取代了骚体诗赋在汉初文学创作中的主导地位，成为构建汉帝国“大一统”国家形象传播体系的主流文体。与此同时，一个汇集了汉初主要经典作家的宫廷文学作家群在汉武帝身边出现。从此，汉初文学中心就由藩国转移到宫廷。汉帝国新宫廷文学的兴起，标志着汉初藩国文学已经不可避免地走向衰落。

一　重塑国家形象的历史必然：构建“大一统”的国家形象传播体系

从刘邦立国，历经惠帝、高后、文帝和景帝，西汉王朝的国力虽然在逐渐增强，但仍处于不断的内忧外患之中，因此这个阶段的西汉王朝在国内外不得不表现出“保守有余而进取不足”的国家形象，即政治上崇尚黄老、标榜无为，军事上被动抵抗匈奴，外交上无意沟通异域，文学上偏爱传统、骚体流行。汉武帝即位后，迫切希望根本改变汉帝国固有的国家形象，树立一个全新的汉帝国“大一统”的国家形象[①]。汉武帝理想中的汉帝国“大一统”国家形象在他即位第七年的诏书中得以展示：“朕闻昔在唐虞，画象而民不犯，日月所烛，莫不率俾。周之成康，刑错不用，德及鸟兽，教通四海。海外肃眘，北发渠搜，氐羌徕服。星辰不孛，日月不蚀，山陵不崩，川谷不塞；麟凤在郊薮，河洛出图书。呜虖，何施而臻此与！”[②]汉武帝这种树立汉帝国“大一统”国家形象的要求的产生，符合汉帝国当时的实际状况，具有历史进步性。

“国家形象是一个国家综合实力和全面影响力的集中表现，是一个国家的物质基础、国家政策、民族精神、国家行为、各项活动及其成果的在国内外公众中的总体评价和论定”[③]，国家形象并不能自发向国内外公众扩散，而是需要有目的有意识地构建一套国家形象传播体系才能对国内外公众进行有效的传播。所谓国家形象传播体系，就是指正面传播国家形象的一套机制。通过国家形象的正面传播，可以显著改善国内外公众对于一个国家的综合印象和整体评价，从而最终提高该国的文化软实力。在中国古代，国家形象传播体系的构建要素主要有政治手段、经济手段、军事手段、外交手段以及文化和文学手段。例如春秋时期晋国韩宣子请郑国六卿赋诗“以知郑志”，听完赋诗之后高兴地说：“郑其庶乎！二三君子以君命贶起，赋不出郑志，皆昵燕好

---

① 窦太后死后的第二年，汉武帝立即下诏求贤，流露出希望积极进取以树立汉帝国崭新国家形象的热切心理：“今朕获奉宗庙，夙兴以求，夜寐以思，若涉渊水，未知所济。猗与伟与！何行而可以章先帝之洪业休德，上参尧舜，下配三王！朕之不敏，不能远德，此子大夫之所睹闻也。贤良明于古今王事之体，受策察问，咸以书对，著之于篇，朕亲览焉。”（[汉]班固：《汉书・武帝纪》，北京：中华书局，2000 年版，第 115 页）

② [汉]班固：《汉书・武帝纪》，北京：中华书局，2000 年版，第 115 页。

③ 王琛：《中国古代交聘、国家形象与跨文化传播》，《国际新闻界》，2008 年第 6 期。

也。”[①]郑国六卿实质上就是通过“赋诗言志”这种外交手段和文化、文学手段向韩宣子正面传播了郑国的国家形象，而韩宣子也正是通过郑国六卿“赋诗言志”这种外交手段和文化、文学手段了解并高度评价了郑国的国家形象。

毋庸赘述，汉武帝时期之所以产生构建“大一统”国家形象传播体系的要求，自然与这个时期汉帝国经济实力的极大增强密切相关。经过多年的发展，到汉武帝在位前期，汉帝国的经济实力已经变得雄厚：“至今上即位数岁，汉兴七十余年之间，国家无事，非遇水旱之灾，民则人给家足，都鄙廪庾皆满，而府库余货财。京师之钱累巨万，贯朽而不可校。太仓之粟陈陈相因，充溢露积于外，至腐败不可食。众庶街巷有马，阡陌之间成群”[②]，于是汉武帝一改先前西汉历代统治者的作风，在政治上推行“罢黜百家、独尊儒术”的思想文化方针，在军事上主动出击匈奴，在外交上积极沟通西南夷、两粤、朝鲜和西域。这些措施的实行，最终使得汉帝国从“保守有余而进取不足”的国家形象成功转型为能够兼容古今、包纳南北的充满进取精神的“大一统”国家形象。

然而，如果将汉武帝时期构建“大一统”国家形象传播体系的必然性因素仅仅归结于汉帝国经济实力的雄厚，那就失之于片面了，因为历史上也有一些经济实力雄厚的国家始终无法成功树立国家形象。究其原因固然多种多样，但其中非常重要的一点，就是这些国家的最高统治者缺乏成功构建国家形象传播体系的自觉追求，而这种自觉追求的缺乏又在相当程度上与最高统治者的性格特征有关。就此意义而言，汉武帝时期构建“大一统”国家形象传播体系的必然性因素，除了汉帝国雄厚的经济

① 《春秋左传正义》，《十三经注疏》，北京：中华书局，1980年版，第2080页。
② [汉]司马迁：《史记·平准书》，北京：中华书局，2000年版，第1205页。

实力之外，还有汉武帝本人终其一生都具有的“好少而气盛，好奇而多欲”的性格特征。

《汉武故事》记载了一个汉武帝“好少”的故事，虽属小说家言，但亦可管中窥豹：“上尝辇至郎署，见一老翁，须鬓皓白，衣服不整。上问曰：‘公何时为郎，何其老也？’对曰：‘臣姓颜名驷，江都人也，以文帝时为郎。’上问曰：‘何其老而不遇也？’驷曰：‘文帝好文而臣好武；景帝好老而臣尚少；陛下好少而臣已老；是以三世不遇。故老于郎署。’上感其言，擢拜会稽都尉。”[①]“好少”之人，无论其自身实际年龄如何，往往都充满锐气。汉武帝“好少而气盛”的性格特征在他即位之初就已开始显现。建元元年，十六岁的汉武帝在政治上顶住压力而倡导儒术，“招贤良，赵绾、王臧等以文学为公卿”[②]，全然不顾握有实权的“不好儒术”的窦太后的感受。建元三年，闽越攻击东瓯，东瓯求救于汉，年未满二十岁的汉武帝果断派严助发兵浮海救东瓯，闽越闻讯撤兵。三年后，闽越又攻击南越，汉武帝派兵救南越；南越得救后，汉武帝又“令严助谕意风指于南越。南越王顿首曰：‘天子乃幸兴兵诛闽越，死无以报！’即遣太子随助入侍”[③]，从而大长汉帝国的国威。这几次行动实际上都遭到重臣反对，但汉武帝却能够置之不顾，敢于在军事上和外交上积极介入异域事务，而积极介入异域事务的过程，实质上也是汉帝国树立崭新的“大一统”国家形象的过程。

汉武帝不仅“好少而气盛”，而且“好奇而多欲”。司马迁说汉武帝“初即位，尤敬鬼神之祀”[④]，笔下不乏讥讽之意。但在古

---

① 《汉魏六朝笔记小说大观》，上海：上海古籍出版社，1999 年版，第 170 页。

② ［汉］司马迁：《史记・孝武本纪》，北京：中华书局，2000 年版，第 317 页。

③ ［汉］班固：《汉书・严朱吾丘主父徐严终王贾传》，北京：中华书局，2000 年版，第 2104—2105 页。

④ ［汉］司马迁：《史记・孝武本纪》，北京：中华书局，2000 年版，第 317 页。

代社会，帝王重视敬鬼拜神求仙之事却实属正常，更何况汉武帝一直热衷于楚地文化，而楚地文化原本就带有“信巫鬼重淫祀”的特点。因此如果换一个角度评价汉武帝“尤敬鬼神之祀”的行为，也可以说这在一定程度上反映了汉武帝对另一世界的好奇心理。当然，汉武帝的好奇是与多欲不可分割、互为因果的。汉武帝“好奇而多欲”的性格特征不仅体现在敬鬼拜神求仙这些事上，还突出表现为对异域的大举征服，以及对异域珍奇之物的极度喜好：

> 武帝始临天下，尊贤用士，辟地广境数千里。①
>
> 宛别邑七十余城，多善马。马汗血，言其先天马子也。张骞始为武帝言之，上遣使者持千金及金马，以请宛善马。宛王以汉绝远，大兵不能至，爱其宝马不肯与。汉使妄言，宛遂攻杀汉使，取其财物。于是天子遣贰师将军李广利将兵前后十余万人伐宛，连四年。宛人斩其王毋寡首，献马三千匹，汉军乃还。②

汉武帝“好奇而多欲”的性格特征有其祸国殃民的一面，但另一方面，人的欲望客观上又是推动个人发展和社会进步的原动力，特别是当欲望的实现与时代的要求刚好在某一个历史阶段基本吻合的时候，就更能表现出积极进取的风貌。汉武帝生活于历史的转型期，时代要求他必须一改西汉王朝长期以来守柔无为的国家形象，而他也自觉顺应了时代的这种要求。在这个过程中，汉武帝“好奇而多欲”的性格特征事实上成了构建汉帝国“大一统”国家形象传播体系的强大推动力。

---

① ［汉］班固：《汉书·王贡两龚鲍传》，北京：中华书局，2000 年版，第 2306 页。

② ［汉］班固：《汉书·西域传》，北京：中华书局，2000 年版，第 2870 页。

二　骚体创作范式的文体局限：一己之悲与国家宏大叙事的矛盾

国家形象传播体系的构建要素主要包括政治手段、经济手段、军事手段、外交手段以及文化和文学手段，文学手段是其中重要的一环。秦统一天下后，秦始皇多次出巡并留下石刻，可谓中国古代帝王中自觉运用文学手段传播国家形象的第一人。如秦《泰山刻石文》：

> 皇帝临位，作制明法，臣下修饬。二十有六年，初并天下，罔不宾服。亲巡远方黎民，登兹泰山，周览东极。从臣思迹，本原事业，祗诵功德。治道运行，诸产得宜，皆有法式。大义休明，垂于后世，顺承勿革。皇帝躬圣，既平天下，不懈于治。夙兴夜寐，建设长利，专隆教诲。训经宣达，远近毕理，咸承圣志。贵贱分明，男女礼顺，慎遵职事。昭隔内外，靡不清净，施于后嗣。化及无穷，遵奉遗诏，永承重戒。①

这篇刻石文站在国家的立场上颂扬了秦统一天下的伟大功业，塑造了一个完美的臣民归心、勤于国事的皇帝形象。很明显，秦代刻石文在传播秦帝国国家形象时所采取的方式是一种国家宏大叙事的方式。

古今中外任何国家在运用文学手段传播国家形象时，都会首选国家宏大叙事这种对于国内外公众影响力最大的方式。所谓国家宏大叙事，是指“有某种一贯的主题的叙事；一种完整的、全面的、十全十美的叙事；常常与意识形态和抽象概念联系在一

---

① ［汉］司马迁：《史记·秦始皇本纪》，北京：中华书局，2000年版，第173页。

起”，“与个人叙事、私人叙事、日常生活叙事、‘草根’叙事等相对”，要求作家“跨越了不完美的现实与理想之间的巨大差距”①，站在国家立场而不是站在个人立场去正面表现而不是负面表现那些具有政治合法性和道德普遍性的事物或者观念。

汉初，由于楚文化的优势地位，骚体诗赋的创作占据着文学创作领域的主导地位。汉武帝时期，西汉王朝的国内外形势发生了重大变化，这使雄才大略、好大喜功并且爱好文辞的汉武帝逐渐意识到骚体创作范式之于国家形象传播的文体局限。这种文体局限主要表现为，与国家宏大叙事相比，骚体创作范式传统上长于以个体为创作本位从而重在抒发个人的一己之悲，往往缺乏对家国的无条件认同与赞颂。汉武帝之前的汉初六十余年间的骚体诗赋作品的抒情特点即是如此：

其一是抒发“原乡”之悲。汉高祖刘邦即是其例。刘邦因远离故土而“入都关中”，原乡情结非常浓厚。这种情结首先表现为刘邦极度思乡。如在位第十二年返回沛地时刘邦触景伤怀，对故乡父老子弟说：“游子悲故乡。吾虽都关中，万岁后吾魂魄犹乐思沛”②；而且刘邦还能够推己及人，“作新丰，移诸故人实之……并移旧社，衢巷栋宇，物色惟旧。士女老幼，相携路首，各知其室。放犬羊鸡鸭于通涂，亦竞识其家”③，从而帮助定居长安的父亲缓解思乡之情。其次表现为刘邦酷爱楚歌。《史记·留侯世家》记载刘邦告诉戚夫人“为我楚舞，吾为若楚歌”④，《汉

① 程群：《宏大叙事的缺失与复归——当代美国史学的曲折反映》，《史学理论研究》，2005年第1期。

② ［汉］司马迁：《史记·高祖本纪》，北京：中华书局，2000年版，第274页。

③ ［汉］刘歆等撰，王根林校点：《西京杂记》（外五种），上海：上海古籍出版社，2012年版，第18页。

④ ［汉］司马迁：《史记·留侯世家》，北京：中华书局，2000年版，第1634页。

书·礼乐志》亦云:"高祖乐楚声,故《房中乐》楚声也"①。刘邦现存的抒发"原乡"之悲的骚体作品就是著名的《大风歌》。

其二是抒发"罹难"之悲。赵王刘友即是其例。"楚汉之际,诗教已熄,民间多乐楚声,刘邦以一亭长登帝位,其风遂亦被宫掖"②,在刘邦的影响下,西汉上层贵族集团的很多成员也创作骚体作品以抒情,尤其是当他们遭遇不幸之时。如赵王刘友被吕后幽禁,饥饿难耐之时歌以泄愤:"诸吕用事兮,刘氏微;迫胁王侯兮,强授我妃。我妃既妒兮,诬我以恶;谗女乱国兮,上曾不寤。我无忠臣兮,何故弃国?自快中野兮,苍天与直!于嗟不可悔兮,宁早自贼!为王饿死兮,谁者怜之?吕氏绝理兮,托天报仇。"③

其三是抒发"不遇"之悲。贾谊和严忌即是其例。战国时期的士人能够在各国之间纵横捭阖,实现自己的人生价值。汉初由于藩国的存在,士人们也能够自由流动,但与战国士人相比,汉初士人纵横捭阖、实现人生价值的空间已被大大压缩。面对无法改变的现实,汉初士人往往以"士不遇"为主题作赋抒情。贾谊作《吊屈原赋》,借屈原的遭遇"以自谕",抒发自己"历九州而相其君"的追求以及追求不成功后的失落之情;又作《鵩鸟赋》,假托与鵩鸟的对话"以自广",抒发自己流落异乡的郁闷之情。严忌作《哀时命》,"哀屈原受性忠贞,不遭明君而遇暗世"④,实际上也是借以抒发自己生不逢时的悲伤之情。

总之,汉武帝之前的汉初文坛始终笼罩在以抒发一己悲情

---

① [汉]班固:《汉书·礼乐志》,北京:中华书局,2000年版,第892页。

② 鲁迅:《汉文学史纲要》,《鲁迅全集》第九卷,北京:人民文学出版社,1981年版,第385页。

③ [汉]班固:《汉书·高五王传》,北京:中华书局,2000年版,第1542页。

④ [宋]洪兴祖撰,白化文等点校:《楚辞补注》,北京:中华书局,2015年版,第213页。

为主题的骚体氛围中[①]。因此到了汉武帝时期，在构建汉帝国“大一统”国家形象传播体系的时代背景下，骚体创作范式固有的文体局限就不可避免地被凸显出来。骚体创作范式此时不仅不能充分满足汉帝国塑造“大一统”国家形象的时代要求，而且由于创作的巨大惯性，客观上还不可避免地与国家宏大叙事之间产生了主导权之争的矛盾。在汉武帝的重视和倡导下，能够完美体现国家宏大叙事的散体大赋最终取代了骚体诗赋在汉帝国文学中的主导地位，成为影响深远的“一代之文学”。

三　作为国家形象传播工具的散体大赋：文学中心从藩国向宫廷的转移

汉初骚体赋和散体大赋分别源于先秦时期的楚辞和荀赋。荀赋与楚辞不同，它不重抒情而重状物，是早期的咏物赋。枚乘等汉初文士开拓了咏物赋的书写空间，赋体的篇幅变得宏大，赋体的创作范式也大有别于早期的咏物赋，于是散体大赋出现了。散体大赋经过司马相如的创作实践引起了汉武帝的关注，并从此走向辉煌，成为传播汉帝国“大一统”国家形象的最重要的工具。

汉武帝对散体大赋和司马相如的关注缘于一次偶然的发现：“蜀人杨得意为狗监，侍上。上读《子虚赋》而善之，曰：‘朕独不得与此人同时哉！’得意曰：‘臣邑人司马相如自言为此赋。’上惊，乃召问相如。”[②]汉武帝之所以惊叹于《子虚赋》，是因为《子虚赋》的创作范式高度契合了他的审美标准。

首先，《子虚赋》以国家为创作本位。国家至上的观念在汉

---

① 以上所涉及的只是现存的汉初骚体作品而已，由于文献资料的散失，还有一部分骚体作品后人无法得知其具体内容，只能通过《汉书·艺文志》中“赋类”和“歌诗类”的记载来遥想其大致情况。

② ［汉］司马迁：《史记·司马相如列传》，北京：中华书局，2000年版，第2289页。

初多见于策士之文，策士之文往往立足于国家立场从而表现出以国家为创作本位的特点，贾谊的政论文就是最典型的例子，如其名篇《陈政事疏》云："臣窃惟事势，可为痛哭者一，可为流涕者二，可为长太息者六，若其它背理而伤道者，难遍以疏举。进言者皆曰天下已安已治矣，臣独以为未也。"①至于骚体赋和咏物赋，前者重在抒发一己悲情，后者局限于描摹具体的物象，二者均未能以国家为创作本位。散体大赋出现后，即使是《七发》这样公认的奠基之作，也表现出了立足于解决个人如何加强精神修养的问题从而尽显以个体为创作本位的特点。与《七发》不同，同属散体大赋的《子虚赋》则是以国家为创作本位，立足于如何树立国家良好形象的问题。在赋体创作占据主流地位的汉初文坛，《子虚赋》开辟了赋体作品以国家为创作本位的新路，具有开历史先河的重大意义。

其次，《子虚赋》以正面歌颂为创作宗旨。这篇赋先用大部分篇幅描写楚王游猎的盛况，最后才在文末出现讽谏之意。按照传统的看法，司马相如创作《子虚赋》的主要用意在于讽谏而不在于歌颂，只是在具体创作过程中因为本末倒置才产生了"劝百讽一"的效果。然而如果考虑到汉景帝时期汉帝国所呈现出的蒸蒸日上的大国气象以及梁孝王时期梁国的富庶繁华景象，那么司马相如此时创作《子虚赋》的宗旨就理所当然应该是为了正面歌颂②，至于文末出现的讽谏之词，则一方面是作为赋家的

---

① [汉]班固：《汉书·贾谊传》，北京：中华书局，2000年版，第1714页。

② 事实上，《子虚赋》在文末出现讽谏之词的同时，还不忘以赞美的口吻歌颂齐国的强大富有以及齐王的恢宏气度："且齐东陼巨海，南有琅邪，观乎成山，射乎之罘，浮勃澥，游孟诸，邪与肃慎为邻，右以汤谷为界。秋田乎青丘，傍偟乎海外，吞若云梦者八九，其于胸中曾不蒂芥。若乃俶傥瑰伟，异方殊类，珍怪鸟兽，万端鳞萃，充仞其中者，不可胜记，禹不能名，契不能计。然在诸侯之位，不敢言游戏之乐，苑囿之大；先生又见客，是以王辞而不复，何为无用应哉！"（[汉]司马迁：《史记·司马相如列传》，北京：中华书局，2000年版，第2298页）

司马相如对于现实生活进行多角度艺术思考的结果，另一方面又是汉初士人反思秦亡汉兴所形成的“集体忧患意识”在司马相如笔下的自然流露。

最后，《子虚赋》以敷陈夸张为艺术手段，富于浪漫主义色彩。这篇赋先写楚国云梦泽之景，按照中间是山、东面是蕙圃、南面是平原广泽、西面是涌泉清池、北面是阴林的次序依次展开描写；然后写楚王之猎，极言楚王的闲适、壮士的威风以及猛兽的惊恐；最后写楚王猎后游玩和宴会的场景，描绘了一幅充满雍容华贵气息的贵族生活画面。《子虚赋》运用华丽的辞藻多方敷陈、夸张渲染楚国物产的丰富和楚王游猎的快乐，洋溢着昂扬进取的精神风貌和瑰玮豪迈的浪漫主义色彩。

《子虚赋》所具有的上述三个特点，很容易激起正处于社会发展上升期的读者的共鸣，汉武帝当然也不例外。但与一般读者不同的是，汉武帝又是一位迫切希望正面传播汉帝国国家形象从而建立一个“大一统”帝国的雄主，而《子虚赋》这种创作范式也确实能够在文学的维度上发挥这种政治功能，因此汉武帝自然而然会对这篇赋的作者司马相如表现出强烈的兴趣：

> 相如曰：“有是。然此乃诸侯之事，未足观也。请为天子游猎赋，赋成奏之。”上许，令尚书给笔札。相如以“子虚”，虚言也，为楚称；“乌有先生”者，乌有此事也，为齐难；“无是公”者，无是人也，明天子之义。故空借此三人为辞，以推天子诸侯之苑囿。其卒章归之于节俭，因以风谏。奏之天子，天子大说。①

① ［汉］司马迁：《史记·司马相如列传》，北京：中华书局，2000年版，第2289页。

司马相如为汉武帝创作的这篇《天子游猎赋》也称为《上林赋》。《上林赋》以磅礴昂扬的气势描写了汉帝国上林苑的宏大规模，以及汉天子在上林苑狩猎的盛况，字里行间充满着对于“大一统”帝国的热烈赞美，对于汉天子声威的热情歌颂。从今天的观点看，《上林赋》是一篇成功运用了国家宏大叙事方式的散体大赋，它准确、形象地展现了汉武帝时期的社会面貌，歌颂了汉帝国的统一和强大，正面树立了汉帝国充满生机与活力的“大一统”国家形象，并将这一形象通过优美而富于浪漫主义色彩的文字进行了有效传播，从而为在文化的层面上扭转自春秋战国以来所形成的“人只知有其国而不知有天下”的局面提供了无限的可能。

鲁迅先生指出：“盖汉兴好楚声，武帝左右亲信，如朱买臣等，多以楚辞进，而相如独变其体，益以玮奇之意，饰以绮丽之辞，句之短长，亦不拘成法，与当时甚不同。”①诚如斯言，《上林赋》突破了汉初传统骚体的创作范式，开创性地展示了散体大赋这种新兴文体的基本特点，从而使汉武帝产生了耳目一新的感觉。汉武帝本人亦好文学，所以《上林赋》的横空出世，必然使汉武帝更加深切地感受到散体大赋这种文体可以而且必须成为传播汉帝国“大一统”国家形象的重要工具。为此，汉武帝主要从以下两个方面推动了散体大赋创作的繁荣：

一方面，汉武帝通过改变骚体传统主导地位、拓展骚体传统抒情主题的方式，为散体大赋在汉帝国宫廷的发展创造有利条件。汉初宫廷文学作品常用来充作祭祀乐歌，且以骚体为主，汉武帝打破了宫廷文学作品来源的这种地域界限，变楚地风情一枝独秀的宫廷文学为各地风情兼顾的宫廷文学，从而逐步改变

---

① 鲁迅：《汉文学史纲要》，《鲁迅全集》第九卷，北京：人民文学出版社，1981 年版，第 417 页。

了骚体长期以来在汉帝国宫廷文学中的传统主导地位[①]。此外，汉武帝还拓展了骚体的传统抒情主题，使骚体在继续保持抒发个人一己之悲的传统主题的基础上，向着赞颂汉帝国的主题延伸。汉武帝本人的创作即是如此。《全汉赋》和《先秦汉魏晋南北朝诗》共收武帝骚体作品七篇[②]，可分为两类：《李夫人赋》《瓠子歌》《秋风辞》《李夫人歌》和《思奉车子侯歌》属于传统的偏重抒发个人一己之悲的骚体，是汉武帝继承楚地传统文化和文学的产物；《天马歌》和《西极天马歌》属于另一类型，都是在传统骚体的外壳里蕴藏着对于大汉国威的赞美之情，展现出了昂扬向上、积极进取的精神风貌，是汉武帝以文学为手段树立汉帝国"大一统"国家形象的结晶。

另一方面，汉武帝大力奖掖天下文士以组建宫廷作家群，从而直接推动了散体大赋的创作。得到汉武帝奖掖的第一个作家是枚乘。作为藩国文士，枚乘成名已久，深受时为太子的汉武帝的赏识。汉武帝即位后征召枚乘，但遗憾的是枚乘死于赴长安的途中。尔后，汉武帝又通过举贤良文学之士等方式组建宫廷作家群，于是越来越多的文士离开郡国来到长安，其中著名者有严助、朱买臣、吾丘寿王、司马相如、主父偃、徐乐、严安、东方朔、枚皋、胶仓、终军、严葱奇等人。

班固《两都赋序》云："武、宣之世，乃崇礼官，考文章，内设金马、石渠之署，外兴乐府协律之事，以兴废继绝，润色鸿业。……

---

① ［汉］班固《汉书·礼乐志》："初，高祖既定天下，过沛，与故人父老相乐，醉酒欢哀，作'风起'之诗，令沛中僮儿百二十人习而歌之。至孝惠时，以沛宫为原庙，皆令歌儿习吹以相和，常以百二十人为员。文、景之间，礼官肄业而已。至武帝定郊祀之礼，祠太一于甘泉，就乾位也；祭后土于汾阴，泽中方丘也。乃立乐府，采诗夜诵，有赵、代、秦、楚之讴。"（北京：中华书局，2000 年版，第 893 页）

② 费振刚、胡双宝、宗明华辑校：《全汉赋》，北京：北京大学出版社，1993 年版，第 126 页；逯钦立辑校：《先秦汉魏晋南北朝诗》，北京：中华书局，1983 年版，第 93—96 页。

故言语侍从之臣，若司马相如、虞丘寿王、东方朔、枚皋、王褒、刘向之属，朝夕论思，日月献纳。而公卿大臣御史大夫倪宽、太常孔臧、太中大夫董仲舒、宗正刘德、太子太傅萧望之等，时时间作。或以抒下情而通讽谕，或以宣上德而尽忠孝，雍容揄扬，著于后嗣，抑亦《雅》《颂》之亚也"①，由于汉武帝的高度重视与不遗余力地倡导，能够有效传播汉帝国"大一统"国家形象的散体大赋创作获得了迅猛发展。从此，以散体大赋为创作重心的汉帝国宫廷文学日益走向繁荣，并成为汉帝国新的文学中心。与此相反，汉初曾经长期占据汉帝国文学中心的藩国文学则彻底地走向了衰落。

① ［梁］萧统编，［唐］李善注：《文选》，北京：中华书局，1977年版，第21—22页。

结　语

一、本书主要观点

汉初郡国制政体的实行是汉初藩国得以存在的前提条件，也是汉初藩国文化与文学得以发生、发展的政治基础。汉初之所以实行郡国制政体，主要是因为刘邦一改自古以来最高统治者多出自贵族阶层的历史传统，开创了平民一跃而为帝王的历史先例。在这个过程中，没有贵族血统、缺乏政治资源和执政经验便成为刘氏集团愈来愈突出的政治短板，因此刘邦不得不实行郡国制以稳固刘氏集团对于天下的统治。

刘邦在位期间，随着刘氏藩王逐步取代异姓诸侯王，天下开始趋于安定，但刘氏集团内部却潜伏着中央政权与地方藩国之间集权与分权的尖锐矛盾。汉惠帝和高后期间，由于刘氏藩王总体上羽翼未丰，这种矛盾尚处于隐性阶段。汉文帝执政后，中央政权与地方藩国之间的矛盾开始走向表面化，而且愈演愈烈，最终在汉景帝即位之初爆发了吴楚七国之乱。七国之乱的爆发标志着汉初地方藩国与中央政权之间的矛盾斗争达到顶峰。随着这场叛乱的平息，地方藩国日渐式微，并在汉武帝当政前期彻底失去了对抗中央政权的力量。汉初藩国由兴盛走向衰落的过程，同时也是汉初藩国文化与文学从发生、发展走向衰落的过程。

秦亡汉兴之际，战国游士的纵横风气在士人群体中得以复兴，并一直贯穿于整个汉初阶段。战国纵横之风在汉初的复兴，一方面拓展了士人群体进行政治、文化与文学活动的空间，从而给汉初藩国和帝国宫廷的文化与文学提供了发展的动力，另一方面又造成了士人群体的内部分化，尤其是造成了社会影响力比较大的儒士群体的内部分化，儒士群体就此分化为醇儒、纵横之儒和贤良之儒，并对汉初藩国和帝国宫廷的文化与文学产生了深远的影响。

汉初很长的一段时间内，文化发展的中心不在宫廷，而在地方藩国。汉初藩国文化形成了南北两大中心，北方文化中心是楚元王刘交之楚国和河间献王刘德之河间国，南方文化中心是淮南王刘安之淮南国。

北方文化中心恪守先秦儒学传统，主要传承包括《诗经》在内的儒家六艺，是汉初醇儒之学的重镇。北方文化中心对于先秦传统儒学的保护与弘扬贡献巨大，如果没有这样的保护与弘扬，中国古代文化史将可能出现一个学术断层。从这个角度讲，汉初藩国醇儒之学的存在确实有着非凡的文化意义，藩国醇儒之学的领袖人物楚元王刘交和河间献王刘德可谓居功至伟。南方文化中心则重在传承先秦老庄道家之学。淮南国道家之学与宫廷盛行的黄老之学既存在紧密的联系又有着一定的区别，其联系主要表现为二者都继承了老子“无为而治”的基本思想，其区别主要表现为淮南国道家之学大力继承并发扬了庄学有关养生的生存策略，而黄老之学则包含着积极进取的因素，根本不同于庄学一味追求个体养生的思想旨趣。淮南王刘安一直受到汉帝国最高统治集团的猜忌，淮南国道家之学对先秦老学以道治国之思想和先秦庄学超越生存焦虑之策略的传承，其实正是刘安长期处于焦虑性生存状态并希望彻底摆脱这种生存状态的客观反映。

汉初很长的一段时间内,文学发展的中心不在宫廷,而在地方藩国。汉初藩国文学形成了三大中心,也就是淮南王刘安之淮南国、吴王刘濞之吴国以及梁孝王刘武之梁国,其中淮南国和梁国的文学发展尤为兴盛。

汉初藩王虽未产生自觉的文学意识,但往往习惯于将文学作品的生产和传播当作一种重要的日常生活方式,淮南王刘安和梁孝王刘武便是如此。刘安和刘武有意识地组织文士进行文学创作,并为文士的创作活动提供了良好条件,从而成为汉初藩国文学发展的重要推动力。淮南国文学以作赋为主,赋作数量多,然而留存至今的很少。吴国文学作品见于文献记载的主要是策士之文,重要作家有邹阳、枚乘和严忌。相对于吴国文学和淮南国文学而言,梁国文学不仅文体多样,而且作品数量多,整体质量高,出现了枚乘和司马相如这样彪炳千秋的经典作家。梁国文学代表了汉初藩国文学的最高成就。

雄才大略的汉武帝即位后,力图构建汉帝国"大一统"的国家思想意识体系。为此,汉武帝摒弃了黄老之学,采纳了董仲舒"罢黜百家、独尊儒术"的建议,于是新儒学开始占据汉帝国官方文化体系的主导地位,并不可避免地与藩国醇儒之学产生了矛盾。随着河间国醇儒之学和淮南国道家之学的衰落,汉初藩国文化在汉帝国的中心地位最终被以新儒学为思想理论核心的汉帝国"大一统"新官方文化所取代,藩国文化由此走向衰落。

以新儒学为思想理论核心的汉帝国"大一统"新官方文化的形成,基本上终结了自春秋战国以来中国社会百家争鸣的局面。这种为确保社会处于绝对稳定状态而不惜以牺牲思想自由为代价的文化治理模式,在以小农经济为主体的农业社会里固然相当程度上有助于社会的稳定、经济的发展和国力的增强，但也必然会导致思想的普遍僵化和专制政权的黑暗恐怖。随着人类社会的不断发展，这种文化治理模式将会越来越明显地表现出历史的巨大局限性。

汉武帝还力图构建汉帝国“大一统”的国家形象传播体系。为此，汉武帝选择散体大赋作为传播汉帝国“大一统”国家形象的主要工具，并大力奖掖天下文士组建宫廷作家群，于是以散体大赋为创作重心的汉帝国宫廷文学最终取代了藩国文学在汉初文学版图中的中心地位，藩国文学由此走向衰落。

汉武帝时期蓬勃兴起的宫廷散体大赋创作，往往因其“丽以淫”的缺陷而招致后世的批评。一方面，这种批评有其不合理之处，因为批评者没有认识到宫廷散体大赋创作的勃兴并不仅仅只是汉武帝好大喜功的结果，它更是一个大国处于从弱到强转折阶段的特定产物。具体而言，当一个国家处于发展的上升期时，可以而且必须通过文学手段去歌颂正面的事物，从而达到凝聚社会人心、增强社会合力、推动社会进步的目的。因此，如果脱离汉武帝时期宫廷散体大赋勃兴的特殊时代背景，只是单纯从文学作品应该有补于世的现实功用角度出发去评价汉初宫廷散体大赋的创作，那就很可能得出片面的结论。另一方面，这种批评也有其合理之处。其原因在于，当一个国家发展的上升期终结后，往往会出现社会分层基本固化以及新的社会矛盾不断出现的局面，但文学创作却因其发展的惯性还会停留在一味歌功颂德的阶段，从而有意或无意起到了掩盖社会矛盾、粉饰天下太平的不良作用。

从本质上讲，汉初文化与文学是先秦文化与文学发展的最后一个历史阶段，具有重要的历史地位。而汉初藩国文化与文学作为汉初文化与文学的一个组成部分，很大程度上决定了汉初文化与文学发展的基本面貌。汉初藩国文化与文学虽然最终被汉帝国新官方文化与文学取代，但却在中国文化史和文学史上留下了浓墨重彩的一笔，值得后代学者不断去探索研究。

二、本书主要创新之处

首先，本书力求将“汉初藩国文化与文学”作为一个有机的整体进行研究，从而改变以往相关研究中经常出现的“碎片化”倾向。本书在做整体性研究时，不仅注意从纵向的角度阐述各个藩国文化与文学发展的基本状况，而且还尽可能地从横向的角度比较藩国之间文化与文学发展状况的异同。通过这种纵向与横向相结合的研究，最终给读者留下“汉初藩国文化与文学”从发生、发展到衰落的整体性印象。

其次，本书力求从心理学的角度分析汉初藩国人物的个性心理特征，从而改变以往相关研究中容易出现的“扁平化”倾向。在研究文化与文学现象时，必须立足于基本的文献资料，只有如此，才能做到言之有据。但是，文化毕竟是人类活动的结果，文学毕竟是人类心灵折射的产物，很多文化与文学现象虽然从文献资料的角度看确实属于“查无实据”，但是从人类心理学的角度看却的确属于“事出有因”，所以研究者如果只注意从基本文献的角度而忽视从心理学的角度去探究文化与文学现象，那么得出的结论往往会缺乏人物个性心理发展逻辑的内在支撑，从而使研究陷入枯燥的扁平化的境地。当然，中国古代文献特别是先秦两汉时期的文献往往存在着研究者不能通过这些基本文献去直接把握人物个性心理特征的局限，但这并不能成为当代研究者忽视从心理学角度切入古代文化与文学研究的理由。有鉴于此，本书对文中所涉及的汉初藩王淮南王刘长、刘安父子以及吴王刘濞和梁孝王刘武都进行了比较细致的尽可能合乎情理的个性心理特征方面的分析，以便将汉初藩国文化与文学相关现象的研究引向深入。

再次，本书力求从传播学的角度分析汉初藩国文化与文学现象，从而改变以往相关研究中忽视对文化与文学现象进行外部研究的倾向。文化与文学的产生和发展，必然伴随着文化与文学产品的传播和接受。从神话传说、远古歌谣到诗歌、散文、戏剧、小说乃至于街头巷尾的民谣，其产生和发展的过程始终包含着传播的因素。因此研究古代文化与文学时，必须注意从传播学的角度切入，以便更加立体地揭示文化与文学现象发生、发展的规律。有鉴于此，本书在分析汉武帝时期散体大赋之所以勃兴的原因时，并没有沿袭以往研究中常常从文体自身演变的角度进行分析的惯例（当然从文体自身演变的角度进行分析也是很有必要的），而是试图从汉武帝热衷于传播汉帝国“大一统”国家形象这一角度切入，并最终得出散体大赋实质上充当了汉帝国“大一统”国家形象传播工具的结论。

最后，本书结合汉初的实际情况，提出了一些比较有原创性的概念，比如将汉初儒士划分为醇儒、纵横之儒和贤良之儒。这样的划分不仅揭示了汉初儒士群体发生分化的历史现象，而且有助于具体了解这个儒士群体内部各阶层在汉初的兴衰沉浮情况，同时还有助于澄清一些历史误解。如历来都有刘邦不好儒的说法，但是如果将这种说法置于汉初儒士群体三类划分的背景下进行考察，实际上是不确切的，因为刘邦所谓的不好儒，只是不好醇儒而已，对于纵横之儒，刘邦还是很欣赏的。

三、本书尚需进一步努力的研究方向

本书在写作过程中遇到的比较大的困难，就是一些基本文献或者存在真伪问题，或者存在写作时间不清楚、创作者不明确的问题，如“梁孝王忘忧馆时豪七赋”是否真实存在，枚乘《七发》的具体创作时间，《招隐士》的作者是谁，其创作宗旨究竟是什么，等等。本书在写作过程中，对上述问题只是做了一些基本的探讨。在以后的研究工作中，还可以就上述问题做进一步的探讨。此外，本书在阐述汉初藩国文化与文学时，只是在一定程度上结合了汉初历史与哲学的现代相关研究成果。在以后的研究工作中，还可以进一步结合汉初历史、哲学乃至于考古学的最新研究成果，以便更深刻地理解和阐释汉初藩国文化与文学的相关现象。

参考文献

一、主要参考著作

1.《十三经注疏》,北京:中华书局,1980 年版。
2.《诸子集成》,北京:中华书局,1954 年版。
3.[汉]贾谊撰,卢文弨校:《新书》,北京:中华书局,1985 年版。
4.[汉]董仲舒撰,钟肇鹏校释:《春秋繁露校释》,石家庄:河北人民出版社,2005 年版。
5.[汉]司马迁撰,[宋]裴骃集解,[唐]司马贞索隐,[唐]张守节正义:《史记》,北京:中华书局,2000 年版。
6.[汉]班固撰,[唐]颜师古注:《汉书》,北京:中华书局,2000 年版。
7.[汉]刘向集录,[宋]姚宏、鲍彪等注:《战国策》,上海:上海古籍出版社,2015 年版。
8.[汉]刘歆等撰,王根林校点:《西京杂记》(外五种),上海:上海古籍出版社,2012 年版。
9.[晋]葛洪:《神仙传》,影印文渊阁《四库全书》本,台北:台湾商务印书馆,1986 年版。
10.[梁]萧统编,[唐]李善注:《文选》,北京:中华书局,1977 年版。

11.［梁］刘勰撰，詹锳义证：《文心雕龙义证》，上海：上海古籍出版社，1989 年版。
12.［唐］魏徵：《隋书》，北京：中华书局，2000 年版。
13.［唐］陆德明撰，吴承仕疏证：《经典释文序录疏证》，北京：中华书局，2008 年版。
14.［唐］刘知几撰，［清］浦起龙释：《史通通释》，上海：上海古籍出版社，2009 年版。
15.［宋］郭茂倩：《乐府诗集》，北京：中华书局，1979 年版。
16.［宋］洪兴祖撰，白化文等点校：《楚辞补注》，北京：中华书局，2015 年版。
17.［宋］朱熹：《楚辞集注》，上海：上海古籍出版社，1979 年版。
18.［宋］朱熹撰，刘永翔、朱幼文校点：《朱子全书》第一册，上海：上海古籍出版社；合肥：安徽教育出版社，2010 年版。
19.［宋］黄震：《黄震全集》第五册，杭州：浙江大学出版社，2013 年版。
20.［宋］徐天麟：《西汉会要》，上海：上海人民出版社，1977 年版。
21.［元］马端临：《文献通考》，北京：中华书局，1986 年版。
22.［清］王夫之：《楚辞通释》，《船山全书》第十四册，长沙：岳麓书社，2011 年版。
23.［清］朱彝尊：《经义考》，北京：中华书局，1998 年版。
24.［清］何焯撰，崔高维点校：《义门读书记》，北京：中华书局，1987 年版。
25.［清］戴震：《戴震集》，上海：上海古籍出版社，2009 年版。
26.［清］赵翼撰，曹光甫校点：《廿二史札记》，上海：上海古籍出版社，2011 年版。
27.［清］章学诚撰，叶瑛校注：《文史通义校注》，北京：中华书局，

1985 年版。
28.［清］严可均:《全汉文》,北京:商务印书馆,1999 年版。
29.［清］刘熙载:《艺概》,上海:上海古籍出版社,1978 年版。
30.［清］王先谦撰,沈啸寰、王星贤点校:《荀子集解》,北京:中华书局,1988 年版。
31.［清］王先谦:《汉书补注》,北京:中华书局,1983 年版。
32.［清］孙诒让撰,王文锦、陈玉霞点校:《周礼正义》,北京:中华书局,1987 年版。
33.［清］皮锡瑞:《经学通论》,北京:中华书局,1954 年版。
34.［清］梁启超:《中国近三百年学术史》,武汉:崇文书局,2015 年版。
35. 鲁迅:《鲁迅全集》第九卷,北京:人民文学出版社,1981 年版。
36. 王国维:《观堂集林》,北京:中华书局,1959 年版。
37. 王云五主编:《金楼子》,《丛书集成初编 · 仲长统论及其他三种》,上海:商务印书馆,1939 年版。
38. 吕思勉:《中国通史》,天津:天津人民出版社,2014 年版。
39. 吕思勉:《秦汉史》,北京:北京理工大学出版社,2016 年版。
40. 钱穆:《国史大纲》,北京:商务印书馆,2010 年版。
41. 钱穆:《秦汉史》,北京:九州出版社,2011 年版。
42. 林剑鸣:《秦汉史》,上海:上海人民出版社,2003 年版。
43. 顾颉刚:《秦汉的方士与儒生》,北京:北京出版社,2012 年版。
44. 刘文典撰,冯逸、乔华点校:《淮南鸿烈集解》,北京:中华书局,1989 年版。
45. 徐复观:《两汉思想史》,北京:九州出版社,2014 年版。
46. 钱锺书:《谈艺录》,北京:商务印书馆,2011 年版。

47. 逯钦立:《先秦汉魏晋南北朝诗》,北京:中华书局,1983 年版。
48. 逯钦立:《屈原离骚简论》,沈阳:辽宁出版社,1957 年版。
49. 汤炳正、李大明、李诚、熊良智:《楚辞今注》,上海:上海古籍出版社,2012 年版。
50. 汤炳正:《屈赋新探》,济南:齐鲁书社,1984 年版。
51. 白寿彝:《中国通史纲要》,上海:上海人民出版社,1980 年版。
52. 田余庆、唐长孺:《大师讲史》,北京:中共中央党校出版社,2007 年版。
53. 卞孝萱、王琳:《两汉文学》,合肥:安徽教育出版社,2001 年版。
54. 曹道衡、刘跃进:《先秦两汉文学史料学》,北京:中华书局,2005 年版。
55. 余英时:《士与中国文化》,上海:上海人民出版社,2003 年版。
56. 熊铁基:《秦汉新道家》,上海:上海人民出版社,2001 年版。
57. 费振刚、胡双宝、宗明华辑校:《全汉赋》,北京:北京大学出版社,1993 年版。
58. 龚克昌:《中国辞赋研究》,济南:山东大学出版社,2003 年版。
59. 牟钟鉴:《〈吕氏春秋〉与〈淮南子〉思想研究》,济南:齐鲁书社,1987 年版。
60. 董治安:《两汉文献与两汉文学》,上海:上海古籍出版社,2005 年版。
61. 王长华:《诗论与赋论》,北京:学苑出版社,2011 年版。
62. 王长华、易卫华:《〈毛诗〉与中国文化精神》,北京:人民出版社,2014 年版。
63. 尚永亮:《经典解读与文史综论》,北京:中国社会科学出版社,2012 年版。
64. 周振鹤:《西汉政区地理》,北京:商务印书馆,2017 年版。
65. 龚鹏程:《汉代思潮》,北京:商务印书馆,2005 年版。
66. 许结:《汉代文学思想史》,南京:南京大学出版社,1990 年版。
67. 刘跃进:《秦汉文学编年史》,北京:商务印书馆,2006 年版。
68. 杨柳:《先秦游士》,北京:当代中国出版社,1996 年版。
69. 王子今:《秦汉社会史论考》,北京:商务印书馆,2006 年版。
70. 王焕然:《汉代士风与赋风研究》,北京:中国社会科学出版社,2006 年版。
71. 廖群:《先秦两汉文学考古研究》,北京:学习出版社,2007 年版。
72. 林聪舜:《汉代儒学别裁:帝国意识形态的形成与发展》,台北:台湾大学出版中心,2013 年版。
73. 钟书林:《士与文学》,北京:中国社会科学出版社,2012 年版。
74. 万光治:《汉赋通论》,北京:华龄出版社,2004 年版。
75. 冯小禄:《汉赋书写策略与心态建构》,北京:人民出版社,2010 年版。
76. 郑明璋:《汉赋文化学》,济南:齐鲁书社,2009 年版。
77. 许抗生、聂保平、聂清:《中国儒学史·两汉卷》,北京:北京大学出版社,2011 年版。
78. 杨有礼:《新道鸿烈——〈淮南子〉与中国文化》,开封:河南大学出版社,2001 年版。
79. 穆克宏:《魏晋南北朝文论全编》,上海:上海远东出版社,

2012年版。
80.傅剑平:《纵横家与中国文化》,台北:文津出版社,1994年版。
81.张彦修:《纵横家书:〈战国策〉与中国文化》,开封:河南大学出版社,1998年版。
82.王柏中:《神灵世界秩序的构建与仪式的象征:两汉国家祭祀制度研究》,北京:民族出版社,2005年版。
83.王兴国:《贾谊评传》,南京:南京大学出版社,1992年版。
84.颜世安:《庄子评传》,南京:南京大学出版社,1999年版。
85.王云度:《刘安评传》,南京:南京大学出版社,2011年版。
86.周桂钿:《董仲舒研究》,北京:人民出版社,2012年版。
87.《汉魏六朝笔记小说大观》,上海:上海古籍出版社,1999年版。
88.王醒:《中国古代传播史》,太原:山西人民出版社,2004年版。
89.车文博主编:《弗洛伊德文集·精神分析新论》,长春:长春出版社,2004年版。
90.[日本]泷川资言:《史记会注考证》,杨海峥整理,上海:上海古籍出版社,2015年版。
91.[美国]孙康宜、宇文所安:《剑桥中国文学史》,刘倩等译,北京:三联书店,2013年版。
92.[美国]康达维:《汉代宫廷文学与文化之探微》,苏瑞隆译,上海:上海译文出版社,2013年版。

二、主要参考论文

1.段凌辰:《汉志诗赋略广疏》,《河南大学学报》,1934年第1期。

2. 钱穆:《说苍梧九疑零陵》,《齐鲁学报》,1941 年第 1 期。

3. 金景芳:《论宗法制度》,《东北人民大学人文科学学报》,1956 年第 2 期。

4. 刘开扬:《论司马相如赋的本原和特点》,《文学遗产》,1962 年增刊第 10 辑。

5. 汤炳正:《屈原列传新探》,《文史》,1962 年第 1 期。

6. 步瞻:《读枚乘〈七发〉有感》,《四川大学学报(哲学社会科学版)》,1975 年第 2 期。

7. 陈化新:《论淮南王刘安政治上的失败》,《西南民族学院学报(哲学社会科学版)》,1994 年第 2 期。

8. 张德育:《论〈招隐士〉为招刘安生魂之作》,《北方论丛》,1995 年第 4 期。

9. 陈开先:《汉初帝国文化建构及思想专制景观下的河间学术》,《孔子研究》,1998 年第 1 期。

10. 曹道衡:《关中地区与汉代文学》,《文学遗产》,2002 年第 1 期。

11. 包礼祥:《招贤纳士的呼唤:汉初侯国赋探赜——兼论汉赋的社会功能》,《中州学刊》,2003 年第 1 期。

12. 郑杰文:《河间儒学中心对汉武帝独尊儒术政策的影响》,《孔子研究》,2003 年第 6 期。

13. 王长华:《汉赋文体形成新论》,《文艺研究》,2004 年第 4 期。

14. 王长华、易卫华:《汉代河间儒学与〈毛诗〉》,《河北师范大学学报(哲学社会科学版)》,2004 年第 6 期。

15. 程群:《宏大叙事的缺失与复归——当代美国史学的曲折反映》,《史学理论研究》,2005 年第 1 期。

16. 许志刚:《〈子虚赋〉、〈上林赋〉:艺术转型与新范式的确立》,《文学遗产》,2005 年第 3 期。

17. 戴黍:《汉初时代转型与〈淮南子〉的学术境遇》,《深圳大学学报(人文社会科学版)》,2006 年第 2 期。
18. 石观海、杨亚蕾:《梁园赋家行年新考》,《齐鲁学刊》,2006 年第 2 期。
19. 跃进:《梁孝王集团的文学想象》,《深圳大学学报(人文社会科学版)》,2008 年第 1 期。
20. 许结:《诵赋而惊汉主——司马相如与汉宫廷赋考述》,《四川师范大学学报(社会科学版)》,2008 年第 4 期。
21. 王琛:《中国古代交聘、国家形象与跨文化传播》,《国际新闻界》,2008 年第 6 期。
22. 赵逵夫:《〈玉台新咏〉所收"枚乘杂诗"作时新探》,《西北师大学报(社会科学版)》,2010 年第 4 期。
23. 田永涛:《西汉初文学与学术在藩国刍议》,《中州学刊》,2014 年第 10 期。
24. 马庆洲:《〈淮南子〉研究》,北京大学博士学位论文,2001 年。
25. 程世和:《汉初士风与汉初文学》,苏州大学博士学位论文,2001 年。
26. 刘秀慧:《〈淮南子〉与汉初文学》,陕西师范大学博士学位论文,2011 年。
27. 尧荣芝:《两汉文学地域性研究》,四川师范大学博士学位论文,2012 年。

附录

附录一　汉高祖十二年藩国示意图

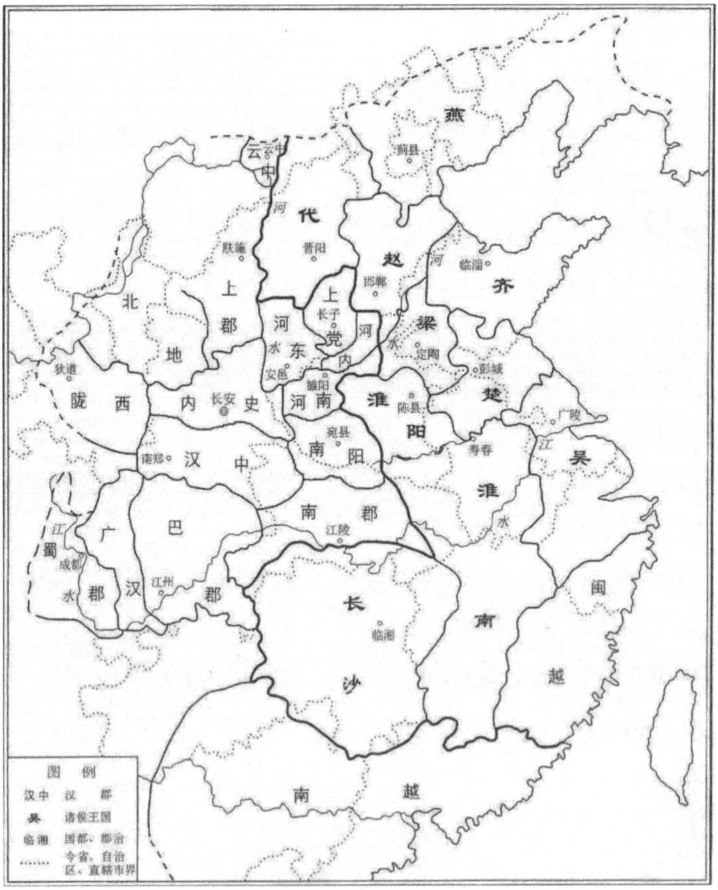

（图片来源：周振鹤《西汉政区地理》，

北京：商务印书馆，2017 年版，第 11 页）

附录二　汉景帝前元三年吴楚七国叛乱前藩国示意图

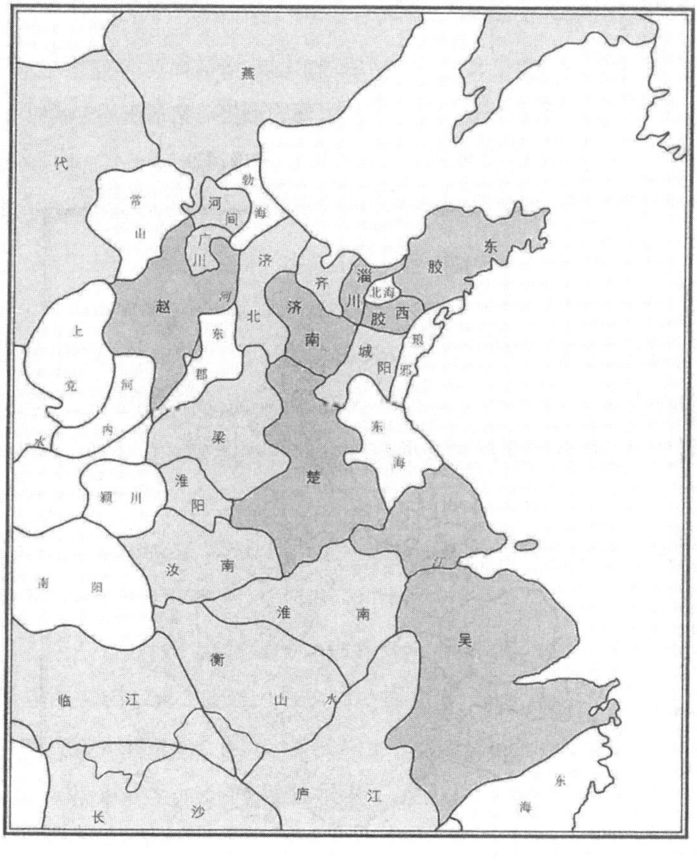

（图片来源：周振鹤《西汉政区地理》，北京：商务印书馆，2017年版，第14页）

附录三　鲁迅《汉文学史纲要·藩国之文术》[①]

汉高祖虽不喜儒，文景二帝，亦好刑名黄老，而当时诸侯王中，则颇有倾心养士，致意于文术者。楚，吴，梁，淮南，河间五王，其尤著者也。

楚元王交为高祖同父少弟，好书多材艺，少时，与鲁穆生，白生，申公，俱受《诗》于孙卿门人浮丘伯。故好《诗》，既王楚，诸子亦皆读《诗》；申公始为《诗》传，号“鲁诗”；元王亦自为传，号“元王诗”。汉初治《诗》大师，皆居于楚；申公，白公之外，又有韦孟，为元王傅，傅子夷王，及孙王戊。戊荒淫不遵道，孟乃作诗讽谏；后遂去位，徙家于邹，又作诗一篇，其叙事布词，自为一体，皆有风雅遗韵。魏晋以来，逮相师法，用以叙先烈，述祖德，故任昉《文章缘起》以为“四言诗起于前汉楚王傅韦孟《谏楚夷王戊》诗”也。

吴王濞者，高祖兄仲之子。文帝时，吴太子入见，与皇太子争博道，皇太子引博局提杀之。吴王由是怨望，藏亡匿死，积三十余年，故能使其众。然所用多纵横游说之士；亦有并擅文词者，如严忌，邹阳，枚乘等。吴既败，皆游梁。

梁孝王名武，文帝窦皇后少子也。七国之叛，梁距吴楚最有功，又最为大国，卤簿拟天子；招延四方豪杰，自山东游士莫不至。传《易》者有丁宽，以授田王孙，田授施仇，孟喜，梁丘贺，由是《易》有施孟梁丘三家之学。又有羊胜，公孙诡，韩安国，各以辩智著称。吴败，吴客又皆游梁；司马相如亦尝游梁，皆词赋高手，天下文学之盛，当时盖未有如梁者也。

严忌本姓庄，后避明帝讳，称严，会稽吴人。好词赋，哀屈原

① 鲁迅：《汉文学史纲要》，《鲁迅全集》第九卷，北京：人民文学出版社，1981 年版，第 395—400 页。

忠贞不遇，作词曰《哀时命》。遭景帝不好词赋，无所得志，乃游吴；吴败，徒步入梁，受知孝王，与邹阳，枚乘同见尊重，而忌名尤盛，世称庄夫子。《汉志》有《庄夫子赋》二十四篇；今仅存《哀时命》一篇，在《楚辞》中。

邹阳，齐人，初与严忌，枚乘等俱仕吴，皆以文辩著名。吴王将叛，阳作书以谏，不见用，乃去而之梁，从孝王游。其为人有智略，慷慨不苟合，为羊胜，公孙诡所谗，孝王怒，下阳于狱，将杀之。阳在狱中，上书自明：

> "……语曰：有白头如新，倾盖如故。何则？知与不知也。故樊於期逃秦之燕，借荆轲首以奉丹事；王奢去齐之魏，临城自刭，以却齐而存魏。夫王奢樊於期，非新于齐秦而故于燕魏也，所以去二国，死两君者，行合于志而慕义无穷也。……今人主诚能去骄傲之心，怀可报之意，披心腹，见情素，隳肝胆，施德厚，终与之穷达，无爱于士，则桀之犬可使吠尧，而跖之客可使刺由。何况因万乘之权，假圣王之资乎？然则荆轲湛七族，要离燔妻子，岂足为大王道哉？……"

书奏，孝王立出之，卒为上客，后羊胜公孙诡以罪死，阳独为梁王解深怒于天子。盖吴蓄深谋，偏好策士，故文辩之士，亦常有纵横家遗风，词令文章，并长辟阖，犹战国游士之口说也。《汉志》纵横家，有《邹阳》七篇，而不录其词赋，似阳之在汉，固以权略见称。《西京杂记》云：梁孝王游于忘忧之馆，集诸游士，使各为赋。枚乘《柳赋》，路乔如《鹤赋》，公孙诡《文鹿赋》，邹阳《酒赋》，公孙乘《月赋》，羊胜《屏风赋》，韩安国作《几赋》不成，邹阳代作。邹阳安国罚酒三升；赐枚乘路乔如绢，人五匹。《西京杂记》为晋葛洪作，托之刘歆，则诸赋或亦洪之所为耳。

枚乘，字叔，淮阴人，为吴王濞郎中。吴王谋为逆，乘上书以谏，吴王不纳，乃去而之梁。汉既平七国，乘由是知名，景帝召拜弘农都尉。乘久为大国上宾，不乐郡吏，以病去官；复游梁。梁客皆善属词，乘尤高。梁孝王薨，乘归淮阴。武帝自为太子闻乘名，及即位，乘年老，乃以安车蒲轮征乘，道死（前一四〇）。

《汉志》有《枚乘赋》九篇；今惟《梁王菟园赋》存。《临灞池远诀赋》仅存其目，《柳赋》盖伪托。然乘于文林，业绩之伟，乃在略依《楚辞》《七谏》之法，并取《招魂》《大招》之意，自造《七发》。借吴楚为客主，先言舆辇之损，宫室之疾，食色之害，宜听妙言要道，以疏神导体。于是说以声色逸游之乐等等，凡六事，最末为观涛于广陵：

> "……其始起也，洪淋淋焉若白鹭之下翔；其少进也，浩浩溰溰，如素车白马帷盖之张。其波涌而云乱，扰扰焉如三军之腾装。其旁作而奔起也，飘飘焉如轻车之勒兵。六驾蛟龙，附从太白。纯驰浩蜺，前后骆驿。颙颙卬卬，椐椐强强，莘莘将将。壁垒重坚，沓杂似军行。訇隐匈盖，轧盘涌裔，原不可当。观其两傍，则滂渤怫郁，暗漠感突，上击下律。有似勇壮之卒，突怒而无畏，蹈壁冲津，穷曲随隈，逾岸出追，遇者死，当者坏。……"

其说皆不入，则云：

> "将为太子奏方术之士，有资略者，若庄周，魏牟，杨朱，墨翟，便娟，詹何之伦，使之论天下之精微，理万物之是非；孔老览观，孟子持筹而算之，万不失一。此亦天下要言妙道

也，太子岂欲闻之乎？于是太子据几而起，曰：涣乎若一听圣人辩士之言。涊然汗出，霍然病已。”

由是遂有“七”体，后之文士，仿作者众，汉傅毅有《七激》，刘广有《七兴》，崔骃有《七依》，…… 凡十余家；递及魏晋，仍多拟造。谢灵运有《七集》十卷，卞景有《七林》十二卷，梁又有《七林》三十卷，盖即集众家此体为之，今俱佚；惟乘《七发》及曹植《七启》，张协《七命》，在《文选》中。

《文选》又有《古诗十九首》，皆五言，无撰人名。唐李善曰：“并云古诗，盖不知作者；或云枚乘，疑不能明也。”然陈徐陵所集《玉台新咏》，则其中九首，明题乘名。审如是，乘乃不特始创七体，且亦肇开五古者矣，今录其三：

“西北有高楼，上与浮云齐，交疏结绮窗，阿阁三重阶。上有弦歌声，音响一何悲，谁能为此曲，无乃杞梁妻。清商随风发，中曲正徘徊，一弹再三叹，慷慨有余哀。不惜歌者苦，但伤知音稀。愿为双鸿鹄，奋翅起高飞。”

“……相去日已远，衣带日已缓。浮云蔽白日，游子不复返。思君令人老，岁月忽已晚。弃捐勿复道，努力加餐饭。”

“迢迢牵牛星，皎皎河汉女。纤纤濯素手，札札弄机杼，终日不成章，泣涕零如雨。河汉清且浅，相处复几许，盈盈一水间，脉脉不得语。”

其词随语成韵，随韵成趣，不假雕琢，而意志自深，风神或近楚《骚》，体式实为独造，诚所谓“畜神奇于温厚，寓感怆于和平，意愈浅愈深，词愈近愈远”者也。稍后李陵与苏武赠答，亦为五言，盖文景以后，渐多此体，而天质自然，终当以乘为独绝矣。

淮南王安为文帝所封，好书，鼓琴；招致宾客方术之士数千人，作为《内书》二十一篇，《外书》甚众；又有《中篇》八卷，言神仙黄白之术，亦二十余万言。时武帝方好艺文，以安为诸父，辩博善文辞，甚尊重之。尝使为《离骚传》，旦受诏，日食时上。传今亡；所传者惟《淮南》二十一篇，亦曰《鸿烈》。其书盖与诸游士讲论，掇拾旧文而成。其诸游士著者，则为苏飞，李尚，左吴，田由，雷被，毛被，伍被，晋昌等八人，是曰八公；又分造词赋，以类相从，或称《大山》，或称《小山》，其义犹《诗》之有《大雅》《小雅》也。小山之徒有《招隐士》之赋，其源虽出《离骚》《招魂》等，而不泥于迹象，为汉代楚辞之新声：

> “桂树丛生兮山之幽，偃蹇连蜷兮枝相缭。山气巃嵸兮石嵯峨；溪谷崭岩兮水曾波。猿狖群啸兮虎豹嗥，攀援桂枝兮聊淹留。王孙游兮不归，春草生兮萋萋，岁暮兮不自聊，蟪蛄鸣兮啾啾。坱兮轧，山曲岪，心淹留兮恫慌忽；罔兮沕，憭兮栗，虎豹穴，丛薄深林兮人上栗。嵚岑碕礒兮碅磳磈硊，树轮相纠兮林木茷骫；青莎杂树兮薠草靃靡；白鹿麏麚兮或腾或倚，状皃崟崟兮峨峨，凄凄兮漇漇。猕猴兮熊罴，慕类兮以悲。攀援桂枝兮聊淹留，虎豹斗兮熊罴咆，禽兽骇兮亡其曹。王孙兮归来，山中兮不可以久留。”

河间献王德为景帝子，亦好书，而所得皆古文先秦旧书。又立《毛氏诗》，《左氏春秋》博士；山东诸儒，多从而游。其所好盖与楚元王交相类。惟吴梁淮南三国之客，较富文词，梁客之上者，多来自吴，甚有纵横家余韵；聚淮南者，则大抵浮辩方术之士也。

参考书：

《史记》(卷一百六，一百十八)

《汉书》(卷三十六，四十四，四十七，五十一，五十三)

《全汉文》(清严可均辑)

《中国大文学史》(第三编第三章)

(按：鲁迅此文后附注解，本书从略)

附录四

论汉初的纵横之儒

——兼论周秦西汉前期儒士社会角色历史演变的三个阶段[①]

本文所指的“汉初”，上自刘邦被封为汉王（前206年），中经汉惠帝、吕后和汉文帝，下至汉景帝，合计66年。汉初，由于历史的巨大惯性，以及最高统治集团的喜好和利用，还有诸侯王分封制的存在，纵横之风非常盛行。在这种时代风气的影响下，儒士群体也发生了分化，一部分儒士以先秦儒家文化的继承者自居，自觉与现实政治保持着距离；另一部分儒士则积极投身现实政治，并为着目标的实现而不惜借鉴先秦纵横之术，从而带有浓重的纵横习气。汉初儒士纵横习气的源头可上溯至春秋末期的子贡，这种纵横习气直到汉武帝元光和元朔年间才渐渐走向没落。研究汉初纵横之儒的历史渊源、存在状况和最终结局，不仅有助于我们系统把握周秦西汉前期儒士社会角色的历史演变过程，而且有助于我们深刻理解汉初的政治、文化和文学。

一、“纵横”与“纵横家”概说

班固在《汉书·艺文志》里指出纵横家“盖出于行人之官”，而且将纵横家列为“诸子十家”之一。但是，对于中国古代是否存在纵横家这一问题，学者们却颇有争议。例如胡适就以否认班固“从横家者流，盖出于行人之官”的说法为突破口否认纵横家的存在：“如云纵横之术出于行人之官，不知行人自是行人，纵

---

① 笔者此文发表于《东岳论丛》2016年第7期，入选《新华文摘》2016年第21期“论点摘编”，并被《新华文摘》网络版2017年第1期全文转载。

横自是纵横；一是官守，一为政术，二者岂相为渊源耶”①。章学诚认为只有战国时期存在纵横家："纵横者，词说之总名也。苏秦合六国为纵，张仪为秦散六国为横，同术而异用，所以为战国事也。既无战国，则无纵横矣”②。唐兰则认为战国之后仍存在纵横家："汉初，长短纵横之术还盛行”③。对此问题的争议历来颇多，兹不赘述。其实，上述争议基本上属于无谓的争议。之所以如此，主要原因在于学者们对“纵横”与“纵横家”这两个词的内涵的理解不甚通达。

1. 纵横家非学术派别

在先秦文献中，“家”这个词的内涵至少包括以下两种：其一是指人，如《庄子·则阳》篇："季真之莫为，接子之或使，二家之议，孰正于其情？孰偏于其理？”又如《韩非子·定法》篇："问者曰：‘申不害、公孙鞅，此二家之言孰急于国？’”很明显，上文中的“家”所指的对象分别就是季真、接子以及申不害、公孙鞅。其二是指学术派别，如《庄子·天下》篇："其数散于天下而设于中国者，百家之学时或称而道之。……犹百家众技也，皆有所长，时有所用。”又如《荀子·解蔽》篇："今诸侯异政，百家异说。”此二处中的“家”无疑指的是学术派别。“家”的这两种含义在《汉书·艺文志》里同样存在。如班固在介绍“纵横家”时，先概括其基本情况："右从横十二家，百七篇”，紧接着指出其渊源："从横家者流，盖出于行人之官。”这里的“十二家”，很明显意为十二个人；而“从横家者流”，则意为纵横学派。当然，《汉书·艺文志》介绍儒家等其他九家时所用的“家”字，也是同样的两种含义。

---

① 罗根泽编著：《古史辨》第四册，上海：上海古籍出版社，1982 年版，第 4 页。

② 章学诚著，王重民通解：《校雠通义通解》，上海：上海古籍出版社，1987 年版，第 110 页。

③ 马王堆汉墓帛书整理小组编：《战国纵横家书》，北京：文物出版社，1976 年版，第 137 页。

然而,《汉书・艺文志》的上述表达却潜藏着一个内在的矛盾,即所谓的纵横学派事实上是无法与儒家、道家、阴阳家、法家、名家和墨家相提并论的,因为这六大学派一般都有明确的"形而上"的思想主张作理论支撑,纵横学派则根本没有。而作为一个学派,如果没有明确的"形而上"的思想主张作理论支撑,那它就不是真正意义上的学派。与此类似,班固所谓的杂家、农家和小说家也有同样的问题。这样一来,班固划分"诸子十家"所采取的标准就不是相同的标准。班固应该感觉到了这一内在矛盾,所以他在总结纵横家、杂家、农家和小说家时,不像总结儒家等六家那样详细介绍其思想主张,只是大而化之,最后更是干脆将最缺少思想理论色彩的小说家一派去掉:"诸子十家,其可观者九家而已。"

实际上,早在西汉初期,司马谈在《论六家之要指》中已经论及先秦思想学派的分类问题,不过他是分为了阴阳、儒、墨、名、法、道等六家。班固在司马谈所分的六家后面另外加上纵横家、杂家、农家和小说家,原因之一在于后四家的著作中都多多少少杂有前六家的思想,这正如《汉书・艺文志》序所言:"战国从横,真伪分争,诸子之言纷然殽乱";原因之二在于后四家都多多少少地和现实政治有一定联系,与前六家同属"务为治者也"一类,所以班固将这十家一并放在《诸子略》。但是同时,班固的这种做法又在客观上造成了纵横家是一个学术派别的历史误会。为解除这一误会,我们不妨将《汉书・艺文志》"纵横家"一词中的"家"字解读为"人",于是"纵横家"就可解读为从事纵横的人——这样的解读恐怕更符合历史的真实面貌。

2. 纵横泛指一种重功利通权变的游说活动

"纵横"一词的本义是指地理方位,引申为战国时期苏秦和张仪分别推行的两种政治策略,后来,"纵横"一词的内涵事实上扩大为泛指战国时期乃至战国时期之后的一种游说活动（这种活动又称之为“长短”）。如《战国策》中包括苏秦和张仪在内的众多战国策士所从事的游说活动，又如西汉的蒯通和主父偃所从事的游说活动：“蒯通者，善为长短说”（《史记·田儋列传》），“主父偃者，齐临淄人也。学长短纵横之术”（《史记·平津侯主父列传》），等等。

纵横这种游说活动的基本特点就是重功利通权变。如《史记·苏秦列传》评论说：“苏秦兄弟三人，皆游说诸侯以显名，其术长于权变”，《史记·张仪列传》评论说：“三晋多权变之士，夫言从衡强秦者大抵皆三晋之人也”，又如《汉书·蒯伍江息夫传》记载蒯通“论战国时说士权变，亦自序其说，凡八十一首，号曰《隽永》”。纵横活动之重功利通权变的特点，一方面让游说者能根据具体情况灵活地调整游说方法乃至于说词，另一方面又容易导致游说者不择手段以获得成功。这正如班固在《汉书·艺文志》中所分析的那样：“孔子曰：‘诵《诗》三百，使于四方，不能颛对，虽多亦奚以为？’又曰：‘使乎，使乎！’言其当权事制宜，受命而不受辞。此其所长也。及邪人为之，则上诈谖而弃其信。”

战国时期出现了以苏秦、张仪为代表的专门以利害关系游说各国诸侯以获取个人成功的职业说客，他们往往缺乏明确的政治思想主张，这种形而下的特征最终妨碍了纵横家作为一个学派的存在资格。后来，“纵横”一词渐渐变成了重功利通权变之游说活动的代称。因此纵横非战国时代所特有，战国之后，只要是从事于这种重功利通权变性质的游说活动，皆可称之为纵横。如果我们能这样理解“纵横”与“纵横家”的内涵，那么近人有关纵横家是否存在以及何时存在等等诸多问题的争议就容易解决了。

二、周秦时代教化之儒的产生与纵横之儒的出现

西周时期的儒士，主要任务是负责贵族子弟的教化工作。到了春秋战国乃至秦王朝时期，儒士群体的主要工作仍然是负责教化，但也有部分儒士为了达到某种现实功利目的而进行富有权变色彩的游说活动，于是纵横之儒就应运而生了。儒士从教化之儒到纵横之儒的角色演变，是当时社会发生重大转型的必然结果。

1. 儒士的最初角色：教化之儒

根据《周礼·地官·保氏》记载，周王室设有"保氏"一职，其职责之一是规谏王恶，之二是教化贵族子弟："掌谏王恶。而养国子以道，乃教之六艺：一曰五礼，二曰六乐，三曰五射，四曰五驭，五曰六书，六曰九数；乃教之六仪：一曰祭祀之容，二曰宾客之容，三曰朝廷之容，四曰丧纪之容，五曰军旅之容，六曰车马之容。"

同样的，各诸侯国也相应地设有"保氏"一职，不过为了避免与天子之"保氏"同名，诸侯之"保氏"改称为"儒"。儒的基本职责便是实施教化。《周礼·天官·大宰》就明确记载了儒的产生及其教化职责："儒，以道得民"，郑注："儒，诸侯保氏，有六艺以教民者"，贾疏："诸侯师氏之下，又置一保氏之官，不与天子保氏同名，故号曰'儒'。掌养国子以道德，故云'以道得民'，民亦谓学子也。"所以《汉书·艺文志》介绍儒家渊源时云："儒家者流，盖出于司徒之官，助人君顺阴阳明教化者也。游文于六经之中，留意于仁义之际。"

春秋时期，礼崩乐坏，王纲解纽，官学下移，民间出现了专门指导各种礼仪的儒士，同时，儒士还聚徒讲学，继续履行教化的职责。春秋时期教化之儒的代表人物自然就是孔子，他"以诗书礼乐教，弟子盖三千焉，身通六艺者七十有二人"（《史记·孔子

世家》)。

2. 纵横之儒的鼻祖:子贡

"孔子明王道,干七十余君"(《史记·十二诸侯年表序》),他是一个有政治理想的人,在鲁国从政失败后,周游列国宣传自己的政治主张,并希望诸侯们采纳。但孔子又不能称为纵横之儒,首先因为他在游说时往往不考虑如何让自己或者对方获得实际的功利;其次因为他往往不考虑如何让对方更好地接受自己的主张,只是简单地施以教化;再次因为他对于宣传的成败与否往往抱着无能为力的态度,即所谓的"用之则行,舍之则藏"(《论语·述而》)。孔子的这种游说方式,就其实质而言乃是一种基于权威主义的单向传道的方式,根本不同于重功利通权变的纵横活动。"君子于其言,无所苟而已矣"(《论语·子路》),周游列国过程中孔子这种不重功利不通权变的"无所苟"做法,使他最终失去了成功的机会。这一点甚至引起了弟子的非议,例如子路就曾大胆批评孔子说"子之迂也"(《论语·子路》)。

与孔子相比,其弟子子贡则体现出了鲜明的纵横之气。关于子贡纵横的事迹,最著名的便是《史记·仲尼弟子列传》中所详细记载的"子贡一出,存鲁,乱齐,破吴,强晋而霸越"的故事。子贡游说活动的重功利通权变色彩在这个故事中主要表现为以下三个方面:其一是善于转嫁矛盾。本来是齐鲁发生矛盾,结果子贡用巧言利口成功地将齐鲁矛盾转化为吴齐之间、吴越之间和吴晋之间这三组原本不存在的矛盾,从而挽救了鲁国。其二是善于揣摩对方心理从而有针对性地晓以利害。子贡首先告诉齐国田常攻打鲁国的不良后果,进而诱导他转攻吴国以打消齐国国内的不满情绪;然后以复兴吴国霸业为诱饵游说吴王伐齐;接着又利用越王勾践急于灭吴的心理劝其表面上暂时支持吴国伐齐,从而麻痹吴王对越国的防范之心并坚定吴国伐齐的决心;

最后去晋国提醒晋君准备抗击吴国的侵犯。子贡游说时，不像孔子那样居高临下地用儒家理念简单地施以教化，而是摆出一副完全站在对方立场、替对方设身处地考虑利害关系的姿态，结果大获成功。其三是善于选择游说之词。子贡游说田常时先用了一组略显夸张的对比之词描述鲁弱吴强的画面，并通过伐强不伐弱这样明显违背人之常情的建议激发田常与之对话的兴趣；游说吴王时则通过描绘“显名”、“大利”、“利莫大焉”、“霸业成矣”等美好远景加以引诱；游说越国时则用严密的逻辑和坚定的语气鼓励勾践去麻痹吴王；游说晋国时则言简意赅、义正词严，使得晋君立刻答应照办。这种针对不同对象选择游说之词的方法，子贡运用得可谓炉火纯青。“从横者，所以明辩说，善辞令，以通上下之志者也”（《隋书・经籍志》）。春秋乃至春秋之前，像子贡这样“利口巧辞”、具有鲜明纵横色彩的儒士在史籍中还没有明文记载过，就此意义而言，子贡可谓是中国历史上纵横之儒的鼻祖。

3. 纵横之儒的延续与异化：孟子和李斯

“自孔子卒后，七十子之徒散游诸侯，大者为师傅卿相，小者友教士大夫，或隐而不见”（《史记・儒林列传》），可见，随着儒家内部的分化，儒士的社会角色也出现了分化。到了战国时期，儒士角色的这种分化更为明显：一部分儒士依然是以从事教化为主的教化之儒，如《史记・儒林列传》中所说的“天下并争于战国，儒术既绌焉，然齐鲁之间，学者独不废也”；另一部分儒士则是以游说诸侯为主的纵横之儒，孟子和李斯即是其中的代表性人物。

与春秋之世不同，战国是一个功利主义思潮极度泛滥的时代，这既是历史发展的必然，也是历史发展的歧路。孟子显然注意到了这种时代特点的变化，所以他一改孔子那种简单进行政治教化的单向传道方式，非常注重游说技巧的运用；同时，孟子又反对像苏秦和张仪所从事的那种具有浓厚功利色彩的游说活动，他不仅认为国君不必“言利”，而且主张士人也应该做到“得志与民由之，不得志独行其道。富贵不能淫，贫贱不能移，威武不能屈”（《孟子·滕文公下》）。孟子这种通权变但不重功利的游说活动，“迂远而阔于事情”，无疑与时代的要求相矛盾，其失败可以说是注定的。当然，孟子也未尝不知道这一点：“予岂好辩哉？予不得已也”（《孟子·滕文公下》），这番自我表白正是他面对现实矛盾时内心深处无可奈何的心理的流露。从本质上说，孟子其实不属于完全意义上的纵横之儒。

“当是之时，秦用商君，富国强兵；楚、魏用吴起，战胜弱敌”（《史记·孟子荀卿列传》）。变法图强是战国之世的时代总要求，于是儒家学说也不得不吸收法家的思想，以顺应时代的要求。战国后期的儒家大师荀子，以儒为主，兼采法家，一方面主张以礼治国，反对奸诈权谋，另一方面主张加强君权、强化法治。这样做的结果，客观上导致了儒士在游说活动中为了成功而自觉不自觉地走向法家的道路，因此战国后期直至秦王朝时期的纵横之儒，往往具有极为明显的法家倾向，荀子的弟子李斯即是其典型。荀子以儒家思想和帝王之术教导李斯，所以从本质上讲，李斯的原始身份应该是儒士①。后来，李斯说秦时，却片面发挥了荀子思想中所包含的法家因素。李斯之所以如此，既是为了迎合时代的需要，也是为了迎合秦国素来不喜儒的传统，同

① 西汉刘向在《孙卿书录》中就指出荀子的弟子李斯、韩非都是儒士：“李斯尝为弟子，已而相秦，及韩非号韩子，又浮丘伯，皆受业，为名儒。”见王先谦《荀子集解》附录，北京：中华书局，1988年版，第558页。

时还是为了自己的荣华富贵①。李斯这种重功利通权变之举，固然使他位列三公，但最终还是落得了灭族的下场。可以说，李斯乃是战国以至秦王朝时期纵横之儒发生异化的产物。

三、汉初教化之儒的被冷落与纵横之儒的勃兴

秦朝末年，天下大乱，很多士人积极周旋于各派政治势力之间以谋取功名富贵，于是纵横之风又开始兴起，并一直延续到汉初中央政府和地方藩国的政治生活之中。同时，作为最高领袖的刘邦，又明显表现出对纵横之术的喜好和对传统教化之儒的厌恶，而这种好恶又极大影响了汉初最高统治集团以及那些积极投身政治活动的儒士。最终，时代的风尚与最高统治集团的好恶结合在一起，导致了汉初教化之儒的被冷落与纵横之儒的勃兴。

汉初教化之儒的被冷落现象可以说肇始于刘邦。刘邦素好纵横之术而不喜教化之儒，例如接见儒生郦食其时“方踞床使两女子洗足”，显得很无礼，后因郦食其“言六国纵横时”又转怒为喜(《史记·郦生陆贾列传》)；再如接见儒生叔孙通时，因其着“儒服”而“憎之”，后见叔孙通“变其服，服短衣，楚制”又大为高兴(《史记·刘敬叔孙通列传》)。刘邦喜好纵横之术自然与他的经历和个性相关。他原本是一个生活在社会底层的人物，有着底层人物常常具备的粗豪、重功利通权变的个性特征：

常有大度，不事家人生产作业。及壮，试为吏，为泗水亭长，廷中吏无所不狎侮。好酒及色。

高祖常徭咸阳，纵观，观秦皇帝，喟然太息曰：“嗟乎，大丈夫当如此也！”单父人吕公善沛令，避仇从之客，因家沛

① 明代钟惺在《史怀》中就认为“李斯古今第一热中富贵人也，其学问功业佐秦兼天下者，皆其取富贵之资”，见《四库全书存目丛书》编纂委员会编《四库全书存目丛书》史部第287册，济南：齐鲁书社，1997年版，第482页。

焉。沛中豪杰吏闻令有重客，皆往贺。萧何为主吏，主进，令诸大夫曰："进不满千钱，坐之堂下。"高祖为亭长，素易诸吏，乃绐为谒曰"贺钱万"，实不持一钱。

（《史记·高祖本纪》）

在后来的楚汉相争统一天下的过程中，刘邦这种重功利通权变的个性特征依然没有改变，如刘邦破解项羽烹刘太公之要挟以及诈封韩信为"真王"这两件事即是如此（分见《史记·项羽本纪》和《史记·淮阴侯列传》）。

"下之事上也，不从其所令，从其所行。上好是物，下必有甚者矣"（《礼记·缁衣》），汉高祖刘邦不喜教化之儒而好纵横之术的个人好恶特点不可能不产生重要影响。这种影响首先表现为汉初最高统治集团对于传统教化之儒的轻视：

孝惠、高后时，公卿皆武力功臣。孝文时颇登用，然孝文本好刑名之言。及至孝景，不任儒，窦太后又好黄、老术，故诸博士具官待问，未有进者。

（《汉书·儒林传》）

其次表现为汉初儒士为适应这种时代氛围而不得不做一定程度上的自我调整，比如郦食其为见刘邦而不惜淡化自己儒士的身份并运用了纵横之士好作惊人之语的游说方式：

初，沛公引兵过陈留，郦生踵军门上谒曰："高阳贱民郦食其，窃闻沛公暴露，将兵助楚讨不义，敬劳从者，原得望见，口画天下便事。"使者入通，沛公方洗，问使者曰："何如人也？"使者对曰："状貌类大儒，衣儒衣，冠侧注。"沛公曰：

“为我谢之，言我方以天下为事，未暇见儒人也。”使者出谢曰：“沛公敬谢先生，方以天下为事，未暇见儒人也。”郦生瞋目案剑叱使者曰：“走！复入言沛公，吾高阳酒徒也，非儒人也。”使者惧而失谒，跪拾谒，还走，复入报曰：“客，天下壮士也，叱臣，臣恐，至失谒。曰‘走！复入言，而公高阳酒徒也’。”沛公遽雪足杖矛曰：“延客入！”

（《史记·郦生陆贾列传》）

总之，汉初特殊的时代氛围和社会环境，使身处中央政府和地方藩国之中的儒士群体在进行政治活动时，都普遍表现出浓厚的纵横习气。汉初纵横之儒的勃兴实在是当时出现的一种极为显著的社会现象。大致而言，汉初的纵横之儒可分为四种类型：制礼作乐的实践派，发挥荀学的理论派，依隐玩世的滑稽派，奔走诸侯的游士派。其中，前三类纵横之儒活跃于中央政府，第四类纵横之儒活跃于地方藩国。

1. 制礼作乐的实践派

周朝末年，礼崩乐坏。秦统一中国，“悉内六国礼仪，采择其善，虽不合圣制，其尊君抑臣，朝廷济济，依古以来”（《史记·礼书》）。刘邦建汉后，一方面鉴于秦法严苛而有意简化，另一方面由于自身的文化局限而意识不到礼制建设的重要性，结果导致朝廷上“群臣饮酒争功，醉或妄呼，拔剑击柱”（《史记·刘敬叔孙通列传》），没有半点君臣之间的规矩可言。制定出一套既有别于秦朝礼仪又能让大家都欣然接受的新的汉代礼乐制度，成为汉初亟待解决的一个重大问题。解决这一问题的使命，历史性地落到了齐鲁儒生的身上。从春秋末期一直到秦王朝前期，儒学的发展尽管也曾遭遇挫折，但在齐鲁大地，儒学仍然作为显学存在着：

后陵迟以至于始皇，天下并争于战国，儒术既绌焉，然齐、鲁之间，学者独不废也。于威、宣之际，孟子、荀卿之列，咸尊夫子之业而润色之，以学显于当世。

（《史记·儒林列传》）

即使是秦末乱世，齐鲁儒学的发展依然是不绝如缕：

及高皇帝诛项籍，举兵围鲁，鲁中诸儒尚讲诵习礼乐，弦歌之间不绝，岂非圣人之遗化，好礼乐之国哉？

（《史记·儒林列传》）

在汉初齐鲁儒士之中，率先回应中央政权制礼作乐之时代要求的是薛人叔孙通。叔孙通本是秦博士，极其重功利通权变：他侍奉秦二世时不惜编造天下无人造反的谎言以求自保，后又离开项羽带着儒生弟子百余人去投靠刘邦；见刘邦前原本着儒服，听说刘邦不喜儒后，竟不惜投其所好而“变其服，服短衣，楚制”，最终“汉王拜叔孙通为博士，号稷嗣君”。叔孙通种种“面谀以得亲贵”的行为自然招致当时正统教化之儒的不满，但他不为所动，还讥讽这些儒生“真鄙儒也，不知时变”（《史记·刘敬叔孙通列传》）。

叔孙通制礼作乐的基本思想有三：一、礼乐制度是随时代发展而不断变化的：“五帝异乐，三王不同礼。礼者，因时世人情为之节文者也。故夏、殷、周之礼所因损益可知者，谓不相复也。”二、新的礼乐制度必须继承旧的礼乐制度中合理的部分：“臣愿颇采古礼与秦仪杂就之。”三、新的礼乐制度在正式推广之前必须进行一定范围内的实验：“遂与所征三十人西，及上左右为学者与其弟子百余人为绵蕞野外。习之月余，叔孙通曰：‘上可试观。’上既观，使行礼，曰：‘吾能为此。’乃令群臣习肄。会十月”（《史记·刘敬叔孙通列传》）。刘邦最终对叔孙通制礼作乐的成果极为满意，而叔孙通也因此名利双收，“卒为汉家儒宗”。

2. 发挥荀学的理论派

“圣人不空出，贤者不虚生”（陆贾《新语·思务》）。刘邦统一天下之后，儒士群体怀着极大的政治热情参与新国家的建设。重建社会秩序，巩固新生政权，并赢得一己之功名，是这一时期儒士群体考虑的首要目标，也是其参政的现实功利所在。“在这个过程中，儒家思想也经历了由先秦的原始儒学向汉代儒术的转变，这是一种比入世倾向更为经济可行的实用主义倾向。”[①]这种实用主义倾向主要表现为对荀子学说的继承和发挥。荀子改造孔孟思想，杂采诸家，适应了时代的要求，影响深远，因此，汉初儒士继承和发挥荀子的学说不仅是可能的而且是必然的。

汉初富有思想家风范的儒士首推陆贾和贾谊。但较之于陆贾，贾谊显得激情有余而理性不足，且其人敏感清高，不知变通[②]。陆贾则与叔孙通相似，精通世故。如吕太后当权时，“陆生自度不能争之，乃病免家居”；后来陈平忧虑吕后专权，问策于陆贾，陆贾则顺势成功鼓动陈平联合周勃诛灭诸吕（《史记·郦生陆贾列传》）。这件大事足以证明陆贾是一个极通权变的人。当然，真正奠定陆贾汉初一代纵横之儒地位的，是他为汉高祖刘邦所著的《新语》一书。《新语》针对汉初的现实情况，摒弃了《荀子》的军事理论，着重继承了《荀子》倡导仁德、选贤与能、礼法兼治、反对权谋欺诈的基本思想，并在此基础上有新的发挥。这种

① 王长华、易卫华：《〈毛诗〉与中国文化精神》，北京：人民出版社，2014 年版，第 52 页。

② 刘熙载《艺概·文概》云：“贾生陈政事，大抵以礼为根极。刘歆《移让太常博士书》云：‘在汉朝之儒，惟贾生而已。’一‘儒’字下得极有分晓。何太史公但称其‘明申商’也？贾生谋虑之文，非策士所能道。”见刘熙载撰、袁津琥校注《艺概注稿》，北京：中华书局，2009 年版，第 55—56 页。由此可见贾谊并非纯粹的纵横之儒。

发挥主要体现在两个方面：

一是强调统治者应该实行无为而治的思想。“不矜矣，夫故天下不与争能而致善用其功。有而不有也，夫故为天下贵矣”（《荀子·君子》），荀子吸收了先秦道家无为而治的主张，但这一主张在其理论大厦中并没有占据重要的位置。陆贾则强调指出统治者应该宽以待民、无为治国：

> 道莫大于无为，行莫大于谨敬。何以言之？昔舜治天下也，弹五弦之琴，歌南风之诗，寂若无治国之意，漠若无忧天下之心，然而天下大治。周公制作礼乐，郊天地，望山川，师旅不设，刑格法悬，而四海之内，奉供来臻，越裳之君，重译来朝。故无为者乃有为也。
>
> 秦始皇设刑罚，为车裂之诛，以敛奸邪，筑长城于戎境，以备胡、越，征大吞小，威震天下，将帅横行，以服外国，蒙恬讨乱于外，李斯治法于内，事逾烦天下逾乱，法逾滋而天下逾炽，兵马益设而敌人逾多。秦非不欲治也，然失之者，乃举措太众、刑罚太极故也。
>
> （《新语·无为》）

陆贾的上述主张，自然是汉初反思历史之时代思潮的产物，也是当时黄老之学盛行的反映。

二是提出统治者应该重视阴阳灾变的思想。阴阳思想源于《周易》，发展于战国时期的稷下之学。《史记·孟子荀卿列传》记载说“驺衍睹有国者益淫侈，不能尚德，若《大雅》整之于身，施及黎庶矣。乃深观阴阳消息而作怪迂之变，《始终》、《大圣》之篇十余万言。其语闳大不经”，“荀卿嫉浊世之政，亡国乱君相属，不遂大道而营于巫祝，信禨祥”。荀子不重视阴阳灾变之说，他认为天的运行自有其规律，人间的治乱与天无关，而且人能胜天：“治乱天邪？曰：日月、星辰、瑞历，是禹、桀之所同也；禹以治，桀以乱，治乱非天也”，“制天命而用之”（《荀子·天论》）。与荀子不同，陆贾认为天与人是相感应的：

> 传曰：“天生万物，以地养之，圣人成之。”功德参合，而道术生焉。故曰：张日月，列星辰，序四时，调阴阳，布气治性，次置五行，春生夏长，秋收冬藏，阳生雷电，阴成霜雪，养育群生，一茂一亡，润之以风雨，曝之以日光，温之以节气，降之以殒霜，位之以众星，制之以斗衡，苞之以六合，罗之以纪纲，改之以灾变，告之以祯祥，动之以生杀，悟之以文章。
>
> （《新语·道基》）

陆贾的阴阳灾变思想，正是汉初纵横之儒重功利通权变的表现，也是先秦儒学逐步被汉初儒术改造的结果。史载陆贾献上《新语》之后，刘邦极为满意：“陆生乃粗述存亡之征，凡著十二篇。每奏一篇，高帝未尝不称善，左右呼万岁，号其书曰‘新语’”（《史记·郦生陆贾列传》）。司马迁在陆贾本传里记载其“从高祖定天下，名为有口辩士，居左右，常使诸侯”，传末还评价其人“固当世之辩士”。显而易见，陆贾正是汉初首屈一指的在理论上卓有建树的纵横之儒。

3. 依隐玩世的滑稽派

古代宫廷之中多滑稽之士，他们以说笑供国君娱乐，往往被视为倡优。这些滑稽之士尽管没有系统的安邦治国理论，但同样能做到“谈言微中，亦可以解纷”。《史记·滑稽列传》所载淳于髡、优孟、优旃等人即是如此。他们的解纷行为表现为以下三个特点：一、目标多为解决迫在眉睫的现实问题，带有功利色彩。

如淳于髡先是谏止齐威王“沉湎不治，委政卿大夫”的不当之举，后又谏止齐威王不舍得用厚礼去求赵国出兵救齐的吝啬之举，最后还谏止齐威王好为“长夜之饮”的不端之举。二、方式灵活，带有权变色彩。如淳于髡之于齐威王，或用“说之以隐”的方法委婉劝告，或做出“仰天大笑，冠缨索绝”的戏剧化举动故意刺激，或以“饮一斗亦醉，一石亦醉”的矛盾性回答引发好奇。三、效果良好，不会出现难以预料的后果。如淳于髡三次讽谏齐威王都达到了目的，还获得过威王“善”的好评。

后来，褚少孙将汉武帝时期的郭舍人、东方朔等人补入《史记·滑稽列传》。这些人与淳于髡、优孟、优旃一样，都善于谈笑解纷；不同的是，他们有一定的社会地位甚至是官位。东方朔无疑是他们之中的代表性人物。《汉书·艺文志》有《东方朔》二十篇，列入杂家。班固之所以将东方朔列入杂家，至少应该与东方朔初次给汉武帝上书的内容有关：

> 朔初来，上书曰：“臣朔少失父母，长养兄嫂。年十三学书，三冬文史足用。十五学击剑。十六学《诗》、《书》，诵二十二万言。十九学孙、吴兵法，战阵之具，钲鼓之教，亦诵二十二万言。凡臣朔固已诵四十四万言。又常服子路之言。臣朔年二十二，长九尺三寸，目若悬珠，齿若编贝，勇若孟贲，捷若庆忌，廉若鲍叔，信若尾生。若此，可以为天子大臣矣。”
>
> （《汉书·东方朔传》）

“杂家者流，盖出于议官，兼儒、墨，合名、法”（《汉书·艺文志》）。上述东方朔对个人经历之自我介绍的内容确实比较符合杂家的标准，但翻检《史记》、《汉书》可知，东方朔的身份其实更像是儒士：杂家的思想中固然包含着儒家的因素，但东方朔的言行实际上更突出地表现为儒家的特征。如他推崇“修身”，认为“苟能修身，何患不荣！太公躬行仁义七十二年，逢文王，得行其说，封于齐，七百岁而不绝”（《史记·滑稽列传》）；又如他不待诏而割肉后奉汉武帝之命自责时，反以“礼”、“仁”等儒家传统价值观念“自誉”，弄得武帝哭笑不得（《汉书·东方朔传》）；再如他用“以道德为丽，以仁义为准”的治国原则答复武帝如何“化民”的问题（《汉书·东方朔传》），等等，无不明显流露出儒家色彩。

先秦儒士原本就有能言会辩、善为滑稽的传统。作为一个儒士，东方朔应汉武帝征举入宫，本想“为天子大臣”，不料却只能“待诏公车，奉禄薄，未得省见”。为了引起武帝的注意，东方朔不惜采取种种手段并最终收到了良好效果：他先是以谎言恐吓侏儒，结果“上大笑，因使待诏金马门，稍得亲近”；接着他与郭舍人比赛说隐语并大获全胜，结果“上以朔为常侍郎，遂得爱幸”；然后他又谏止武帝起上林苑，结果“上乃拜朔为太中大夫、给事中，赐黄金百斤”；后来他还谏止武帝与董偃设饮于宣室，结果“上曰：‘善’，有诏止”，并“赐朔黄金三十金”（《汉书·东方朔传》）。可见，东方朔确有重功利通权变的一面，他理所当然应被视作汉初纵横之儒中的典型人物。

不过，与以叔孙通为代表的实践派和以陆贾为代表的理论派相比，东方朔只能屈就宫中“诙笑”，很难在政治上有一番作为，他只能采用滑稽的方式依隐玩世，有限实现自己作为一个儒士的人生目标。然而这并非因为东方朔缺少功业的追求，恰恰相反，他从始至终都有着强烈的立功愿望，只是这种愿望不被汉武帝认可罢了：

> 武帝既招英俊，程其器能，用之如不及。时方外事胡、

越，内兴制度，国家多事，自公孙弘以下至司马迁，皆奉使方外，或为郡国守相至公卿，而朔尝至太中大夫，后常为郎，与枚皋、郭舍人俱在左右，诙啁而已。久之，朔上书陈农战强国大计，因自讼独不得大官，欲求试用。其言专商鞅、韩非之语也，指意放荡，颇复诙谐，辞数万言，终不见用。

（《汉书·东方朔传》）

4. 奔走诸侯的游士派

“汉兴，诸侯王皆自治民聘贤”（《汉书·贾邹枚路传》）。分封制的存在，使汉初社会出现了类似战国时期诸侯王并立的那种政局，再加上各藩王为了增强自身实力而大力招揽士人，因此很自然的，游离于中央政权之外而活跃于各藩国之间的士人群体也随之出现了。他们为赢得藩王的赏识，报答藩王的恩遇，也为自己的生存和发展创造良好条件，或劳于王事，或从事创作。这些儒士的行为与作品，常常带有重功利通权变的纵横色彩。邹阳就是这样的人物。

汉初喜好养士的藩王中，以吴王刘濞和梁孝王刘武最为著名，邹阳、枚乘、严忌等人就曾游走于吴、梁之间：

吴王濞招致四方游士，阳与吴严忌、枚乘等俱仕吴，皆以文辩著名。

是时，景帝少弟梁孝王贵盛，亦待士。于是邹阳、枚乘、严忌知吴不可说，皆去之梁，从孝王游。

（《汉书·贾邹枚路传》）

邹阳曾四处活动并成功解除梁孝王之危，相比枚、严二人更具纵横之气。据《汉书·贾邹枚路传》记载，梁孝王为获得储君之位，准备派人秘密刺杀身为反对者的朝廷大臣爰盎，邹阳得知此事，“争以为不可”，而“枚先生、严夫子皆不敢谏”；爰盎被刺后，汉景帝“疑梁杀之，使者冠盖相望责梁王”，“孝王恐诛，乃思阳言，深辞谢之，赍以千金，令求方略解罪于上者”。为了解除梁孝王的危险，邹阳先是求计于齐人王先生，王先生却无计可施。于是邹阳不辞劳苦，游走邹、鲁、齐、楚、韩、魏等地问策，但仍以失败告终。在王先生的提示下，邹阳又西去长安求见王长君，终获成功：

> 长君者，王美人兄也，后封为盖侯。邹阳留数日，乘间而请曰：“臣非为长君无使令于前，故来侍也；愚戆窃不自料，愿有谒也。”长君跪曰：“幸甚。”阳曰：“窃闻长君弟得幸后宫，天下无有，而长君行迹多不循道理者。今爰盎事即穷竟，梁王恐诛。如此，则太后怫郁泣血，无所发怒，切齿侧目于贵臣矣。臣恐长君危于累卵，窃为足下忧之。”长君惧然曰：“将为之奈何？”阳曰：“长君诚能精为上言之，得毋竟梁事，长君必固自结于太后。太后厚德长君，入于骨髓，而长君之弟幸于两宫，金城之固也。又有存亡继绝之功，德布天下，名施无穷，愿长君深自计之。昔者，舜之弟象日以杀舜为事，及舜立为天子，封之于有卑。夫仁人之于兄弟，无臧怒，无宿怨，厚亲爱而已，是以后世称之。鲁公子庆父使仆人杀子般，狱有所归，季友不探其情而诛焉；庆父亲杀闵公，季子缓追免贼，《春秋》以为亲亲之道也。鲁哀姜薨于夷，孔子曰‘齐桓公法而不谲’，以为过也。以是说天子，侥幸梁事不奏。”长君曰：“诺。”乘间入而言之。及韩安国亦见长公主，事果得不治。
>
> （《汉书·贾邹枚路传》）

邹阳完全以利害关系游说王长君。他先是打着为王长君谋利益的旗号赢得好感，然后将梁孝王与王长君二者之间原本并不存在的命运关系说得休戚相关，最后才向王长君献策，劝其进谏景帝不要追究梁孝王的罪过，以此结好欲保护梁孝王的太后从而巩固自己的地位。邹阳的说辞，逻辑严密，一针见血，句句都能打动王长君，效果极为明显：王长君先是感激邹阳的来访，“跪曰：‘幸甚’”，然后又极为担忧自身的命运，“惧然曰：‘将为之奈何’”，最后痛快回应了邹阳的献策，“‘诺’，乘间入而言之”。

事实上，司马迁在《史记·鲁仲连邹阳列传》中将邹阳与战国时期著名纵横之士鲁仲连合传进行介绍之举，已经揭示了邹阳的纵横家本色；至于后来的《汉书·艺文志》，也将邹阳列入纵横家类。总之，邹阳是汉初一位重功利通权变的纵横之士，这是毫无疑问的。同时，通过分析邹阳现存的文学作品可知，他又是一位具有儒家思想的儒士。邹阳现存的文学作品主要有《酒赋》、《几赋》、《上书吴王》和《狱中上书自明》。《酒赋》和《几赋》属游戏之作，无法充分表明邹阳的儒家思想倾向。相反，邹阳分别献给吴王刘濞和梁孝王刘武的谏书《上书吴王》和《狱中上书自明》则充分表明了邹阳的儒家思想倾向。《上书吴王》一文中，邹阳规谏吴王应该像圣王一样“底节修德”，不要对汉天子怀有二心。《狱中上书自明》一文中，邹阳开篇就表明了他对于“忠”、“信”等儒家观念的信仰：“臣闻忠无不报，信不见疑，臣常以为然”；接着希望梁孝王施行仁义、善辨是非、爱护士人，以成就一番事业：“夫晋文亲其仇，强伯诸侯；齐桓用其仇，而一匡天下。何则？慈仁殷勤，诚加于心，不可以虚辞借也”，“今人主诚能去骄傲之心，怀可报之意，披心腹，见情素，堕肝胆，施德厚，终与之穷达，无爱于士，则桀之犬可使吠尧，跖之客可使刺由，何况因万乘之权，假圣王之资乎”；最后规劝梁孝王亲贤人而远小人，从而让天下士人归心。

《汉书·贾邹枚路传》评价邹阳"为人有智略，忼慨不苟合，介于羊胜、公孙诡之间"。诚然，邹阳的儒家思想倾向和重功利通权变的行为方式都表明他确实是汉初一位奔走于诸侯之间的善于纵横的游士。当然，与上文中制礼作乐的实践派、发挥荀学的理论派以及依隐玩世的滑稽派相比，以邹阳为代表的这一派纵横之儒，他们相当大的一部分精力其实是放在了文学创作上。邹阳如此，枚乘更是如此：

> 汉既平七国，乘由是知名。景帝召拜乘为弘农都尉。乘久为大国上宾，与英俊并游，得其所好，不乐郡吏，以病去官。复游梁，梁客皆善属辞赋，乘尤高。孝王薨，乘归淮阴。
>
> （《汉书·贾邹枚路传》）

邹、枚等人的文学作品其实与他们的行为非常相似，也表现出了鲜明的纵横色彩，所以刘勰《文心雕龙·杂文》评价枚乘《七发》云"腴辞云构，夸丽风骇"。这其实是汉初儒士群体深受纵横风气影响从而在文学创作领域中的客观反映。

四、汉武帝时期纵横之儒的没落与贤良之儒历史地位的最终确立

西汉前期，纵横之儒经历了一个由汉初的勃兴到汉武帝时期走向没落的历史过程。随着汉武帝时期纵横之儒的没落，贤良之儒继之而起，并最终确立了自己的历史地位。

1. 汉高祖的聘贤士与汉文帝的举贤良

《周礼·地官·师氏》云："教三行：一曰孝行，以亲父母；二曰友行，以尊贤良；三曰顺行，以事师长。"贾公彦解释"贤良"云："二曰友行以尊贤良者，此行施于外人，故尊事贤人良人，有德之士也。”可见，“贤良”一词的原初含义是指道德高尚的士人。

汉高祖十一年二月，刘邦下诏求贤：

> 盖闻王者莫高于周文，伯者莫高于齐桓，皆待贤人而成名。今天下贤者智能，岂特古之人乎？患在人主不交故也，士奚由进！今吾以天之灵、贤士大夫定有天下，以为一家，欲其长久，世世奉宗庙亡绝也。贤人已与我共平之矣，而不与吾共安利之，可乎？贤士大夫有肯从我游者，吾能尊显之。布告天下，使明知朕意。
>
> （《汉书·高帝纪》）

但刘邦求贤乃指对有才干有声望的士人的聘召，不能等同于后世“举贤良”那样的人才选拔制度。“举贤良”作为一种人才选拔制度始于汉文帝二年：

> 朕下不能理育群生，上以累三光之明，其不德大矣。令至，其悉思朕之过失，及知见思之所不及，匄以告朕。及举贤良方正能直言极谏者，以匡朕之不逮。
>
> （《史记·孝文本纪》）

之后，汉文帝在位第十五年又下诏诸侯王、公卿、郡守举贤良，晁错即在备选之列：“后诏有司举贤良文学士，错在选中。上亲策诏之”（《汉书·晁错传》）。晁错所学，既有“申、商刑名”，又曾“受《尚书》伏生所”，可谓儒法兼通。由此可见，汉文帝时期所举之贤良，并不仅仅局限于纯粹的儒家人物。

2. 汉武帝对贤良之儒的尊崇与纵横之儒的开始没落

汉武帝即位之初便流露出崇儒之意，结果招致窦太后的反对。窦太后去世的第二年，也就是汉武帝在位的第七年，他才摆脱上层统治集团的束缚，大力征召贤良：

> 元年，汉兴已六十余岁矣，天下乂安，荐绅之属皆望天子封禅改正度也。而上乡儒术，招贤良，赵绾、王臧等以文学为公卿，欲议古立明堂城南，以朝诸侯。草巡狩封禅改历服色事未就。会窦太后治黄老言，不好儒术，使人微得赵绾等奸利事，召案绾、臧，绾、臧自杀，诸所兴为者皆废。后六年，窦太后崩。其明年，上征文学之士公孙弘等。
>
> （《史记·孝武本纪》）

此后，汉武帝几次下诏征贤良，令贤良“受策察问，咸以书对，著之于篇，朕亲览焉”（《汉书·武帝纪》），最终辕固、公孙弘、董仲舒等大儒得以脱颖而出。不过，上述三人尽管皆为大儒，但亦有差异：辕固仍属传统的教化之儒，而公孙弘和董仲舒却属于新兴的贤良之儒。也就是说，贤良之儒与教化之儒虽然同属儒家系统，但二者又有着本质的不同：教化之儒是先秦儒家文化的继承者，其学术色彩醇厚，与现实政治保持着一定的距离；贤良之儒则是儒士群体被汉代最高统治者官僚化、体制化的结果，是汉武帝“罢黜百家、独尊儒术”的必然产物，其现实政治色彩浓厚。正因如此，所以辕固应征时曾告诫公孙弘曰：“公孙子，务正学以言，无曲学以阿世”（《史记·儒林列传》）。

值得注意的是，汉武帝所征之贤良，固然是以儒士群体为主，但又不限于纯粹的儒士，也有研习其他学派和术数的士人。如主父偃就是这样的人物，他“学长短纵横之术，晚乃学易、春秋、百家言”，很是庞杂，但汉武帝照样提拔重用他；此外，徐乐和严安这些纵横之士也被汉武帝重视[1]，乃至于武帝发出了“何相见之晚也”的感慨(《史记·平津侯主父列传》)。然而，这并不能说明汉武帝喜好纵横之术，他只是感兴趣于这些人的不凡政治见解而已。事实上，早在即位之初，汉武帝就已经对风行汉初的纵横之术表示过反感，如他批准丞相卫绾罢去贤良之中研习申不害、商鞅、韩非子学说以及苏秦、张仪纵横之术的人：

> 建元元年冬十月，诏丞相、御史、列侯、中二千石、二千石、诸侯相举贤良方正直言极谏之士。丞相绾奏："所举贤良，或治申、商、韩非、苏秦、张仪之言，乱国政，请皆罢。"奏可。
>
> (《汉书·武帝纪》)

再如他曾命会稽太守严助不要以苏秦纵横之术汇报情况：

> 上问所欲，对愿为会稽太守。于是拜为会稽太守。数年，不闻问。赐书曰："制诏会稽太守：君厌承明之庐，劳侍从之事，怀故土，出为郡吏。会稽东接于海，南近诸越，北枕大江。间者，阔焉久不闻问，具以《春秋》对，毋以苏秦从横。"助恐。
>
> (《汉书·严朱吾丘主父徐严终王贾传上》)

汉武帝对纵横之术的反感，标志着纵横之风作为汉初一种盛行的时代风气的开始没落。而汉武帝反感纵横之术的原因，自然与当时的社会大背景密切相关。汉初 60 余年的实践已经

① 《汉书·艺文志》纵横家类列入《主父偃》二十八篇，《徐乐》一篇，《庄安》一篇。

充分证明了加强中央集权的现实紧迫性，而西汉开国以来一直实行的政治制度上的分封制与意识形态上放任多家学说并行的文化政策无疑极大程度地妨碍了中央集权的实现。因此，汉武帝首先在元光元年（前 134 年）采纳董仲舒“诸不在六艺之科孔子之术者，皆绝其道，勿使并进”的建议，“推明孔氏，抑黜百家”（《汉书·董仲舒传》），以便从意识形态上统一人心、控制天下，其后又在元朔二年（前 127 年）采纳主父偃“推恩”的建议，并“作左官之律，设附益之法”（《汉书·诸侯王表》），以便削弱诸侯。在这样的社会大背景下，活跃于中央政府的纵横之儒自然而然就会失去原有的那种纵横捭阖的思想锐气，活跃于藩国的纵横之儒则因为失去了固有的生存环境而不得不就范于中央政府的“举贤良”政策从而最终失去思想的自由，于是，纵横之儒在汉武帝时代的没落与贤良之儒在汉武帝时代地位的确立就成了历史发展的必然。从此，天下儒士如果想要实现自己入世的理念，就只有走归附中央政权、成为贤良之儒这一条道路。

结　语

纵横之儒在春秋末期的出现，是周代教化之儒积极参与贵族政治的结果。纵横之儒在战国之世和秦王朝时期依然存在，到了汉初则由于历史的机遇而活跃一时。汉初的纵横之儒，继承了周秦尤其是战国时代士人普遍具有的蓬勃生气，使得汉初的政治、文化和文学也焕发出锐意进取、生机勃发的光辉。因此，如果抛开简单按朝代来划分政治、文化和文学的发展阶段这一通行做法，仅就其本质而言，汉初政治与周秦政治其实有着千丝万缕的联系，而汉初文化和文学则是周秦文化和文学的自然延续，是周秦文化和文学密不可分的一个组成部分，也是周秦文化和文学发展的最后一个阶段。

附录五

历史题材电影应准确体现历史的核心文化精神

——以战国历史题材电影《荆轲刺秦王》为例①

中国是一个历史资源极为丰富、历史意识极为浓厚的国家，随着 20 多年来"国学热"的持续升温，经典的历史故事更是不断引起中国电影人的关注，根据经典历史故事改编的电影也不时引发观众的兴趣。纵观近年来推出的历史题材电影，虽然叙事方式、人物造型、美工道具、光影运用等诸多方面不乏亮点，但仍存在着一个普遍性的缺陷，就是电影工作者因为对历史的核心文化精神往往缺乏深刻的理解和切实的尊重，所以无法将历史的核心文化精神准确体现在电影中，从而最终影响到电影的艺术质量和市场前景。这一缺陷在战国历史题材电影中的表现比较典型，因此，笔者将以陈凯歌导演的《荆轲刺秦王》为例来具体分析战国历史题材电影中的这一缺陷。正确认识和有效避免这一缺陷，对于今后继续制作以古代历史为题材的中国电影无疑具有非常重要的现实意义。

一、准确体现历史的核心文化精神是真实虚构历史题材电影故事的前提

电影本质上是一门讲故事的艺术，讲故事必须进行艺术虚构。电影故事的艺术虚构可分为真实的虚构和虚假的虚构，二者的主要区别就在于虚构是否符合历史的核心文化精神。历史的核心文化精神是指一个时代有别于其他时代的带有标志性特

① 笔者此文发表于《电影评介》2017 年第 8 期，2019 年获评第十届河北省文艺评论奖文章类三等奖。

征的社会主流思潮。任何时代都有其核心文化精神，如魏晋时期的核心文化精神是魏晋风流，盛唐时期的核心文化精神是盛唐气象，而战国时期的核心文化精神就是“重利尚武”。

“重利”即重现实功利。与春秋之世不同，战国是一个“富贵则亲戚畏惧之，贫贱则轻易之”的社会[1]，功利主义思想流行。士人阶层为追求荣华富贵而长年周游列国，诸侯各国则纷纷变法以富国强兵。“尚武”即崇尚武力。战国时期“天下方务于合从连衡，以攻伐为贤”[2]，士人阶层出现了推崇武力的倾向，各国统治者也动辄以武力相向。这种“重利尚武”的时代精神在秦国表现得最突出：“秦人之俗，大抵尚气概，先勇力，忘生轻死”[3]，“秦之时，羞文学，好武勇，贱仁义之士，贵治狱之吏”。[4]

准确体现战国历史“重利尚武”的核心文化精神是真实虚构战国历史题材电影故事的前提。以此为标准，能够正确判断战国历史题材电影的艺术虚构是真实虚构还是虚假虚构。《荆轲刺秦王》电影中贯穿全篇的最大虚构是重新设置了荆轲赴秦行刺故事发生的历史背景：为了帮助秦王嬴政攻打燕国找到借口，赵女甘受黥刑去燕国寻求刺客来秦国行刺嬴政，最终荆轲在燕国被赵女发现……这一虚构直接决定了整个电影的情节走向、人物形象塑造以及感情基调，地位非常重要。但恰恰是这个事关全局的虚构，由于没有准确体现出战国社会“重利尚武”的核心文化精神而显得荒谬不堪：嬴政想要攻打燕国，完全可以随便找一个借口，甚至根本无需任何借口，他犯不着让心爱的赵女去燕国冒险寻求刺客来刺杀自己，从而傻乎乎地上演一出自损君主尊严和秦国国家声誉的闹剧。可以说，这一自以为是的闹剧化的虚构彻底解构了电影本应具有的悲壮氛围，是整部影片最致命的失误。至于其他的虚假虚构则不一而足，如荆轲向嬴政投掷匕首不中后准备拔剑刺杀，却突然发现剑身早已被秦国接待官员偷偷断去大半。试想,在战国这样一个尚武成风的时代,作为一个常年弄剑的武士,作为一个肩负刺杀重任的刺客,荆轲怎么可能不在秦国接待官员送还佩剑之后立即下意识地拔剑检查呢?即便由于一时疏忽忘记检查,他也能够通过佩剑重量的明显变化去感知剑的蹊跷可疑。这一虚构显然是编导有意设置的噱头,但观众稍加推敲,便不难发现其虚假可笑之处。

"不是凭空虚构影片的戏剧性,而是从生活的原型中去发掘戏剧性冲突和情节。"[5]历史的核心文化精神其实就是历史"生活的原型"的本质表现,也是历史题材电影的活的灵魂。历史题材电影当然可以而且必须进行艺术虚构,但一定是要在准确体现历史的核心文化精神的基础之上,否则就会成为缺少艺术真实性和艺术感染力的"凭空虚构"。

二、准确体现历史的核心文化精神是合理满足观众特殊欣赏心理的关键

中国观众浓厚的历史意识造就了他们欣赏历史题材电影的特殊心理:一是对电影所表达的历史经典故事和经典人物形象的主体框架具有超稳定性的心理预期,二是希望电影能够结合现代语境对这些历史经典故事和经典人物形象进行新的合理阐释。这种特殊欣赏心理的形成既是历史的核心文化精神在观众内心长期潜移默化的结果,也是观众内心渴望其发生新变的产物。电影工作者虽不可一味迎合观众,但也需要主动了解并合理满足观众欣赏历史题材电影的特殊心理。

基本史料来源的高度稳定性以及解读与传播的极度频繁,是观众对历史经典故事和经典人物形象的主体框架具有超稳定性心理预期的重要原因。比如战国历史题材电影所依据的基本史料无非就是《史记》和《战国策》,这两本典籍所记载的战国历史经典故事和经典人物形象由于千百年来被反复解读与传播,早已内化为中国人心中融入了战国历史核心文化精神的集体记忆。“叙事是为了得到预期观众的理解而创作的……叙事并没有教会我们什么新的东西,相反,它只是激发了我们已经拥有的道德和其他方面的知识和情感。”[6]观众欣赏战国历史题材电影,就是为了重温这种集体记忆,从而激发自己对于这段过往历史的“道德和其他方面的知识和情感”。这就要求编剧、导演在设计战国历史题材电影经典故事和经典人物形象的主体框架时,切切不可随意背离这种集体记忆,否则就会让观众产生强烈的违和感。《荆轲刺秦王》电影的票房和市场口碑之所以不佳,正与观众欣赏时产生了强烈的违和感有关。首先,从故事主体框架的设计来看,嬴政的主动诱导实际上是荆轲赴秦行刺的最大原因,没有嬴政的诱导,赵女不可能赴燕,荆轲也无从出现。这一事关全局的设计固然新颖,但却彻底背离了广大观众对于荆轲刺秦王事件的集体记忆,自然会引发他们的不适与不满。如此这般,观众还怎么能够完全融入到电影之中呢?其次,从主要人物之一的荆轲的艺术形象塑造来看,电影里的荆轲已经不再是活在观众集体记忆里的那个轻生死重然诺的千古豪侠,而是摇身一变,成为最高统治者耍阴谋弄权术的对象,成为最高统治者玩弄于掌心的一个可笑又可怜的弱者。虽然电影后来增加了荆轲刺秦王是为了挽救天下孩子的桥段,但总体而言荆轲还是失去了他作为传统英雄在观众集体记忆之中的那种感人至深的悲壮色彩。

历史题材电影应该合理满足观众对于历史经典故事和经典人物形象主体框架的心理预期,导演必须在保持历史经典故事和经典人物形象主体框架的前提下积极发挥自身的能动作用,对这些经典历史故事和经典人物形象做出新的合理的现代性阐释,以满足观众希望进一步挖掘历史的核心文化精神内涵的心理渴望，否则观众就不能得到收获新知之后的快感。当然，《荆轲刺秦王》电影没有机械地图解史料，而是力图用现代眼光来阐释这段众所周知的历史，但结果却是从一个极端走向另一个极端，电影对故事和人物形象的现代性阐释由于偏离了战国历史的核心文化精神而显得混乱不堪，“无论是秦王还是荆轲，在导演以权欲/征服欲释读人物的现代性焦灼中失去了任何可资辨认的历史依据，历史人物由于导演过于强大的文化编码，成为体现抽象人性的分类符号”。[7]

历史题材电影如果要获得艺术和票房的成功，就必须合理满足观众特殊的欣赏心理，而做到这一点的关键，在于电影一定要准确体现历史的核心文化精神。只有如此，历史题材电影作品才可能达到既不墨守成规也不剑走偏锋的理想境界。

三、准确体现历史的核心文化精神是积极提升国家文化软实力的需要

电影作为重要的文化产品，客观上担负着积极提升国家文化软实力的责任。为了履行这一责任，历史题材电影必须做到准确体现历史的核心文化精神，使国内外观众在历史的回顾中真切认知中华民族的精神风貌，从而增强民族自信和文化自信，增强中华民族和中华文化的国际影响力。

比如就战国历史题材电影而言，准确体现战国时代“重利尚武”的核心文化精神，有助于国内外观众真切认知中华民族早期的民族性格和文化心理。战国时代的明君贤臣、策士游侠以及诸子学派等社会主流群体大多关注现实，无论是进行社会实践还是从事思想理论建设，都以解决社会现实问题为出发点和归宿，“重利”就是这个时代的主体精神风貌。“重利”的确存在功利主义的局限，但在社会转型的特殊时期，却更多地表现出了战国人物不尚空谈、脚踏实地、锐意进取以改变个人和国家落后面

貌的务实作风。而战国时代“尚武”的民族性格和文化心理，一方面表现了生命个体的朴野刚健气息，以及克服困难的勇气和视死如归的气概，荆轲即是如此；另一方面也表现了盛行于诸侯国之间的那种勇于竞争、积极对外开拓的风气，这一点秦国表现得最为鲜明。

战国时代“重利尚武”的民族性格和文化心理，是中华民族的民族性格和文化心理的一个极为重要的组成部分，值得电影工作者去努力发掘和准确体现。但这又不是提倡主题先行，恰恰相反，这正是历史真实对于历史题材电影的迫切要求。然而在电影《荆轲刺秦王》中，嬴政的形象却显得阴鸷且神经质，荆轲的形象则显得轻佻且鲁莽，二者都严重违背了历史的真实，也妨碍了国内外观众对战国时代人物性格和文化心理的真切认知。其实，历史上嬴政的所作所为，无论是被后世赞颂的还是被后世批判的，本质上都不是电影中所指出的他个人性格产生“病态”的结果，而是战国时代“重利尚武”的民族性格和文化心理发生作用的结果，否则嬴政也不可能成为给中华民族做出过杰出贡献的一代天骄。荆轲答应太子丹刺秦之前也曾犹豫过，答应之后则开始恣意享受燕国提供的优厚待遇，易水送别时又明知赴死而义无反顾，这个形象才是历史上真实的荆轲形象，也是荆轲长久被后人歌颂的原因所在。陈凯歌确实是一个充满浓郁文化情怀的导演，他总是执着地在电影作品中表达自己对中国文化的深沉使命感：“对于我们这个有五千年历史的中华民族，我们的感情是深挚而复杂的，难以用语言一丝一缕地表达清楚。”[8]如果这种深沉的使命感不能与对历史的核心文化精神的准确体现结合起来，所谓的使命感就很可能成为有意或者无意歪曲历史真实的内在驱动力。

历史经典故事“蕴藏着一定时代、一定民族最弥足珍贵的精神资源，它们能够跨越时间与空间，向不同时代、不同国家的人们讲述有关人性共通之处的动人故事”。[9]历史题材电影必须准确体现历史的核心文化精神，这对于克服历史虚无主义，提升国家文化软实力可谓意义重大。

结　语

历史题材电影在中国的发展有着深厚的群众基础和广阔的市场。历史题材电影必须准确体现历史的核心文化精神，这既是真实虚构历史题材电影故事的前提，也是合理满足观众特殊欣赏心理的关键，同时还是积极提升国家文化软实力的需要。历史题材电影必须准确体现历史的核心文化精神，这并不是倡导图解历史，更不是倡导主题先行，而是希望历史题材电影能够尽可能地还原历史的真实。电影工作者只有深刻理解和切实尊重历史的核心文化精神，并将这种历史的核心文化精神准确体现在电影中，才可能创作出无愧于历史、无愧于当代的历史题材电影精品。

参考文献

[1] 司马迁. 史记·苏秦列传[M]. 北京：中华书局，2009：428.

[2] 司马迁. 史记·孟子荀卿列传[M]. 北京：中华书局，2009：455.

[3] 朱熹. 诗集传[M]. 北京：中华书局，1958：79.

[4] 班固. 汉书·贾邹枚路传[M]. 北京：中华书局，2007：524.

[5] 余琍萍，方一舟. 影视文学[M]. 北京：北京理工大学出版社，2012：35.

[6] 诺埃尔·卡罗尔. 超越美学[M]. 李媛媛，译. 北京：商务印书馆，2006：450.

[7] 陈林侠. 从小说到电影——影视改编的综合研究[M]. 北京：中

国社会科学出版社，2011：142.
[8] 话说《黄土地》[M]. 北京：中国电影出版社，1986：264-265.
[9] 赵明珠. 外国经典小说的电影改编及其对中国电影“走出去”的借鉴意义——以《他们眼望上苍》中的女性身体表达为例[J]. 电影评介，2016(22)：15.

浮云游子意

——读博心影选录

目　　录

超越黑暗

毛泽东后来回忆长征途中和张国焘会师的情景，曾说那是他一生中最黑暗的时刻。每个人一生中都会有最黑暗的时刻。不同的是，有的人被这黑暗所吞噬，有的人却能超越这黑暗，一步一步走向光明。尽管多年之后回眸凝视时，那些步伐不是很优雅，甚至还显得狼狈，然而正是依靠这样的步伐，他最终超越了黑暗……

2014.9.19

石家庄的孩子们

石家庄，没有狂风暴雨，也没有地震海啸，是一座脾气非常稳定的城市——早晨醒来，仰视窗外，灰蒙蒙的，与昨天一模一样没有丝毫改变，便觉得心里很踏实；中午吃饭，感觉微风阵阵送来缕缕清灰，恍若仙境，与昨天一模一样没有丝毫改变，便觉得心里很踏实；晚上睡觉，遥望夜空，不会有月光星光来打扰，与昨天一模一样没有丝毫改变，便觉得心里很踏实。

在漫天的灰里，大人们照样跑步，心安理得；孩子们依旧疯跑，一路欢笑。只是，大人们的心已经老了，可孩子们面前的路还很长……

雾霾沉沉，救救孩子们。

2014.10.2

致一点五个孩子

风吹向
比远方更远的远方
迷茫了一点五个孩子
夜夜安放于头顶的
四只眼睛

时光无言
拍拍肩膀转眼不见
孩子的孩子啊
当心那风吹灭你始终不渝的
少年魂灵

时光无言
拍拍肩膀转眼不见
孩子的孩子啊
为什么你总是夜夜漂泊
在孩子的梦乡

2014.10.6

中国知识分子的悲天悯人

每个中国的少年，骨子里都想有一番人生的奋斗，只是由于各自家庭背景以及出生地域的差异，奋斗的最终结果迥然不同罢了。这就好像将迅哥儿与闰土互相调换一下位置，那么遭遇可怜命运的恐怕就是前者了。

既然如此，作为时代先行者的中国知识分子，当你幸运地发达后，请常常怀着一颗悲天悯人的心去平视周围的那些人，去引领周围的那些人，切不可一味地讥讽嘲笑，以此来显示自己的高明和深刻。

中国知识分子的悲天悯人，一方面悲悯的自然是他人，另一方面悲悯的还应该是自己。

2014.10.15

金庸小说的残缺之美

近日旅途匆匆，顺便看了金庸的《连城诀》。

金先生笔下的江湖儿女情，有时表现出一种令人刻骨铭心的残缺之美。

首先是身体的残缺：《连城诀》中狄云的右手五指皆被削断；《神雕侠侣》中杨过失去了右臂……

其次是爱情的残缺：狄云历尽艰辛最终重逢戚芳，结果后者不久即被其夫所杀；杨过虽然最终在绝情谷底发现小龙女，但二人金子般的青春岁月已经徒然流逝了整整十六年……

然而，金庸小说对于残缺之美的描写，并不让人感觉压抑乃至恐怖，相反却能激发出一种悟透人生真相之后的荡气回肠的审美快感。这体现了金庸对中国社会传统世俗人情的深刻了解，更是他悲天悯人生命情怀的自然流露。

2014.10.22

再致一点五个孩子

静静的夜
遥远的童音
刹那间消失的听觉

静静的夜
其实包裹着海的喧闹
看见列车在飞跑吗
持续割开夜的肌肤
铁轨也被染红

这样静的静夜
染黑了车窗外
一棵　两棵　三棵树
还有那双
树一样的眼睛

2014.11.1

成功重要还是幸福重要

对于古往今来的中国人而言，成功与幸福似乎完全是风马牛不相及的两件事。因为在中国，成功的标准是他人强加的，而幸福的感觉则是个人内心萌发的。他人眼中的成功者未必感觉幸福，比如刘邦做皇帝后重返故乡，居然涕泪纵横：谁说他的内心就没有痛楚呢？他人眼中的失意者未必感觉不幸福，比如陶渊明归隐田园后连温饱问题都不能彻底解决，但也时常自得其乐：谁说他的快乐不是来自内心呢？

成功者往往迟钝于感受幸福，为了抵达世俗的成功标准，他必须永远在路上，不断地和自己作对，不断地压抑自己内心最真实的声音，直至最终发现当下的这个自己其实已经与当初的那个自己渐行渐远时，才猛然意识到一切都不可能从头再来。——这种挫折感所带来的痛苦无疑是巨大的，否则怎么解释众多精英和准精英们纷纷自杀的现象呢？

相反，幸福者常常遵从自己内心最真实的呼唤，于是不再强求改变自身以取悦他人。——然而这肯定又会被世俗不解乃至蔑视，否则怎么解释北大毕业生继续卖猪肉和中科院博士自愿做中学老师这样根本不应该成为新闻的新闻一再出现呢？

当然，能够将成功与幸福二者兼而得之的人一定会有，不过也恐怕只是那些为数极少的天才罢了。

如此说来，在当代中国，是追求成功重要还是追求幸福重要，这真的是一个问题。

2014.11.5

你是你自己的傀儡吗

假如万能的永远正确的上帝保证你这辈子最终功成名就，但条件是必须事事听命于他，你会欣然同意吗？

我相信，同意者自然会有，因为毕竟前途注定一片光明。不同意者自然也有，因为尽管前途注定一片光明，可是必须一生一世听命于上帝，岂不是失去了自我从而变成了上帝的傀儡吗？

诚然，这是一个追求自我实现的时代。完全听命于自己的人，如果成功，则完完全全是属于自己的成功；如果失败，也完完全全是属于自己的失败，——而且即便是失败吧，也不必过于遗憾，只因失败可以丰富人生的内涵，增加生命的厚度。这样说来，做自己的傀儡似乎比做上帝的傀儡更加完美。

然而事实并非如此。一个内心真正有梦想的人，绝不会时时封锁自己的心灵。一方面，他会不断倾听自己心灵深处的呼唤；另一方面，他还会不断倾听来自他人的合理“命令”，以便更顺利地实现梦想。那种以不想失去自我为借口从而一概排斥他人合理“命令”的人，表面看来好像是遵从了自己的内心，实际上是愚蠢阻断了一条更好实现自己内心梦想的阳光之路，并在不知不觉中变成了自己的傀儡。

做上帝的傀儡固然可悲，做自己的傀儡难道不是更可怜吗？

2014.11.11

古书里的暴力基因

"凌迟处死""满门抄斩""株连九族",说书先生蹦出这几句时,脸上明显闪烁着莫名的兴奋,好像他就是世人生命的主宰。这时,台下听书的儿时的我也常常被说书先生的兴奋所感染,骨子里轻轻流淌着莫名的快感,似乎这些词完完全全与自己无关,不过是来自另一个星球罢了。

后来长成少年了,为电影所痴迷,亲眼看见了很多可怕的场面:有日本人怎样虐杀中国人的,有中国人怎样互相虐杀的,还有烙铁烫胸、竹签穿指、坐老虎凳、灌辣椒水……这时的我,不仅不再觉得这些场面与自己毫不相干,而且总是无端以为那位失踪快六十年的二大爷的死也一定出自以上的某一个场面,于是我的心就开始变得沉重起来。

再后来我成为青年,开始读《史记》的人物传记,渐渐探出一个令人不安的秘密:几乎每一页纸上都会写着"杀"字或者与"杀"同义的字。——原来这每一页,看上去挺白净,其实它的底下,躺着好多好多不得善终的人!于是我的心就愈发变得沉重起来。

现在人到中年了,常常重温中国的古书,仍然不时感觉一阵阵的寒意:"关云长温酒斩华雄",轻描淡写多有诗意啊!——在罗贯中和读者眼里,可怜的华雄只不过是一个抽象的符号而已,他存在的唯一价值就是衬托别人的武功。然而细细一想,华雄难道不是一个有血有肉、有父母甚至可能有妻儿的活生生的人吗？有时，我总是不由自主地连绵不断地想：华雄死后，他父母妻儿会是怎样的一种悲痛呢？他父母妻儿余下的人生又是怎样度过呢？……

面对死亡，轻描淡写的诗意的叙述，脸上不停闪烁的莫名的兴奋，骨子里流淌着的莫名的快感……当这些画面最终串联在一起时，我忽然发现，原来从罗贯中到说书先生到儿时的我，血液里都同样隐藏着暴力的基因。

这发现使我非常悲哀，也使我感觉到我的周围其实很久之前就充满了危险的空气。

这危险的空气今天依然弥漫于各个角落，不过不再表现为古时候只能由少数专业人士操作的“凌迟处死”“满门抄斩”“株连九族”或者“温酒斩华雄”，而是摇身一变，成了普通大众也能方便参与的充斥着“秒杀”“作死”等语言以及变态虐待、滥杀无辜等行为的暴力狂欢了。

2014.11.21

真辩论赛与伪辩论赛

记得上个世纪 80 年代末和 90 年代初，大陆高校盛吹辩论赛之风，表现优秀者可以参加国际大专辩论赛，而且当时还冒出了好几个风头甚劲的人物。后来不知怎的，这股风终归是愈吹愈淡了，但二十多年来却一直没有完全停息。

老实说，我向来不喜欢国内高校的所谓辩论赛，总是无端觉得那不过是一出看完就完的戏罢了，虽然场面热热闹闹的，但细究其意义，却又感到惘然，因为戏里往往充斥着非此即彼、强词夺理的市井习气，实在令人不堪一看。

诚然，高校辩论赛之所以如此不堪的根本原因，自然与甲乙双方“演员”各自辩护的观点不是来自内心选择而是来自随机抽签这种方式有关：抽签方式容易造成一种荒谬的局面，即甲方所认可的观点如果“不幸”被乙方抽走了，甲方也必须竭力攻击乙方抽中的这个观点，以此证明甲方可能不认可但又“不幸”被己方抽中的观点的正确性，从而最终获得辩论赛的胜利。

不是为了真理去辩论，而是为了战胜对方去辩论；并且明知自己理不直，还必须表现得气壮如牛！试问天底下还有比这更可笑更可悲的事吗？这与那些市井人物的吵架场面又有什么本质区别呢？

当然，高校辩论赛这出戏也不是一丝一毫的益处也没有，至少可以提高双方“演员”思维的敏捷度和语言表达的流畅度吧。

然而，比较其危害，这点益处简直可以忽略不计：一个人倘若思维不敏捷、语言表达不流畅，固然是一件憾事，但也并不妨碍他去做正直的人；可是，如果一个人仅仅为了外在的胜利便不惜背叛自己的内心选择，不惜背叛只为真理而战的信念，那么即便他思维再敏捷，语言表达再流畅，也不过是一个缺乏操守的风头人物罢了。

真正的辩论赛一定是自由的：一是观点选择的自由，二是只为真理而辩的自由。舍此之外的辩论赛，毫无疑问，绝对是伪辩论赛。

2014.11.29

神秘的“211”与“985”

国人信仰神秘数字的积习由来已久了。秦始皇就很迷信“12”，统一中国后，收天下兵器于咸阳铸成12个金人，分天下为36郡，又扩充为48郡。现代人也毫不逊色，做官的崇拜“6”，经商的崇拜“8”，求学的则崇拜“211”和“985”。

一所大学一旦被刻上“211”或“985”的标签，刹那间便好像领受了幸福的黥刑，浑身上下立马洋溢着神奇的魔力：领导办事更有底气了，老师出门更有面子了，学生求职更有本钱了。相反，那些不幸没有沾上“211”或“985”仙气的大学，则觉得方方面面受到了歧视。于是，全国所有的高校无形之中就分成了三六九等，从而最终落入到中国传统社会讲究等级森严的窠臼里。

中国社会自古以来就讲究等级，似乎没有等级，父母与子女便不知如何正常面对，上级与下级便不知如何正常相处。同样的，高校假如不作“211”和“985”的区分，生活中就觉得少了一点什么似的没滋没味。

诚然，无论是自然界还是人类社会，平等总是相对的，不平等总是绝对的。然而，这种不平等应该是自然进化和社会进步本身自由选择的结果，而不是人为规定的产物。一所大学的“江湖地位”究竟如何，归根到底只能由并且必须由民间口碑决定，而不能通过教育部门越俎代庖、设立所谓的“211”和“985”这样的标签决定。

当然，教育部门设立“211”和“985”的初衷并非划分等级，而是促进高等教育快速健康的发展。但是，这种设立客观上确实造成了高校之间等级分明的后果，消极作用极为明显：一方面，我们积极教育人生观尚未完全成熟的学生们要树立自由平等的现代观念，另一方面，我们却用诸如“211”和“985”这样的数字粗暴地告诉他们所谓的自由平等的真相。这是不是有些吊诡？

退一步讲，即使教育部门想重点扶持部分高校的快速发展，也完完全全可以采取其他的正当理由，可谓“欲给政策、何患无辞”，干吗非要贴上一个数字标签呢？

在中国的大学里，所谓的“211”和“985”这样的神秘数字确实应该彻底消失了。

2014.12.5

Carol

Carol,一位来自加拿大的讲授博士英语课程的外教。

“Only English in class.”开学第一课,她就给中国学生们下马威,但样子并不怕人,因为脸上一直荡漾着微笑,蔚蓝色的眼睛里粼粼波光闪闪发亮。

我是最恐惧英语听说这种事的,只好缩在紧靠走廊的教室后门的角落里,静静等候命运的裁决。果然,来了,Carol 与每个学生进行英语对话了;幸好从靠外窗的那一组开始,我很幸运地属于最后的一个。然而,渐渐地,随着命运之神的袭近,我的右腋下面开始隐隐发汗。终于,轮到我了……

我至今也记不清那节课自己到底说了些什么,Carol 又说了些什么,总之她似乎确实很满意,连用几声“Good”完美终结了我生命中第一次与一个真的外国人的英语对话。

从此,我不再很恐惧英语听说这回事了,座位也悄悄从倒数第一排挪至倒数第二排,又至倒数第三排。

“Good morning,everyone!”坐在倒数第三排时,我常常有机会突然被身后一句悠扬、纯正的英语惊动,回头一看,依然是五十多岁的 Carol 飘然降临。她好像不在乎,或者说好像根本就不知道中国社会的上下尊卑、师道尊严的特色,往往一进教室后门就主动问候我们,自然还是微笑着。顷刻之间,从第二排到最后一排的中国学生也都微笑着参差不齐地回答:“Good morning, teacher!"

可是,今天的 Carol 看上去有些不太开心,因为第一排居然无人安坐。"Why?"她微笑并略显遗憾地耸耸肩。大家微笑着无语,似乎这原本就是中国课堂的不言而喻的现象,无须作答。这时,不知怎的,我突然决定下次课无论如何要勇敢地坐在第一排。真的,后来 Carol 真的很高兴,宛若获得了什么额外的奖励,与第一排的我的对话也大大增加了,于是我的右腋下面又凭空多发了不少的汗……

可惜,2014 年圣诞节临近,课程行将结束,Carol 就要回国了。我们之间可能永远不再见面,但细细想来,也不觉太遗憾。因为我们终归都生活在同一个星球上,而这颗星球的颜色正好也是蔚蓝色的,恰似 Carol 那双闪闪发亮的蔚蓝色眼睛。

2014.12.12

我的交往原则

手机的开关键上个月曾失灵过，本想趁机休掉这部手机，终因舍不得人民币而找人维修。——嘿，花二十块钱修理费后，手机使用效果居然似乎比出厂原配的还要好。

修理者是一个小伙子，估摸着二十六七岁，和他估摸着二十出头的女友开了一家估摸着五六平方米的手机店。一眼望过去，两个人其实并不醒目，然而却很实诚。是的，很实诚！于是现在只要出现与手机有关的业务，比如买手机壳或者交话费等等，我都会去这家小店。

——对我好的人，我必加倍对他好，即使素不相识，也无怨无悔；对我不好的人，我必将悄然离去，即使相识多年，但决不记仇。这就是我，一个楚人的交往原则。

2014.12.21

新的一年，让我们快乐起来

假若你是春秋时期的重耳，有两条人生道路供你选择：或者待在晋国，一辈子生活得无忧无虑，但必将默默无闻；或者离开晋国，漂流异国历经艰辛十九年，但终将扬名立万。

你如何选择？

如果是我，肯定选择第一条。

“陋室空堂，当年笏满床；衰草枯杨，曾为歌舞场”，与生命的快乐逍遥相比，一己功名富贵未尝不是人生的羁绊与幻影，又有什么值得过多留念呢？

但是，中国的主流文化往往排斥生命的快乐与逍遥，这最终使人很是纠结：好不容易过上开心日子了，突然想起“生于忧患，死于安乐”之类的古训，就惘然若失，担心会不会就此堕落；然而当真过上忧心忡忡的日子后，又心有不甘地发出“对酒当歌，人生几何”的感慨。

生命本苦，我们不妨以悲观的心态努力营造出快乐的氛围：既然遭逢快乐注定是偶然，就一定要敢于快乐，毕竟人生苦短；既然遭逢痛苦肯定是必然，就一定要敢于面对，并力争能在风雨之后的天空收获或多或少的彩虹。唯有这样的心态，我们才能超越普遍的心理阴影，尽量为自己、也为他人营造出人生真正的快乐。

“商女不知亡国恨，隔江犹唱后庭花”，唱亡国之音固然不对，但也只是选择不当而已，追求快乐本身是无罪的。所以，如果有那么一天，无常的命运将我们抛弃到原始森林——嘿，没关系，这儿树木葱茏，氧气充足，正适合引吭高歌；或者将我们抛弃到深山古寺——嘿，没关系，这儿蛛网密布，空寂无人，说不定邂逅美丽的狐仙；或者将我们抛弃到无垠沙漠——嘿，没关系，这儿天色苍苍，四野茫茫，正可一睹“大漠孤烟直”的壮观；或者将我们抛弃到荒凉北极——嘿，没关系，这儿冰山晶莹，雪鸮翱翔，还可与北极熊共舞一曲呢，大不了共舞之后葬身熊腹呗，又有什么好忧愁的？

2015.1.1

高一政治老师的故事

虽然二十五年未曾相见，但我至今还依然记得她的芳名：汉川二中。

汉川二中，我三年高中生活的地方，全称“湖北省汉川县第二高级中学”，距汉水约一里之遥。每年的五、六月，天热起来了，同学们便三三两两结伙去汉水冲凉。那时的汉水很清澈很美丽。大伙儿或者站着互相撩水，或者独自游来游去；有的大声唱歌，有的默视远方。淡红的夕阳铺满小半个江面，又反射到我们身上，给人暖暖的温馨的感觉……

我的印象里，居然没有一个老师叮嘱过大家要注意游泳安全，至于反对游泳的声音则更是闻所未闻。或许是老师们见惯了乡村孩子充满野性的缘故吧，或许是那个年代的孩子的生命本来就不金贵吧，谁知道呢。

我念高一时的政治老师就住在学校里。那时的他大概四十多岁，脖子短、身材粗矮倒还罢了，问题是头很有些接近于圆形，如此这般组合在一起后往往给大家以“伙夫”之感。可他的的确确是教我们高一政治课的老师，而且还是见过大世面的老师——刚从日本探亲归来！1987年普通国人出国的难度，基本接近于现在人类登上火星的难度，何况他去的还是我们心中的神秘国度日本呢。

不知什么原因，老师从来不提去过日本的事。唯独有一次，在讲课过程中的十几秒时间里，他简简单单地感叹道：“在日本要什么有什么，真是天堂啊！”

老师对于日本是“购物天堂”的感叹自然让我很惊奇，然而更让我惊奇的是他说这番话时的表情：一边说一边不自觉地扭着圆圆的头向身后的教室门外看去，怯怯的。此时的我也不自觉地顺着他的目光向教室门外看过去，却什么也没有，只见一片蓝蓝的天静静挂在那里。

老师究竟在看什么呢？他为什么怯怯的？这些疑问多年以来一直徘徊在我的脑海。终于，多年以后的某一天，我懂了：尽管当时是80年代后期，改革开放已经好几年了，但资本主义社会很腐朽很罪恶这种观念仍然影响着普通百姓的心灵；老师赞叹日本是“购物天堂”的说法，今天看起来不过是实话实说而已，但在当时却是犯忌讳的，或者说至少在他看来是不合时宜的。可见，多年以后，我们的社会确实是进步了！

老师的妻子当时经营着一家小商店，位于教学楼的一楼。我们经常去小商店买草稿纸。那时天天刷数学题，还要默写英语课文，草稿纸用得飞快，但我的钱却很少。怎么办？厉行节约呗。——的确是很“厉”呀：一张草稿纸，先用铅笔写满，接着用蓝色圆珠笔芯再次写满，然后用黑色钢笔芯又一次写满，最后还心有不甘地用红色钢笔芯继续写满。

我每次抛弃这些已经用得不能再用的草稿纸时，总要依依不舍地欣赏上面的层层叠叠的五颜六色，宛若欣赏一幅漂亮的风景画，满足且快乐。转眼二十五年过去了，我亲爱的政治老师和他的妻子肯定早已退隐林下，现在母校的学弟学妹们也许再也买不着这样有趣的草稿纸了吧。

2015.1.12

拒绝冷漠

“及郑，郑文公亦不礼焉。叔詹谏曰：‘臣闻天之所启，人弗及也。晋公子有三焉，天其或者将建诸，君其礼焉。男女同姓，其生不蕃。晋公子，姬出也，而至于今，一也。离外之患，而天不靖晋国，殆将启之，二也。有三士足以上人，而从之，三也。晋郑同侪，其过子弟，固将礼焉，况天之所启乎？’弗听。”

在这段选自《左传》的文字里，郑国大夫叔詹劝谏郑文公用了九十三个字，可谓苦口婆心，但郑文公的反应就两字：“弗听”，可见其刚愎冷漠到了何种地步。

现实生活里又何尝没有如此冷漠的“郑文公”呢，只不过程度或轻或重罢了。就拿手机短信和QQ聊天这些日常小事来说吧，一般人往往容易自觉不自觉地表现出冷漠。其一是回复别人信息不及时，并且不屑于说明不及时的原因，这实际上是对别人的怠慢。其二是回复别人信息的字数严重不对等，爱用诸如“是”“嗯”或者“谢谢”“好的”甚至非常可恶的“呵呵”等只言片语来回复别人发来的几十个字，给人敷衍了事或者热脸挨冷屁股的感觉。当然，这并非强求回复字数一定要对等，但达到别人字数的三分之一应该不算过分的要求吧？其三是发信息根本不带称呼，让人感觉突兀；或者带称呼，但不写姓氏，显得不是特定称呼。这种情况在逢年过节时的群发短信中最是常见。其实，每年就那么两三个重要的大众节日，每次就算发一百个具有特定称呼的短信又能费多长时间呢？何况现在的手机都有“转发”功能，只要顺手改改姓氏就成，已经够方便的了。

2015.2.1

生命的真相

一眨眼
昨日与今日
去年与今年
前半生与后半辈子
还有那些
无法挽留的匆匆过客
无法预知的神秘来客
恍若
旧石器时代的一路阳光
新石器时代的连绵秋雨

攀爬觅食的猿人与昂首奔波的我们
到底谁更幸福
也许这原本就是
生命的真相

2015.3.1

我曾那么错误地鄙视过

我曾那么错误地鄙视过
一群喊累的男人和女人

人生没有迈不过的山，也没有蹚不过的河
只是迈过之后，脚底一定会怒放老茧
再也不能回归少时的细嫩
只是蹚过之后，脚底一定会惨白如雪
再也不能回归少时的红润

一群喊累的男人和女人
我曾那么错误地鄙视过

2015.3.6

人生真正的快乐

“人生得意须尽欢，莫使金樽空对月”，得意的人生需要快乐来装饰，失意的人生更需要快乐来消解。人生需要快乐，而快乐本身也是分层次的。

一般人眼中的人生快乐，无非是拥有华屋豪车、锦衣玉食，这实则是一种推崇物质至上主义的快乐。固然，人生需要物质为基石，但物质也仅仅只是基石而已；没有这块基石，当然竖不起生活的高楼，但如果整天沉溺于这块基石而不能自拔，那你的眼光就会始终向下，根本不会知道自己的头顶之上原来还存在着如此美丽的一片星空。何况生活的经验告诉我们，某一具体物质带给人的欢愉终究是短暂的、有限的，如果我们的快乐只能来自某一具体物质，譬如一部手机，或者一台电脑，那么我们就会身不由己地疲于奔命于追逐它的不断更新。——不是将人生快乐建立在自己的内心世界，而是寄希望于心灵之外的物质世界，归根到底，这样的人生快乐有限并且肤浅。

人生真正的快乐应该源于对自身心灵世界的无限探求，这种精神探求可以超越外部物质世界的有限性，从而给人带来更强烈、更持久的快乐。

中国人向来重物质享受而轻精神追求，并常以物质的不富足作为怯于精神追求的借口。物质确实很重要，但它至多只能有限改善我们的生存环境，绝对不可能无限丰富我们的心灵世界，不可能让我们的心灵世界获得强烈的持久的快乐。

笃行艺术是人生获得真正快乐的重要方式，千百年来无数先贤的生活实践早已充分证明，对于艺术的不懈探求确实能使平凡的生活焕发出诗性的光辉。你看，“暮春者，春服既成，冠者五六人，童子六七人，浴乎沂，风乎舞雩，咏而归”，春服用不着精美华贵，出行用不着豪车喧嚣，河水清澈，边走边歌，这难道不就是传说中的“诗意的栖居”吗？

2015.3.27

男人树

世上的植物万万千，唯有树最可爱。

树是高大的。它的下面，以及周围远远近近的地方，肯定会爬满小草，还有断断续续的灌木丛。草和灌木丛们，在每天的夜色里看着树而安心入眠，在每天的晨曦里看着树而点燃希望。

树是静默的。当然，少年时候的树，也喜欢随风吟唱，幻想着改变大地上的一些什么，比如扫走几堆恶石，或者是几片腐土。后来，这永恒的幻想与坎坷的尝试虽然渐渐褪去了它少年时的昂扬意气，却代之以一种令人崇敬的静默的力量。

树的静默，并不意味着树的呆板乏味，相反它是那样的绿意盎然。春的料峭，夏的风雨，秋的干燥，冬的寒雪，都只能助长而无法泯灭它对于生活的满腔绿意。

假如树也有性别之分，那么树一定是人世间的男子了，就好比花是人世间的女子一样。

此时此刻，在我住所的附近，就站立着这样的一棵树，高大、静默而又绿意盎然。能够与它为邻，难道不是生命中一件非常幸运的事么？

2015.4.10

通山的踪迹之一：吃饭记

上世纪90年代，湖北省委省政府曾抽调若干人员组成若干工作队，派往若干县市进行支教活动。支教队员主要来自驻武汉的政府机关和高等学校，比如我当时的工作单位中国地质大学（武汉）就与湖北省政府办公厅以及湖北省交通厅联合组队，赴湖北省咸宁市通山县支教。这支队伍共有队员五人，其中办公厅一人，交通厅和中国地质大学（武汉）各两人。

终于，1998年12月的一天，我们从武汉出发，向位于鄂东南的陌生的通山县前进。天阴沉沉的，却压抑不住我们的丝丝兴奋。一路上，道越走越窄，山越走越多。两个多小时后，车队到达咸宁市政府所在地咸安区；又跑了两个多小时，到达通山县县城；又跑了十多分钟，才最终抵达我们支教队的驻地——通山县湄港乡。

湄港乡政府的小食堂里早已摆好了几张大的木桌子，人声鼎沸，喜气洋洋。桌子究竟是方的还是圆的，我现在记不清了，记得的只是桌上的菜虽花样不多，菜盆却尤其大，似乎是专为政府接待各路宾客而特制的，透着一股子大气。酒是当地自酿的，不用瓶装，用比菜盆还大的大盆装，每张木桌子上放着这样一个大盆。至于酒杯，对不起，没有，直接用小碗从大盆舀酒，现舀现喝，透着一股子豪气。

我们均不善饮，作陪的乡党委书记发话说，如果来自武汉的各位“省领导”不喝，就是看不起他们。那就从命吧——此起彼伏的喧闹声中，我们喝了一些酒，说了一些话，吃菜不多，更谈不上吃饭，这样大约过了一个多小时，宴会才作罢。

宴会之后，我们一群“省领导”当然会觉得肚子饿。怎么办？没关系，此时正是午后，不妨去通山县城一游，顺便解决解决饥饿问题。

中国的县城一般唤作城关镇，通山县城却有专名：通羊镇。县城毕竟是县城啊，比湄港的街道大而且繁华多了。就在这样的寒气逼人的繁华里，我们热气腾腾享用了来通山后的第一次自主饭局。我至今犹忆当时餐桌上的一只大白碗。它的样子在众多菜碗中并不显得出类拔萃、惊世骇俗，然而却极富内涵：里面盛满了热乎乎的汤，汤里漂浮着许多小巧玲珑的白色丸子，宛若盛夏夜空的群星——咬一口丸子，暖暖的，肉肉的，又嫩又滑又香。十七年过去了，这只大白碗的美好形象依然不时闪现，我几次想抓住它，却总也抓不着……

2015.4.17

通山的踪迹之二：夜行记

湄港乡小食堂的招待饭吃完后，送我们来通山的车队就立即返汉交差了。“省领导”毕竟不是真的省领导，我们一行五人决定来通羊镇补吃午饭时，就只能乘坐当地非常流行而且仿佛是唯一流行的交通工具：三轮摩托车。午饭后我们要返回驻地湄港乡，也只能再次乘坐这种三轮摩托车了。

两辆三轮车分别载着我们一前一后地跑着。此时天已经完全黑了，山路上寂静无声，只有三轮车奔跑时发出的呜呜声，以及石子不断颠簸车身产生的颤抖。我突然感觉到一股寒意：如此漆黑的弯弯山路，司机仅凭三轮车微弱的照明，一不小心翻车到悬崖之下怎么办？要知道这条路，最多十米宽的样子，一边是山，另一边是五六十米深的悬崖，怪瘆人的。——这一切在我白天来县城的路上看得可是清清楚楚，不过当时只觉新奇和刺激罢了，根本没有料到自己当晚还会再次乘三轮车夜行于这样危险的山路上。

但转念一想，三轮车司机经常跑这样的山路，应该很有经验的，我又何必杞人忧天呢？再说即使害怕也于事无补，不如放宽心吧。这样想着想着，我便渐渐遗忘了这路带来的不安，脑中开始浮现出一幅白天我亲眼见过的美丽的图画：五六十米深的悬崖下面，自西向东横亘着一片几百米宽的平地；平地被一道与山路平行的裸露着河底鹅卵石的河床分割成东西两半，西边一半靠近悬崖，东边一半的远端卧着几十间错落分布的农家小屋；小屋的后面，则是连绵远去的山。——斑驳的平地，淡黄的鹅卵石，深灰的砖瓦，黎黑的远山，如此淡定从容地组合在冬日萧瑟的天空之下，没有丝毫的喧闹与躁动，这难道不是一幅美丽的山乡水墨画么？

然而现实还是一如既往的冰冷：三轮车依旧奔跑在比锅底还要黑的黑夜里，似乎永远到不了尽头。但我依稀记得白天乘三轮车到县城也不过二十多分钟路程呀。

我坐在车里，越想越不对：两个司机该不会是山贼吧？如果真是山贼，趁这夜黑风高之际将我们送到山中某个秘密的地方，那就麻烦了。我们五人虽然都是汉子，但其中三个属于肌无力型，另外两个虽然矮而壮，但总不可能拼过有预谋的山贼吧？

于是我就隔二连三地追问司机怎么还没到达湄港乡政府呢，他总回答说“快了、快了”！——可依旧不见到达……

我正胡思乱想时，车突然停了。我打开车门，看见一道熟悉的铁栅栏门立在面前。果然到了啊！刹那间，我这个“省领导”才算松了一口气。

2015.4.24

通山的踪迹之三：调研记

我们支教队的全部工作就是两件事：一是调研湄港乡的中小学办学情况，了解存在的困难；二是根据调研结果向省政府办公厅、省交通厅和中国地质大学（武汉）相关部门寻求金钱和物质的帮助。

湄港乡没有高中，小学全部分散在村里，唯一的一所初中设在乡政府附近，名曰湄港乡中心学校。乡中心学校的几百名学生来自乡属各村，平时住校，只有周六和周日放假。每个周日下午，返校的学生们都会从家里捎来大米和腌菜。这些腌菜常常在接下来的周一和周二就被吃光，于是孩子们只好周三、周四和周五连吃三天白饭——学校食堂只管蒸饭（由学生自己洗干净米并放入各人自备的铝碗里，然后统一放进食堂的大蒸笼），至于菜，食堂是不提供的（估计是食堂炒菜成本高，学生消费不起）。孩子们学习的环境是何等艰苦啊！后来的日子里，我还听到了更多的关于当地孩子学习环境艰苦的事。比如有一个孩子凌晨三四点就摸黑上山砍柴，五六点下山去集市卖柴，然后七点多钟赶到学校上课。

是的，生于山乡的孩子自然不知道城里孩子所经历的丰富生活，他们不会唱歌跳舞，不会画画，不会将英语讲得呱呱叫，更不会小小年纪就通过钢琴考级，的确不符合某些人眼中所谓的高素质标准。但如果你仔细想想，一个孩子，必须连着几天以吃白饭为生，每天早晨上学之前还要上山砍柴下山卖柴，这种为恶劣环境所逼而激发出来的不畏艰苦的奋斗精神，难道不也是一种高素质的体现吗？

支教队驻地离湄港乡中心学校不远，我们来往很方便，可是去各村就不容易了。这些村的位置极为分散，一路上山道弯弯、溪流纵横，相传还有野猪出没。可既是分内之事，就必须好好干，即使路遇野猪也不能退缩，所以每隔一段时间，我们五人便骑着自行车到各村调研小学的办学情况。

部分小学条件不错，有校舍，还升着国旗；部分小学没有校舍，就在村里的一栋大房子里办学。学生人数实在太少的学校，便将全部学生集中在一间教室上课：老师先给一些年级布置作业，让他们当堂做，然后趁此机会给其他年级讲课——这便是传说中的复式教学法。教学效果嘛，肯定有限，但学生数量少，老师数量也少，实在是没有办法的办法。

做一个山村老师很不容易，在编老师工资不高，有时还被拖欠；没有编制的老师工资更低，还得面临转正的问题——但转正又不是轻而易举的事！一位深山里的女代课教师，大约三十出头的样子吧，几年都没有成功转正，向我们诉说苦恼，期望得到帮助。临别之际，她站在村边的土路上送我们，眼神热切。我至今还记得这一幕发生在1999年初春的某个午后。十六年过去了，这位女代课教师假若还活着，也已年近五十。她最终转正了没有？她现在还好吗？我一无所知，只是她那满怀期望的热切的眼神，却总浮现于眼前，令我难忘而且惭愧……

2015.5.1

通山的踪迹之四：快乐记

湄港的天似乎永远湛蓝，空气也说不尽的纯净。倘若你站在如此蓝的蓝天之下，四望远远近近的风景时不打算情不自禁地唱点什么，那绝对是一件不正常的事。

然而这只不过是我的一厢情愿罢了：支教队的五条汉子，K是学计算机的，W是学财会的，M是学交通的，骨子里似乎都缺乏高歌一曲的雅兴；还有一个大哥L，倒是学中文的，但除了喜欢打扑克牌，也产生不出唱的冲动。于是工作之余，当他们四个打着一种名曰"斗地主"的扑克牌游戏时，我便常常独自闲逛——在湄港唯一的街道上闲逛并且歌唱，在湄港古朴的民宅间闲逛并且歌唱，在湄港静谧的山腰里闲逛并且歌唱，在湄港明丽的小河边闲逛并且歌唱……古人所说的形如野鹤、世外散人、山居之乐、独与天地精神相往来等等快乐的生活画面，也无非是这个样子吧。

转眼间，1999年的夏天到了。初夏的湄港，闷热潮湿。我住一楼，早晨做的第一件事，便是抱着床上的棉絮爬上二楼去朝见太阳公公——只要不下雨，几乎天天如此。每次看着棉絮上慢慢腾起的丝丝缥缈水汽，我便快乐且满足，憧憬着中午又可以在返潮的房间里睡一个舒适觉了。

盛夏的湄港，午后非常安静，一切都沉浸在梦里。下午四五点钟，湄港的大地终于苏醒了，山上有人劳作，街上有人来往，篮球场上有人运动……这时，我们几个队员常去乡中心学校的篮球场打球，出一身大汗，然后回驻地冲澡，接着精神抖擞地吃晚饭，之后“斗地主”的依然“斗地主”，看书的依然看书，各得其乐。

篮球运动在通山县可说是第一运动：每年夏天，各乡镇先举办自己的篮球选拔赛，乡镇冠军队再参加县里举办的“某某杯乡镇篮球赛”，最后县里的冠军队代表通山县参加整个咸宁市举办的乡镇篮球赛。

湄港乡的篮球选拔赛集中在乡中心学校篮球场举行。乡政府以及各村分别组队参赛，比赛场面真个是人声鼎沸、热闹非凡。我们支教队被特邀组队打了几场比赛，胜负结果我大都记不清了，记得的全都是些快乐的画面，只有一场比赛例外：与乡政府篮球队较量时，我支教队屡遭裁判明显的“黑哨”，而且抗议无效，令人郁闷不已。直到几个月后的某天晚上，乡里某位领导才私下向我们道出个中缘由：堂堂乡政府组织的篮球队怎么能够轻易认输，除非你是超级强队。大家都理解地笑了，我却觉得很悲哀。

湄港乡的篮球氛围的确浓厚且快乐，不仅男女老幼齐来观阵，地方大员也亲自上场，比如一位乡党委副书记就是如此。他身高至少一米八，防守时站篮板下面，表情严肃，目光炯炯，壮实有力，宛如传说中的黑旋风李逵，吓得对手在上过几次篮后再也不敢上了，包括我在内，因为怕他犯规啊：他那犯规委实可怕，根本不是普普通通地用手拉拽，而是直接一巴掌劈头盖脸扇过来！——然而尽管如此，大家还是觉得挺快乐的，就像过节一样的快乐。

其实，这位副书记篮球场外为人厚道，根本不凶。那时，他的女儿正读小学高年级，齐耳短发，瘦瘦高高的，可爱得紧，也就十二三岁的样子——不过现在也已年近三十，应该嫁人而且有了自己的孩子吧。

2015.5.8

通山的踪迹之五：人物散记

1998年12月至2000年3月，我在通山县工作和生活了一年多时间，接触到许多当地的普通百姓。他们工作不同、性格各异，但大都朴实可爱。往日如烟，仿佛只有在回忆中，那些过去的人和曾经的事才显得愈发亲切。十几年里，我一直没有机会重返通山，可是依然思念着她，热爱着她，热爱她的山山水水，热爱她的万千子民……

女炊事员

给我们支教队做饭的是一位小姑娘，姓陈，湄港本地人，刚刚二十岁出头。支教队一日三餐全由小陈负责，周末也不例外，因为我们几个都是二三十岁的汉子，做不好饭，也不愿做饭。万幸的是我们往往两个月左右回一次武汉筹款筹物，一筹就是七八天，所以这期间小陈终于可以喘口气了。

小陈姑娘每餐做五六个菜，水平嘛，自然比不上饭店大厨，但还是中规中矩的。她很向往武汉的生活，几次问我们说假如她以后去武汉适合干什么工作。我们分析一番，然后一致认为复印店的打字员岗位最适合她。总之，我们一群男人和小陈相处挺和谐，有一次还趁外出调研的机会顺路拜访了她的老家。

然而对于吃饭的事，小陈刚开始总觉很困惑：为什么我们要求每餐做五六个菜呢，做一个菜再多吃点米饭不是一样的管饱吗？这问题一度使我们为难，不过幸好后来她不再重提了，一直到我们完成支教使命为止。

小通信员

湄港乡只有一个小通信员，负责送政府文件、公函或者报纸杂志什么的。小通信员姓啥名啥我全忘了，只记得那时他十七八岁的模样，脸嫩嫩的，喜欢笑，原本不太大的眼睛因为笑立刻变得细长起来，还挺耐看。我在乡政府大院唯一的篮球场打球时，小通信员就会凑过来，一副想玩又不好意思的样子。于是我便请他一起玩，还好为人师地指导他打篮球，有时指导得太投入了就不免说些难听的话，可他一点儿也不恼，依然笑脸相迎。——这小通信员总让我无端想起红军长征队伍里的那些小鬼们……

哭泣的孩子

1999 年的某一天，我们支教队去一所村办小学调研。村干部招待吃午饭，桌上有鱼有肉。这时，一个十一二岁的小学生进来了，好像有事找村干部，于是我们支教队队长顺手夹了一块鸡腿给他吃——只不过是一块小小的鸡腿罢了，他却突然哭了。他为什么哭？难道是感动于我们的爱护，或者是另有原因？我至今也不知道答案，只是十六年来一直难以忘怀这亲眼所见的一幕。

卖苹果的老头

还是 1999 年的某一天，我独自在通羊镇街头徘徊。下午时分，天渐渐变黑。山路难行，我得返回湄港乡驻地了，打算顺便捎带几个苹果。按照以前武汉街头买苹果的习惯，我在苹果筐里挑了又拣、拣了又挑。刚开始，卖苹果的老头倒一声不吭，后来见我挑好要付钱了，突然没好气地大喝一句："你尽挑好的，这坏的留给谁吃啊？"这问题简直有点匪夷所思，我猛地一怔，似有千言万语涌上心头，却最终一个字也没有说出来。——十六年后的今天，我依然不知道这个问题到底应该怎样回答。

2015.5.15

我爱江南的城中村

偶然性的整齐划一可能是美的，绝对化的整齐划一则肯定是美的灾难。——这样看来，江南城中村自有她们存在下去的理由。

房子往往式样雷同，街道往往笔直无比，这虽然是城市之所以成为城市的宿命，但难免给人单调乏味的感觉，而城中村的存在就能够很大程度上消解这种单调乏味之感。所以，假如有那么一天，笔直的大街终于让你感觉心烦意乱时，请随意拐入一座城中村吧。

江南的城中村，小巷弯弯窄窄，你很难从路的这头一直望到那头。于是走着走着，你便能接连不断地相逢许多意料之中或意料之外的风景，比如一棵小树突然出现在路边，一只小狗突然吼叫几声，或者是三两个孩子突然钻出来，好奇地看着你……

小树、小狗、孩子……是的，当整个城市上空洋溢着所谓的都市气息的时候，江南的城中村还依然弥散出乡土的气息。天晴时，家家户户的门前，常有勤劳的女子进进出出晾衣晒被；老人们则或坐或走，闲散得很。倘若下雨，也不用烦扰，你不妨撑把伞，从容不迫地慢慢穿越一条又一条小小雨巷，在江南城中村泛着青苔的石板路上，踏出一片迷蒙悠长的意境……

2015.5.29

夜梦西施入秦

西子沉江天地哀，香魂赴海苦徘徊。
秦皇殷切求仙去，越女欣然上岛来。
煤港雏鸥思奋翅，榆关古马恋登台。
浣纱岂止苎萝水，北戴河清照秀腮。

2015.8.18

如歌的自行车

在缺乏呼吸功能的交通工具之中，自行车应该是最具灵性的吧——就类似于马在所有能呼吸的交通工具之中最具灵性一样。

田间小路，或者荒郊野外，骑自行车闲荡，你尽可只身一人。看见风景了，说停就停，用不着为谁而强走；没有风景了，说走就走，用不着为谁而强留，你有没有一种天苍苍野茫茫只身打马过草原的感觉？而此时的自行车，像极了那善解人意的马儿，于停停走走、走走停停之间竟然没有丝毫的怨言。

二十多年前读高中的我，常常晚自习后骑车行进在乡村的简易公路上。20世纪80年代的夜空，似乎比现在的更黑一些；没有灯光的路上，夜空就愈发显得黑了。一片漆黑里，我负责高声唱歌，既为自己壮胆，更为避撞赶夜路的人；而我的自行车，则负责驮着我的肉体不断划破夜的罗网，向着目标前进。如此漆黑的夜晚，我们配合默契，水乳交融，手挽手去超越无边的黑暗。——突然间，我觉得这车不再只是一件没有生命没有情感的工具了。

二十多年后的今天，我漂泊在北方。北方的雨，往往来得又急又大。雨夜的柏油路，灯火辉煌，行人稀少，小汽车们不时从身旁掠过。我的上面撑着的自然是一把伞，我的下面骑着的依然是一辆车。大大的雨滴从伞沿滑落，拼成一个圆形的帘，将我罩住，使我得以暂离尘世间。而我的自行车，则驮着我的肉体，默默地不断前行，任凭轮子溅起串串水珠。也就在这一刻，我便觉得尘世间所谓的金钱美女、高官厚禄、是非得失，一切的一切都彻底消亡了——整个天地宇宙，只余这一伞、一人、一车而已……

2015.9.18

没落与缅怀：古体诗词创作谈

诗人应生于唐，词人应活于宋，唐宋两代可谓吟诗作词的黄金时代。唐宋以后，古体诗词创作虽然代不乏人，也偶有佳作，但与唐宋这样的黄金时代相比，总体上已成没落之势。

古体诗词创作注定没落的三个原因：

一、文体兴衰代谢的历史必然。王国维在《宋元戏曲考》中指出："凡一代有一代之文学：楚之骚，汉之赋，六代之骈语，唐之诗，宋之词，元之曲，皆所谓一代之文学，而后世莫能继焉者也。"任何事物都要遵循从产生到发展到走向消亡的过程，古体诗词的创作活动亦不例外。一种文体之所以兴盛，是因为它顺应了时代的需要；一种文体之所以衰落，是因为它不再顺应时代的需要。这就好比那些曾经兴盛一时的语种最终走向衰落乃至消亡，有其不以个人意志为转移的客观规律。

二、娱乐方式的多元化选择结果。文学起源于什么？有人说源于劳动，有人说源于游戏，有人说源于模仿，等等。其中，游戏说不乏合理性。诗歌的原始作用之一就是用来娱乐，可用来娱神（如《楚辞·九歌》），可用来自娱（如原始歌谣"断竹、续竹、飞土、逐肉"之类）。后人创作诗词的目的之一，依然还是为了排遣生活的乏味、生命的忧愁而追求内心的愉悦。时代越向前发展，人们的娱乐方式就越丰富。唐宋以后，戏剧、小说逐步登上传统诗词曾长期独尊的大雅之堂，成为深得文人骚客和市井小民喜爱的娱乐方式。到了当代社会,娱乐方式则更是呈现出史无前例的多元化选择局面,人们不必再将创作古体诗词当作日常生活不可缺少的娱乐活动,于是古体诗词创作就自然而然会走向边缘化。

三、当代文化心理定式的排斥。在当代人的潜意识里,古体诗词包含的意象、意境和审美情趣“应该”是固定的。换一句话说,古体诗词自有古体诗词的“模样”。这种立足于感性基础上的文化心理定式在当代古体诗词创作中所造成的后果,便是很多当代的意象、意境和审美情趣难以入诗(如电脑、手机、微信、股票、大腕、奥运会、世界杯等等意象即是如此),从而使当代古体诗词创作面临着一个非常尴尬的局面,并最终压缩了古体诗词创作的当代空间:继续沿用古意,则作品充满陈词滥调,使人昏昏欲睡;着力融入现代气息,又让作品变得不伦不类,就像穿着旗袍的洋女人,周身缺少一种只可意会不可言传的中国古典韵味。

古体诗词创作虽然已经没落了,但在当代生活中,进行古体诗词创作仍然有其不可忽视的意义:

一、可以更好地理解古人及其作品。“两句三年得,一吟双泪流”,古人作诗之辛苦可想而知。养儿方知父母恩,通过创作古体诗词,我们能够切身感受写诗作词之过程的艰辛,从而增强对古人及其作品的“了解之同情”。

二、可以提高写作能力。创作古体诗词需要“戴着镣铐跳舞”,这极有益于我们提高炼字、炼句、布局谋篇以及简洁行文的能力。

三、可以娱情。古体诗词创作尽管已经被边缘化了,但仍不失为一种抒发真情实感的方式,一种缅怀唐诗宋词光辉岁月的方式——就像我们时常要缅怀自己永远不再回来的青春一样。

2015.9.25

我的理想之岛

我的小岛，用不着孤悬太平洋，虽然孤悬着的小岛自有一番海天相接的浪漫情怀。

它临近故国，来来往往只需花费我一小时的划行，却没人能够发现它。

所有的鸟，有名字的，没名字的，尽可上岛生儿育女，或者观光旅行，即便刻上“某鸟到此 游”也毫无关系。

小岛鄙视任何理由的所谓规划。花花草草在自由的主题下竞相生长，并相约与我五十年后一起沉没。无人知道它们曾经来过，无人知道它们何时离去。

漫步沙滩，繁的花，野的草，闪烁的星，连着无边的浪。

当然，还要生长成片成片的树，幼年的，青年的，老年的，一望无际。

我用幼年的树来缅怀，用青年的树来忏悔，用老年的树来创造——造一座简单的木屋居住，造一堆干燥的木柴取火，造一只粗糙的独木船划行：划行在小岛和故国之间，轻盈的绿和沉重的黄之间。

小岛之门只为一人而开，如果她也有一双明净善良的眼睛……

2015.11.26

忽然想到

很想寻仇，却不知仇人在哪里
很想嘲笑，却不敢真的嘲笑谁
古人即今人，今人亦古人
阻挡我寻仇古人的，是故纸
阻挡我嘲笑今人的，是暴力

2015.11.30

怀孕式写作

最近三个月,不停地吃各种零食:糖、花生、饼干、巧克力、开心果……边写论文边吃,而且丝毫没有停止的迹象,我似乎根本无法预言究竟哪一天自己才会彻底抛弃这种可笑的习惯。

其实三个月前,我真的不是这样的。那时的我,一日三餐,饭后刷牙,天高云淡,阳光明媚,属于典型的良家中年。

幸好我曾经翻过几本医书,知道出现这种症状的原因无非有二:或者患了甲亢,或者怀孕了。遗憾的是,我的生理情形绝大部分不能吻合一个甲亢患者的特征;至于怀孕,保守地诊断,基本是不可能的。

不能确诊就算了吧,我姑且去石家庄会会同学。

同学近期也正急着赶论文。共进午餐后,我们漫步校园。他突然拐进路边的小超市,嚷嚷着要买面包带回宿舍当点心吃。

刹那间,我诧异了:记得半年前你没有吃零食的习惯呀,何况刚刚吃过午饭。他莞尔一笑:这不都是最近急着写论文给闹的嘛。

哦,我终于明白且释然了:原来写论文时的症状与怀孕时的症状普天之下都是一模一样的啊。

我百分之百相信同学的解释,因为他身高至少 185 厘米,体重至少 70 公斤,年轻而气盛。——试问天下,除了写论文这样的可怕病菌,还能有什么别的怪物能够逼着一条健壮的汉子不幸染上爱吃零食的习惯呢?

2015.12.5

我只关心五步以内的地方

从明天起
收视反听
我只关心五步以内的地方

从明天起
清早卖羊
娶媳妇生娃
娃娃放羊
删除他们之外的一切记忆
那些远远近近的风雨
甚至阳光

阳光是灿烂的圆
圆周有多长
染黑的心情就有多长
我愿是星
在夜的宇宙飘荡
偶尔有一丝返影
也只照亮五步以内的地方

2015.12.25

你好，福尔摩斯恐怖片

电影是讲故事的艺术，也是构图的艺术。

19 世纪的伦敦，弥漫的薄雾，人群稀少的街道，清脆急促的马车鸾铃声，苍白的脸，黑色的正装，变态的人性，长镜头的动荡运用，庄重低沉而压抑的交响乐背景：这便是福尔摩斯恐怖片《丝袜案》的经典构图。

正常的人性可以制造恐怖，变态的人性也可以制造恐怖。源自正常人性的恐怖固然令人恐怖，但终归有结束的时候。真正的恐怖源自变态的人性，永远没完没了——这是一种“不怕贼偷就怕贼惦记”似的恐怖。

对变态人性的深刻揭示正是恐怖片的重要使命，因此很多福尔摩斯探案片似乎更应该归类于恐怖片。

人性皆有变态的一面，真诚承认人性之恶并给予了解之同情与同情之惩罚，是文明社会的重要标志。与此相反，虚伪的社会只能产生瞒和骗的喜洋洋文化。

中国文化本质上不是一种深刻的文化，而是一种亲切的文化。荀子的“性恶论”比孟子的“性善论”更为深刻，可惜这束深刻的火苗转瞬之间就被历史的黑洞吞噬了。

人不是因为独立而深刻，而是因为深刻而独立。没有深刻的文化，就没有独立的人格——中国社会“江湖气”经久不衰的原因大约也在于此吧。

真正的中国知识分子往往不屑于所谓的江湖风情，因此注定会被赐予“迂腐”的标签，殊不知这“迂腐”之中常常包含着深刻的种子。

2016.1.12

我要像原始人那样自由奔跑在蓝天白云下

绿色的风，神性的土地
我要像原始人那样自由奔跑
在蓝天白云下
双眼紧闭，任意西东
不用恐惧小汽车的突然袭击
还有高尚者布下的莫须有陷阱
口渴了就随处捧水而饮
掌中的飞鸟便是最好的品牌

是的，在蓝天白云下
我终于获得了免于恐惧的自由
但我并不恐惧这神性土地上爆发的
我与野兽的搏斗
我与猿人的搏斗
这是肉与肉的自由撞击
即使死去
也是有温度地死去

自由地奔跑，歌唱
我只歌唱属于我的信仰

去打鱼，去狩猎，去钻木取火
去与相爱的女人凿洞成房
却永远不知道她们的名字

最后，我可真的死了
额头刻着四十道年轮
还有后代费解的一行文字
——活着无需百年时光
　　只因我曾经自由过

2016.1.15

尊重肉体

你可以藐视一个人的思想，轻视一个人的气质，鄙视一个人的作为，但一定要尊重他的肉体。这上帝赐予的肉体，沉重且脆弱，为你我所共有——即使他是一个丑陋不堪的恶人。

2016.2.11

丛林里的中国

读中国历史真的很疼人：失败者为鱼肉，任杀任剐而无处说理，最终悄无声息地被黑暗吞噬；至于成功者，虽可一时自保，但往往因为不知何时大祸临头而难免惴惴不安如履薄冰，即便最后侥幸终其天年，然临死之际想想儿孙们又将是同样的命运轮回，难免感觉万念俱灰。

历史里的中国，丛林里的中国，每个人在食物链上是何等的位次分明，而结局却又是如此的殊途同归！所以，有些人会非常疯狂地活着，疯狂得不可理喻；有些人会非常淡漠地活着，淡漠得没有血肉。

2016.2.17

所谓的崇拜知识

“万般皆下品，惟有读书高”，国人表面上很崇拜知识，骨子里崇拜的却是知识带来的好处。如果知识不能带来现实好处，那么这样的知识便是无用的，这样的知识分子便是无能的。所以，在国人眼里，一个著名天文学家的地位可能远远不及一个乡镇政府机关普通办事员的地位。

2016.3.31

缅怀姚贝娜

我不是任何艺人的粉丝，虽然我从小就神往艺术。

然而对于姚贝娜这样的歌者，我却由衷地崇敬并无限地缅怀——这当然不仅仅是怜惜她的过早凋谢。

她是一个视歌唱如生命的人，她将生命的领悟融入歌词，再将融入了自己生命领悟的歌词化作歌声。

她的歌，我第一次听到的，是电视剧《汉武大帝》插曲《等待》。那自自然然、深情绵邈的演绎，使我顿生惊艳之感。她的歌，我第二次听到的，是《中国好声音》视频里的《也许明天》。她演绎时的形体动作和面部表情，使我心甘情愿地相信这初见的女子正是一位视歌唱如生命的歌者。至于她后来的作品《生命的河》，则更进一步印证了我的这种直觉。

唱歌忌有口无心、有声无情。听她的歌，最强烈的感受就是——不隔，她的歌声与她的生命已经水乳交融在一起了。

我喜欢视工作如事业、视事业如生命的人，尽管我尚未达到这样的境界。

她死后还留下了用于捐献的眼角膜……

可惜，没有留下孩子——哪怕一个孩子也行啊，如此美好的基因。

在中国，唱得好的艺人成千上万，但像她这样的歌者似乎相当罕见。

我愿将我九十五岁的寿命无偿分给她二十年。只等上帝同意。

2016.11.28

笑笑自己的笑话

时间:大约二十年前的某个下午。

地点:武汉,朋友的单身宿舍。

人物:朋友,朋友的女朋友,我。

情节:三人看足球赛,我忽然觉得主裁判长得非常像自己;正准备骄傲宣布这个重要发现,没想到立马被朋友的女朋友的一句话给活活憋了回去:“这裁判真丑!”

时间:大约三年前的某个中午。

地点:秦皇岛某超市。

人物:女收银员,我。

情节:购物后正交钱结账,素不相识的女收银员忽然问我:“你最近在食堂怎么样?”我看看四周,确定她的问话对象真的是我之后,淡淡地点点头:“还行。”

2016.11.30

我的病

我自幼就安心于被小人欺负。

儿童时是因为受了长辈的劝——听话啊，千万莫在外边惹祸！

于是我变得很安心，觉得成了乖孩子。

少年时是因为看了很多日本侵华的电影，并接受了一个刻骨铭心的道理——咱中国人不打中国人！

于是我变得很安心，觉得小人虽然讨厌，但毕竟还是咱中国人。

后来，因为某种机缘巧合，开始怀着悲悯之心看这世界，觉得整个人类，上自总统，下至乞丐，当然还包括自己，无一人不可怜，无一人不可叹。

于是面对小人时，我实在生不出气来，相反还可怜他们做人的底线如此之低。

现在做了父亲，开始懂得小人之恶——于是我告诫孩子，面对欺你的小人，第一警告，第二制止，第三还击。

然而这“第三”终究还是说不出口。

看来我这辈子确实已经病入膏肓了。

2016.12.27

我不是这地球的孩子

二十岁以前，我总是马不停蹄地担心：自然界的水如果被喝光了，人类怎么办？村里的学生如果都考上大学而没人种地了，农村怎么办？卖衣服的小贩如果不小心少赚我的钱了，生活怎么办？幻想着去过全世界倒数第一差的生活，只为切身感受人类生存之苦究竟可以苦到何种程度。还幻想着工作之后挣钱不可太多，因为这世上的钱是有定数的，我多挣一点，别人就会少挣一点，于心何忍啊……

二十岁以后的一个夏夜，朋友听了我这番话，仰望星空，一声长叹："疯话，简直是疯话，你还是这地球的孩子吗？"

2017.1.1

岁末感怀

公子王孙自有种，南柯一梦化为烟。
如霾世事岂能散，且卧青山绿水间。

2017.1.26

幸亏这世间有音乐

幸亏这世间有音乐
否则我的灵魂
靠什么来抚慰

2017.6.22

夏日临海

少年何故觅封侯，满目青山满目愁。
渤海乘桴歌且笑，白云望尽是瀛洲。

2017.8.13

思 念

思念是一种左手时常能碰到右手的惯性,更是一种突然之间似乎就天变荒地变老的感觉……

2017.8.26

幸亏世上发明了教师这职业

从政我不行——身染洁癖，无法忍受三天两头跟陌生人在一起交换唾沫的饭局。

经商我不行——心慈手软，无法揣着明白装糊涂地大赚差价。

卖艺我不行——基因普通，无法逢迎东西南北的三教九流。

务农我不行——幻想太多，无法安心面对单调的土地。

当工人也不行——嗓门太细，无法和工友正常交流。

……

幸亏世上发明了教师这职业，让我能够在热闹与寂寞之间自主切换，并享受到思想在脑壳之内的无限自由。

2017.9.10

中年顿悟

和平岁月，若基本生存无忧，那么人生最美好的追求绝非功名和重利，而是健康与自由。功名乃伐性之斧，重利乃腐肠之药，唯有身体健康金不换，唯有身心自由最无价。

2017.10.2

丁酉中秋有感兼怀故人

今时莫道胜昔日，世事浮沉几度秋。
但盼人如天上月，一年一夜驾兰舟。

2017.10.4

你们玩得 high 就好，只是千万别拽上我

时间：1970 年代

地点：江汉平原

人物：支书儿子，贫下中农子孙们，我

情节："儿子"玩得特兴奋。

"子孙们"陪玩忒兴奋——陪玩，"儿子"就赏一颗糖。

"子孙们"不敢不陪玩——否则，"儿子"就搞莫须有。

"儿子"和"子孙们"逼我一起玩。

我逃到荷花塘躲藏，临别撂下一句话：

你们玩得 high 就好，只是千万别拽上我。

结局："儿子"面瘫了，整年整月持续摆威严。

"子孙们"鸟兽散了，天南海北谋生活。

我隐居了，在闹市……

2017.10.25

冬日瓦屋檐下晒太阳

难得冬日十几度的阳光，暖暖铺满这瓦屋的檐下。

檐下已然油腻的矮个木椅，正等着我约会。一旁的棉梗堆，却紧倚斑驳的土墙硬硬站立，不动声色。我坐在木椅上，望天，融融地蓝着；望树，懒懒地绿着；望左邻右舍的老屋，呆呆地沉默着。

黑母狗缓缓而来。我一点儿也不害怕——她的妈妈、儿子都曾与我互相看着慢慢吃饭；或狗饭，或人饭。

村里人，三三两两不时路过。我熟悉他们如同熟悉那条黑母狗，但用不着说话——早已有父亲母亲大声地打招呼呢。他俩进进出出檐下的大门，忙一些莫名的事，然后抽空笑我无聊四望，哪懂一个少年希望时光永远停留在这一刻的心思。

终于，那片瓦屋檐下的冬日暖阳，那些矮个木椅、棉梗堆、黑母狗、人……都被造化放入时光的机器里碾得无影无踪，当然还连同那个三十多年前的小小少年。

2017.11.5

中学班主任生涯偶忆

二十三岁到二十五岁的我，曾经有过短短两年的中学班主任生涯。

那时的我，真心期盼小我十岁的学生们人人皆为尧舜，也确凿相信只要共同努力，他们一定可以成为尧舜。

——如果再回到当初，我还会有如此理想化的愿望吗？恐怕未必吧，只因这理想化的愿望，对于不同层次的学生而言，既可能化为天天向上的动力，也可能变为不堪重负的压力。

那时的我，课余时间尤其是在周末，经常和小我十岁的学生们厮混，自费陪吃、陪喝，一起打篮球、踢足球、看电影，多次给他们免费补课；学生犯事了，也自信有能力去解决，从来不麻烦家长到学校，感觉丢不起这人。

——如果再回到当初，我还会有如此理想化的行为吗？也许可能吧，也许不可能吧。

当然，那时的我，也因年轻气盛犯过错，但确乎是出于美好的动机，绝对没有掺杂哪怕一丝一毫的个人恩怨。

——如果再回到当初，我还会出于美好的动机而犯一些完全无关乎自身利益的错误吗？告诉你吧，坚决不会。

2018.1.1

晨时厨房洗碗偶见窗外春色口占一绝

指尖流水碗沿花，柳叶轻拂润草芽。
夜半风吹天外雨，春光随意入人家。

2018.4.30

春日小窗远眺口占一绝

寻梅踏雪过华庭，何事倚门盼绿萍。
若问人间心碎处，无边春色最深情。

2018.5.18

山居印象

水流幽径士归田，山色苍茫云亦闲。
不问少年天下事，却观碧玉淡妆眠。

2018.6.23

杀狗记

2016年1月，旧历年味渐浓。我无心治学，遂忆及年前火车上某客所言杀狗事也，甚为有趣，唯恐失传，乃日夜翻录聊以自娱焉。历时半载而完篇，且名之曰《杀狗记》。

一

坦白说吧，人生在世必须杀狗的理想我少年时就有了。但二十年以来的狗，要么很怯弱，常用温柔乞怜的目光看我；或者很狡猾，悄无声息奔来，被发现后马上做无辜状溜走。——杀，还是不杀？这种纠结彷徨、时隐时现的心绪直到2002年7月末的一个午后才渐渐离我远去。

现在想想，那个7月末的午后和这座江南省城任何一年的7月末午后并无本质上的不同：天气照样闷热，人群照样烦躁，狗照样吐舌头。狗到底有什么好呢？是的，农家狗能看家护院，牧羊狗能保护羊群，可我租住的地方既不是乡村，也不是辽阔草原上的蒙古包，而是这省城繁华地带的小区。小区里的狗到底有什么好呢？它们到处乱窜，随意大小便，喜欢攻击小孩子，肆无忌惮逼近无辜的男人女人，然后瞪眼、吐舌头、龇牙咧嘴喘粗气，流水线般制造出成堆成堆的恐怖气息。没被狗碰到的人会慌出一身冷汗，被狗碰到的人往往吓得去医院打狂犬病疫苗，还要担惊受怕好一阵子。小区里的狗是多么危险的存在呀，可我却无力收拾这样的乱局，只能一边悲愤地瞅着它们的队伍发展壮大，一边恨恨地骂道："哼，妈妈的！总有那么一天，老子把你们……"

然而，那一天到底是哪一天呢？我真的不能确定，这就好比整日为生存奔波的我们无法确定何时上天堂或者何时下地狱一样。并非我故意夸大杀狗的难度。这活儿表面上不需要任何技术含量，心狠手辣即可，但要做得神不知鬼不觉却殊为不易——第一，你必须慎重选择合理的杀狗方式：扔毒肉包子的老法子只能对付狗的爸爸爷爷，新一代狗儿狗孙们进化得实在太快，它们不仅挑食，出来遛弯还有主子小心陪护。第二，你必须精心选择一只狗代表首开杀戒，臭名昭著的狗是顶好不过的了；切不可随随便便下手，否则即便成功了也缺乏轰动性、威慑性和成就感。第三，最重要的一点，你必须组建一个优秀的团队开展行动，毕竟人多主意多，人多力量大，历朝历代干大事的人没有不组建团队的，杀狗也不能例外；至于团队成员，最好是三人：两个太单调，四个又容易离心离德，三个则不多不少，既不显寂寞又方便维护团结，所以桃园三结义不能变成桃园两结义，三个火枪手不能变成四个火枪手。

话题还是回到这片我租住快一个月的养狗成风的小区吧。这里的狗，不咬人是偶然的，咬人是必然的，就看谁中招了。果然不出所料，狗咬人事件在2002年这个7月末的午后终于发生了。直到今天，我仍记得自己目睹这一事件的具体时间是午后3点14分，也就是北京时间15点14分。我一辈子都不能忘记这个时刻，因为随后竟然出现了许多稀奇古怪甚至令人毛骨悚然的事，只是当时的我还无法准确预知未来而已。

案发现场在小区第一栋和第二栋之间的草坪上。四五个闲人已自发将现场围成了一个不规则的半圆，他们裸露的皮肤表面还荡漾着午觉后的慵懒涟漪。我走近半圆，兴奋的脸微微发凉。我知道这兴奋来得不合时宜，但谁让直觉告诉我二十年来盘踞在心头的那份磨人心绪很可能借此机会就要远走高飞弃我而去呢？

肇事者是一只杜高犬，目测身高 60 多公分，眼睑细黑，肌肉结实，骨架和谐，浑身洁白。我承认，即便像我这样的资深仇狗者也不得不自惭于它的健美。杜高犬源于阿根廷，精力充沛，强壮异常，是帮山民打猎、看家的好手，却不适合城里饲养。其实市政府早已明文禁止城区饲养这类猛犬，但规定也仅仅只能是规定罢了。这犬现在终于安静了，正惬意享受它主子的抚摸。这狗主子我都见过好几次了，依稀记得路人唤他“龙哥”。龙哥体表由上而下横向铺开大把的肥肉，总爱岔腿昂头一声不吭地半眯着眼睛定定瞧人，像尊傻傻的雕像。他却一直因此自得，以能睥睨整个小区的芸芸众生为骄傲。

当我还是一个少年时，就对狗产生了强烈的厌恶之情。这个 7 月末的午后，龙哥和他的狗恰似西伯利亚原野刮来的一阵寒风，及时惊醒了我内心深处那份潜伏已久、即将变得淡漠甚至快要被渐渐忘却的少年情怀。

二

“狗碰你啦？”龙哥朝他眼前的地面大声嚷嚷，热得气喘吁吁。

蹲着的女子身穿白色连衣裙，一言不发，指了指自己的小腿。

“你们谁亲眼看见啦？”龙哥的眼神逐次扫描每个围观者的脸。闲人们一片沉默，包括我。

“你来这儿才几个月吧？”龙哥走上前，凑在女子耳旁低语，

“你不知道我是干吗的，我可知道你是干吗的！哈哈，哈哈哈哈！”

蹲着的女子轻轻抖了一下，像风拂过白色的湖面。

“好吧，看在老子的狗亲了你一口的份上，给一百块！不过这钱肯定要生利息的，捡了不要后悔哟！”龙哥掏出一张大钞扔地上，“哈哈哈”地带狗走了。闲人们也跟着散了。

很久以来我就耻于成为沉默的大多数，然而这次却依旧如此。怀着弥补的心情，我捡起那张百元钞票递给她：“别忘了。”她回头看见我的手，微微一怔，欲言又止——这种异样的表情二十年来我已慢慢习惯见怪不怪了。

她的脸属于经典的国字形，真的不太漂亮，幸而白白净净的，眉眼之间还流露出初见时让人无法忘怀的一丝韵味。但那个时候我最怀念的却是一位脸如桃形的女孩：黑的长发中分而下，露出略窄的额头，鼻如悬胆，颧骨略平，两腮轻轻向旁自然伸展，下巴略尖；眉毛和眼睛细长舒展，嘴略大并且嘴角微微上翘，似乎随时做好了浅笑的准备，只等一声令下。

我和桃形脸相识于2001年的冬天，这座城市的雪花正漫天飞舞，似乎想覆盖人间所有的缺憾，只余晶莹无瑕的完美世界。我们踏雪而行，不知不觉走到了十多公里远的郊外野山，然后深夜打车返回。她的姓名，我现在似乎记不清了，也不想记清了。有谁愿意整天念念不忘一个背叛者的名字呢，除非他是傻瓜。

“永别了，骗子！”这是某个中午桃形脸发给我的最后一条手机短信，只有短短五个字。那个中午，骄阳如火，我躲在2002年6月的一棵树下凄然回复，决心彻底了断我们之间长达半年的情感拉锯：“不错，我是骗子，特别喜欢在冬天骗人的骗子！”

这时，那女子站起身来。她二十五六岁的模样，个子不甚高，原本有些偏瘦，现在好像更瘦弱了。

“你得先回屋冲洗伤口，再去医院打狂犬病疫苗。我送你回去吧！”

她看看我，显出尴尬不安的神情。我自然理解初见时女孩子们常常表现出来的矜持模样，于是半微笑半严肃地劝诫她：“知道吗，这小区的狗都被吸血鬼附体了，整天比赛咬人。你怕不怕？”

她点点头，笑了，牙齿还算白。

不得不说，我租住的这片小区的布局真是太有特色了：一共就两栋楼，南边的六层是第一栋，北边的二十八层是第二栋，第二栋的正北面还有一排陈旧的砖瓦房；小区照例用墙围着，这本不足为奇，可那一排砖瓦房居然没有被包围在内，而是充当了围墙的一部分，这难免使人产生怪异的感觉。

那女子就租住在紧临路边的一间砖瓦房里。打开房门，迎接我的是一股强烈的夏日西晒气息。这房子实际上是一个粉刷不久的大约十五平方米的单间：门边是小卫生间，西面的墙壁旁立着衣柜，东面的墙壁上悬挂着一张崭新硕大直抵地面的竖幅老虎年画，北墙的小窗下摆着一桌一椅。小窗的采光效果着实有限，幸好房顶开了天窗，才能放任午后的阳光乘虚而入。

她进卫生间冲洗伤口。我瞧那老虎，正昂首山头张牙舞爪大声呼啸，仿佛要给这房间注入无穷的威力。桌子倒是八成新，放着一个水壶、两个水杯和一本掉了半个封面的琼瑶写的《窗外》。窗外，窗外又能有些什么呢？透过北墙的小窗，我看见了大片的湖水，湖边密密的树林，通往树林深处的泥巴路，再远望则是半年前我曾与桃形脸一起去过的郊外野山。这蓝天白云之下的郊外野山，那漫天飞舞的2001年冬天的片片雪花……

“窗外风景漂亮吧？”她冲洗完毕，得意地问。

我转过身。半明半暗的光里，桃形脸渐渐隐去，余下了无限空白。

“你帮了我，还不知道你是做什么的呢？”

“我是个骗子！”

刹那间，她脸色微微发白。我忽然醒悟过来，为自己的唐突与轻慢而后悔，连忙正色告诉她：“一栋南面正对着小区大门，出大门左转三百米就是社区医院，可打狂犬病疫苗。”

这一天很累，回到二栋一单元一楼的 1 号房间，我无心脱衣，直接把自己扔床上了。杜高犬，龙哥，围观的闲人，被狗咬的女子，女子的房间，窗外的野山，这一切都像电影画面在我眼前放映。回味这些画面，我突然发现了一幕非常奇怪的场景：那女子租住的房间竟然没有床！

三

早晨偏晚一些的时候，大把大把的阳光已经爬上床，压得我咯吱作响。我打开手机，发现了系主任的短信：“咱们法学院对来院工作的博士专门出台的社会调研资助政策已获学校批准，你速来学院办公室。”

是的，的确不错，我正是 2001 年秋天从英国获得法学博士学位后应聘到这所位于江南省城的著名大学的。那时的我 31 周岁，意气昂扬，对自身的一切非常满意，除了缺钱之外。初到学校，我只好委身于二人间青年教师公寓，忍受着与一位二十四小时说话绝对不会超过五句的考古学博士的同居生活。这种非人的日子直到 2002 年 7 月初我租住这片小区后才正式宣告结束。

学校离小区不远，我骑自行车一刻钟就到了。刚上二楼，看见几个人站在学院办公室门前的通知栏兴奋议论，我赶紧奔了过去。

应该说，学院这次出台的博士社会调研资助政策力度很大：为了响应市委市政府建设法治省城的号召，为了帮助我院青年教师切实了解国情，经学校批准，学院决定资助2001年和2002年来院工作的博士赴城郊区（县）考察调研；调研具体时间为2002年8月1日至2003年7月31日；调研结束后要求撰写一份高质量的调研报告，由学校集中呈送市委市政府；调研期间工资福利照发，另外每人先期资助调研经费三万元。

我的心如同汪洋里的一条船，起起伏伏兴奋不已：三万元人民币，厚厚的一沓，这笔钱我拿定了；再说一年的调研时间委实不算长，权当去散散心吧。这样想着，我接过院办主任递来的申请表格，仅用半个小时就填写完毕。

再过四天就到8月1日，我得有所准备。方便面、饼干和榨菜自不可少，矿泉水也买了十几瓶——毕竟郊区生活条件差，不得不考虑临时缺水情况的发生。

中午的阳光格外灼人，热得小区第一栋前面立着的铜马都想乘风归去。我用同情的目光瞻仰这可怜的铜马以示安慰，然后放下刚从超市买来的一大袋东西，顺势坐在小区健身器旁边的石凳上歇脚。柳树下这些呆呆傻傻的单杠、荡椅和跷跷板此刻无人理睬，它们愁眉苦脸地忍受无边无际的孤独，一心盼望黄昏的尽早来临。只有黄昏时分，孩子们才会来此玩耍，给这小区唯一的健身场带来快活的空气。

这样热的中午，稍长一点时间享受这石凳的希望也变得渺茫起来，我起身拉起塑料袋准备离开，猛地感觉手一紧，紧接着袋子裂开了一条缝，几瓶矿泉水趁机夺缝而出。原来石凳下方裸露的一根细铁丝划破了塑料袋。这铁丝显然是用来固定石凳的，本藏在凳脚内部，只因凳脚破损了才裸露在外。它仅有我的中指那么长，一般人很难发现。万一孩子们疯疯打打跑跑闹闹摔倒了，恰巧撞上这铁丝，那可就危险了。我不再多想，立即去踩铁丝，打算将它压入泥土。一阵钻心的疼痛突然从脚底袭来。我忍痛弯腰细细查看：这哪是铁丝呀，分明是一根坚硬异常宁折不弯的钢丝，它竟然穿透我的鞋底，狠狠刺入我右脚掌的前部。

幸亏左脚完好无损。一路上，我推着自行车一瘸一拐地走，感觉鲜血不停流淌，浇灌着袜子和鞋底。总算进了二栋一单元一楼的1号房间，我赶紧脱掉袜子检查，惊讶地发现血迹并没有想象的那么多，只是右脚掌的前部印着一个明显的黑色伤口。

血迹不多，并不意味着伤口不需要处理，但为这点事去社区医院又未免有些小题大做。好在我平常酷爱做饭，厨房里的盐醋长年不缺。将热水倒入水盆，再加适量的盐和醋用来泡脚，这土法子可以消除伤口炎症，还能加快脚底的血液循环，以便伤口尽早愈合。于是我就这样泡着，边泡边加热水，边加热水边泡……不知不觉沉沉睡去。

四

半夜口渴，我起身找水，发现完全没法走路了：右脚掌前部整体肿胀，触地就痛，不能着力。我只好单脚跳跃，像传说中的跳鱼儿。不过跳鱼儿是在滩涂跳跃，姿态美妙，而我则是在夜半的房间跳跃，有些鬼影憧憧的味道。

这脚掌到底需要几天才能恢复正常呢？倘若不能及时恢复，三万元人民币岂不泡汤了么？我心乱如麻，横竖睡不着，就给老家一位相熟的医生发短信求教。虽是夜半时分，我也顾不上了。不一会儿，千里之外的医生回信了：你上医院开点药外涂内服，伤口七八天能基本康复，别急啊。

我能不急吗？但事已至此，急又有什么用？我冷静盘算未来七八天的日子：调研绝对去不了啦，天亮之后务必马上打电话告诉院办主任；医院不必去了，就待在屋子里泡脚，每天早中晚各一次；至于吃的问题，单脚做饭不方便，幸好还有一大袋方便面、饼干和榨菜陪伴左右，性命暂可保住。

天终于亮了，很好的太阳。我坐在窗前的椅子上泡脚、喝麦片、看杂志，不时浏览窗外的树叶。中午，方便面、饼干和榨菜作午餐，接着午睡。午睡后继续泡脚、喝麦片、看杂志，再次浏览窗外的树叶——这些树叶干吗总是四季常青呀？它们乍看充满活力，久看却让人乏味，怎比得上我西北家乡那一片片红得像火黄得似金的叶子。夜晚，方便面、饼干和榨菜作晚餐，接着泡脚后自道晚安，上床睡觉。

第二天、第三天依然是很好的太阳，我也依然重复着昨日的故事。

第四天的上午，天阴沉沉的，像要下雨的样子。一个、两个、三个……男的、女的、女的、女的，又是男的……我研究着匆匆忙忙的路人，百无聊赖。黄昏时，雨来了。微雨中，一条白色连衣裙恍恍惚惚飘过我的窗外，转瞬即逝，宛如一张活动的抽象派油画。

难道是她吗？是啊，这四天里我不断责问自己当初为何走得那般匆忙，没有留下她的任何联系方式。否则，我如今就能理所当然地关心她被狗咬后的恢复情况，再顺其自然地谈谈人生什么的。倘若如此，这四天里我又怎会这般孤寂无聊呢？

人生不过百年，我们分分秒秒苟活于生命的倒计时里，所以人生需要用希望来装饰，即便原本没有希望也要尽力造出希望，哪怕是一星半点的希望：有了希望就有了期待，有了期待，我们才能暂时忘却这人生的孤寂与无聊。这希望可能渺小甚至荒谬，就像在这个微雨的黄昏，我突然异想天开，决定监测那陌生的白衣女子并希望揭开她身份的冰山一角。

当夜，我躺在床上很快设计好了监测时间：根据本市人员朝九晚五的上下班规律，监测时段定于早七点至晚七点，其中早七点至早九点以及晚五点至晚七点这四个小时属于全天重点监测时段。我深信，对于任何一个正常工作的女子而言，我所设计的监测时间绝对是非常科学极其合理的。

这一夜，兴奋的我零点以后才睡意渐浓，而且感觉右脚掌也不那么疼了。

第五天是8月1日。当凌晨的夜空正忙着漂白自己时，我开始泡脚，喝麦片，吃方便面、饼干和榨菜。北京时间早七点整，我准时坐在卧室窗前的椅子上，神采奕奕得像每晚七点准时出现在电视里的《新闻联播》主持人。

然而整个上午，我竟一无所获。难道那白衣女子走了别的路？不可能。我窗前六米远的这条路，可是砖瓦房居民们出小区大门的必经之路。难道她的样子变得我不再熟悉？不可能。短短几天的光阴无法彻底改变一个人的容貌，尤其是身形和走路的姿态。难道她最近离开了这片小区？或者她没有离开这片小区，只是上午没有出门？至于没有出门的原因，可能是生病，可能是上班轮休，还可能是……

脑子有些乱，我推开窗，深吸一口新鲜的空气。中午行人极为稀少，连路上爬行的蚂蚁也休想逃过我的眼睛。我趁机泡了泡脚，边泡边消费一袋麦片加两包饼干，抖擞抖擞精神，以抵抗熏得使人昏昏欲睡的午后时光。我知道，越是这个时候，越要加强警惕，否则一走神，鱼儿就会溜掉。

五

晚上六点的时候，鱼儿终于出现了！白净的国字脸，配上粉红色连衣裙、白色尖头露趾高跟鞋和小巧的黑色手提包，飘过我的窗前,向小区大门的方向走去。

她去购物吗？如果是,那么顶多一个小时就会原路返回,因为超市就在小区附近不远的地方,我只需守株待兔。但如果是上夜班,或者是去约会什么的,我就无法预料她的归期了……

头疼,不能再细想了,我姑且监测到晚上七点吧。

天色渐暗,月亮升起来了,蚊虫们上下飞舞,不停敲打窗纱,乞求放它们进来。我贴近窗纱,稳稳盯住昏黄路灯下的行人,偶尔也冲蚊虫们挤眉弄眼地调情:已经工作近十二个小时啦,实在太累,需要调剂调剂。

熬到晚上七点整,仍不见她的踪影,这一刻,我真的很失望,也很纠结——今夜是继续守候在窗前,还是安眠于舒适的床上？

月光如洁白的细沙,铺平了窗前的小路,宁静而悠长,流过城市的街道、寂寞的森林、荒凉的戈壁和默默行进的长河,照临千里之外的故乡。我的心也消融在这月光里,渐升渐高,仿佛要远离人世间,飞到一个神奇的地方。这样的月夜,选择守候还是选择安眠,似乎是一个问题,又似乎根本不是一个问题……

不知过了多久,一阵轻微急切的高跟鞋走路声踏碎了窗外的月光。我的脸紧贴窗纱,想看得更清楚些。是她！粉红色的连衣裙、白色的高跟鞋和小巧的黑色手提包,不同的是身边多了一个鼓鼓的塑料袋。没错,现在正是晚上十点。就在我看表的当儿,高跟鞋声已慢慢消退,不再真切。

第六天的上午、中午和下午,我仍然按时监测,但始终不见她。我并不沮丧,反正这一天还长着呢。果然,晚上六点的时候,她再一次匆匆飘过我的窗前,向小区大门的方向走去,好像是急于约会什么人。我想隔窗大声唱歌,引起她的注意,却颇为踌躇。

不知怎的,我忽然想起了一个多月未曾联系的桃形脸。“你在哪儿?”短信发出不久,我后悔了,又带着期待。

快到晚上十点,还不见桃形脸的回复,我隐隐感伤,却不很难过,只是盼着那一阵轻微急切的高跟鞋声踏碎这窗外满地的月光。果然,晚上十点的时候,她匆匆而过,好像她租住的房间里有一股神秘的力量牵引她按时归来。

第七天的上午,我尽情酣睡。中午起床后,还是觉得浑身乏力。这也难怪,谁让我连吃一个星期的方便面、饼干和榨菜呢?右脚掌倒是可以着地行走,虽仍感不适,但比先前强得多了。我来到久未开工的厨房。蔬菜早没了,大米尚存一两把,正好做成稀粥当午餐。

实在太困了,喝完稀粥,我上好闹铃,又睡了一觉。晚上六点的时候,我不由自主来到窗前。很奇怪,她没有出现。难道今天发生了什么意外吗?

时针很快指向晚上七点,天色暗淡下来了,恰似我的心。这时,客厅传来几声细微的敲门声。我简直不敢相信自己的耳朵:在这省城,我无亲无故,几个朋友也不清楚我租住的地方,至于桃形脸则更无可能,因为她压根儿就不知道地球上还存在这样一片小区。

我不紧不慢打开门,差点叫出声来——那女子正站在面前。

“你找我吗?”我半惊半喜。

“原来真的是你!”她似笑非笑。

我忙不迭地侧身礼让,然后看见了她白色连衣裙的背影,还有黑色的手提包,白色的运动板鞋。

“你怎么知道我住这儿?腿伤好了吗?”

她一声不吭,先在房子里转了一圈:“一个人,一室一厅,南北通透,真不错啊!”

略泛潮气的客厅里只有一张单人沙发,灰蒙蒙的,我便请她坐在卧室的椅子上。这椅子原本是我用来做监测的，万万没有料到有朝一日竟会成为被监测者的坐具。造化弄人，此言不虚啊。

六

“你听过狼的故事吗？”她直视着我。

我一愣，来者不善啊！

她却并不在乎我的沉默：“我老家的山到处高高低低弯弯曲曲。山上有树，有狼。我上山就遇过狼。你猜猜狼咬人之前会干什么？”

“我哪知道啊。”

“告诉你吧，狼会悄悄躲在草丛里大树边偷窥！”

这一刻，纵然我是天下第一的大傻瓜，也不可能听不出她的言外之意。我一时无语。

可她依然直视着我。无奈之下，我只好提起右脚掌讪讪地笑道：“咱们小区健身器旁边的石凳子破了，露出的一截钢丝戳伤了我的脚。几天都不能出门，实在无聊得要命，只能吃饼干方便面提神，看窗外风景解闷。你瞧我像那种没事待屋子里偷窥别人的人吗？”

她居然低头仔细查看我右脚掌的受伤之处，还顺手敲了一敲。我“哎哟”一声：“你还真验货呀？”

这下轮到她不好意思地笑了。

房间里的气氛有些尴尬，于是我假装很感兴趣地问：“教教我吧，上山碰到狼后该怎么办呀？”

“你不是读书人吗？自己想想该怎么办。”她指了指书桌上窗台上堆放的一摞摞法学专业书。

“好办。”我随手抽出一本，故作正经地翻了几页，“明白啦，先和蔼地给狼普及普及法律常识，然后严肃警告它吃人是犯法的。”

她扑哧一笑：“你真迂！其实没事的，每次我都带狗上山。不是宠物狗，是那种大的猎狗。”她显出一副心驰神往的模样。我猜她在思念老家的狗，也许还有狗的种种故事。

趁她短暂走神的机会，我找出笔请她留下联系方式。她迟疑了几秒钟：“还是将你的写给我吧。我有事要做，马上得走啦！”

就这么顷刻之间，我们短短的见面结束了，我又重新回到一个人的时光里。孤独寂寞的河水四处弥漫，缓缓淹没那些桌椅那些书，淹没我的全身……

直到手机铃声响起，我才醒过来，原来是她发来了短信：“我是江明月，这是我的号码。”

“江明月”，这名字还行。我一边念叨她的名字一边回复：“哈哈，大骗子已收到您的芳名，诚挚欢迎明天光临寒舍继续讲述狼的故事！”

我感到青春的活力一下子注满了自己的身体。客厅得好好收拾收拾了，万一她明天真来找我，多难堪啊！

客厅并不大，仅仅一个钟头，我就将地面墙壁连同沙发收拾得干净异常。洗漱完毕，我回房间准备关窗睡觉时，惊讶地发现窗台上赫然躺着一个陌生的纸团。我好奇地打开，看见纸上写着一行字：当心那危险的女子，切记切记！

是谁在我收拾客厅的时候偷偷拉开纱窗塞进纸团呢？揣摩纸条上的话，似乎这人对江明月相当了解。江明月到底是一个什么样的女子，又有什么样的危险呢？如果她明天来找我，我该如何对付呢？

夜深了，我无法入眠，总觉窗外有一双眼睛盯着自己。我起身拉上窗帘，强迫自己睡觉，但透进房间的依稀的月光又使我情不自禁想起了她，这谜一般的女子。

七

第八天，我养伤的最后一天，十分特别。

大约早上六点，雨丝开始滑落，越来越粗，越来越烈，借着风势横冲直撞。整个白天，雨势都没有减弱的迹象。房间的窗被雨弄得叮当作响，我躺在床上，心里琢磨昨夜那个塞纸团的人。难道是龙哥么？可他和我素昧平生啊。我情不自禁地回味那个狗咬人的午后，隐约觉得龙哥说给江明月听的几句话似乎都别有意味，而且江明月听到这些话时似乎害怕得紧，仿佛面前的胖子是个极可怕的人物。

窗外的风更狂了，雨更暴了，夹杂着龙哥满身肥肉、斜眼瞧人的神态不停在我眼前晃荡。男人体型标准当然可爱，但偏瘦一些也不错的，即使肥胖一点亦无伤大雅，可怕就可怕在集肥胖与骄横于一身：人类的粗鲁、野蛮乃至种种犯罪行为，常常与这类人相关。这类人的基因偏偏无比顽强，历经刀山火海而永不绝种。还有他的狗，这几天里又不知吓坏了多少无辜的人。尽管我没有出门亲见，但狗毕竟是狗，畜生毕竟是畜生，说不定哪个深夜会突然破窗而入，扑向熟睡中的我，或者别人家的孩子……

房间的窗叮当作响，客厅的潮味飘入房间，让人憋闷难受、坐卧不安，我抓起手机给江明月发短信："还记得小区咬你的恶狗吗？咱们一起杀了它，好不好？"

没有收到回信，我惆怅了一会儿，心情才缓缓平复。

夜幕开始笼罩小区。雨势变小，不再那么闷热。我吃光了房间里剩余的方便面、饼干和榨菜，发了很长时间的呆，然后准备睡觉。这时，客厅传来几声细微的敲门声。

来人果然是江明月。她拎着塑料袋，内装一小捆白菜和四个西红柿，进门就递过来："超市的菜夜晚打折，我买多了，送你一点。连吃几天的饼干方便面，当心小命不保！"我接过袋子——如果能顺便带来一点西瓜、花生米和啤酒就更完美了，但没敢说出口。

她瘫坐在客厅沙发上，心事重重的样子。

面前这个粉红色连衣裙的女子真的充满了危险吗？我不愿多想，只是用漫不经心的语气问她收到我的短信没有。她随口应道："你确定要杀狗吗？"

"当然啦，给你报仇！"

"我不讨厌狗。不过也说不上喜欢。"

"我并不是痛恨天下所有的狗，我只痛恨那些已经咬人和可能咬人的狗！"

"我老家也有数不清的狗，难道你也要去杀吗？"

"不！要是它们回到山乡、草原，去看家护院，去保护羊群，那就是生得其所。但这里是城市，是女人和孩子的地盘，狗必须滚开！"

她顿了一下，轻声提醒我："这些狗整天被主人养着、关着，它们能滚到哪儿去呢？"

"狗主我管不了。我只杀狗不杀人！"

"等我想几天再答复你，行吗？现在找你借钢锯用用。昨天晚上我去健身器那儿了，石凳子脚边确实露出了一截钢丝，硬得怕人！我马上锯了它，为孩子们除害！"

为孩子们除害！我弯腰取锯，心头泛起一丝感动，还有自责。

江明月走了。我又想起了那张神秘的纸条。难道她是在我面前演戏吗？

我努力搜寻江明月身上的疑点：她每天晚上六点离开小区，晚上十点才回来，干什么去啦？她房间里根本没有厨房，为什么买菜？刚才弯腰从沙发底下取钢锯时我留意观察她的小腿，居然没有一点点被狗咬过的痕迹，这不是很蹊跷么？

再也不能被动地活在猜想之中了，事不宜迟，我必须马上行动。

门外细雨纷飞。我披上雨衣冲入茫茫黑夜。江明月此时应该在小区健身场，如果她没有说谎。

她果然没有说谎。躲在滴雨的柳树后面，我看见一个女子半蹲着用力拉锯。吱吱的声音从锯齿袅袅上升，不断撕开子夜的帷幕，抵达遥远的天际。她的伞就搁在荡椅上，离我八九步远，我却没有勇气上前替她撑开。

起风了，雨稀稀落落的，乌云也变薄，宛若片片流动的灰纱。在微亮的光里，江明月的影子印在雨后的路面孤独前行。我跟了上去。

小区范围有限，仅仅三四分钟，江明月就路过第一栋和第二栋，到了砖瓦房的门前。她开门后随手关门，将我挡在外面。我当然不能敲门求见，否则怎能揭开她身上的谜团呢？

我知道这砖瓦房只有一个窗口，那就是北窗，但它被隔离在了小区围墙之外；而且即使费力翻越围墙来到北窗下偷窥，恐怕也不可行，因为这个时间的窗户肯定已经罩上窗帘了。

正当我束手无策时，蓦然发现一小片淡淡的光亮浮现在房顶。我陡然想起这房顶是开有天窗的，于是深吸一口气，爬了上去。

雨后的瓦片湿滑湿滑的，我也顾不了这么多，只管透过天窗向房内看。江明月正站在北窗旁的桌子边喝水，又倒满一杯水，拿着水杯走近那张崭新硕大直抵地面的竖幅老虎年画，掀开画钻进去，消失了。

我惊诧万分，简直不敢相信自己的眼睛！

还没来得及回过神，旁边两米多远的屋顶又浮现出一小片淡淡的光亮。我定睛一看，又是一个天窗。一不做二不休，我小心翼翼爬了过去，看见江明月坐在房间的一张大床上，身旁半躺着一个人。哦，我终于明白了，原来这两个房间有门相通，门就隐藏在那张硕大的老虎年画后面！

我很想看清那人的脸，但江明月的身体却完全挡住了视线。我灵机一动，拿出手机准备拨打她的电话，以便引开她片刻。这时，那人坐起身，是一个五六岁的男孩。他张口接住江明月塞过来的一片好像是药丸的东西，然后喝口水，抬头咽药丸，眼神发呆，空空洞洞朝上望，刚巧与我的目光相接！

我遽然一震，好似喜马拉雅山突发雪崩一样的感觉，手机也猝然脱手，顺着屋顶下滑。我连抓几下都没抓住，只好眼睁睁看它没入屋后的泥巴或者草丛里。

雨夜冷寂，我无心继续偷看，更无心寻找失落的手机，只盼着尽早跑回自己的房间。

八

太阳升起，全新的一天开始了。我昏昏沉沉的，想想昨夜，就像一场梦幻。但失落的手机明明白白告诉我，那一切全都是真的。

想起失落的手机，我心慌意乱：谁要是今天上午给我打电话，手机铃声极有可能惊动江明月，凭她的机警，发现手机还不是分分钟的事？但我又不敢大白天去砖瓦房附近寻找，担心被她看见。

这个白天，我忧心忡忡无所事事，觉得一生的时光何等漫长。

月牙儿终于驱走了太阳，夜神重新君临大地。等到八点半，这个夏夜变得一团漆黑的时刻，我出门直奔砖瓦房旁边的围墙。

围墙也就两米多高，表面坑坑洼洼，看来常有人攀爬。我翻身而上，骑在墙头望另一边，只见大片荒草酣睡在极淡的月光里，月光在湖水中不停荡漾，此外并无任何异样。

我慢慢落了下去。面前正是我先前见过的北窗，此时窗帘紧闭；北窗的东面，就是昨天晚上江明月和那个男孩待着的房间。这房间有门直通房后的草地，草地上还竖着一个简易的秋千架。房间没有窗，但开着排气孔，隐约漏出几缕细微的光。

我偷偷靠近排气孔向房内瞧去。一些锅碗瓢盆整整齐齐摆在干净的灶台上，显然这是厨房了。厨房的窄门没关严实，露出了缝隙，那几缕微光就是从厨房门后的卧室穿过缝隙跑过来的。此外我便什么也瞧不见了。

趁这微光，我赶紧悄悄寻找失落的手机。荒草遍地，前后左右找了几遍，也不见踪影。这时，一束亮光突然从排气孔射出。我大吃一惊，连忙贴近孔口。原来厨房的门被推开了，那个五六岁的孩子正歪歪扭扭地进来喝水。他的头发大半是黄的，两眼无神，步履蹒跚。显然这不是一个正常的孩子！我记得北窗下有备好的水壶和水杯。看来江明月不在家时这孩子只知道喝厨房里的自来水了。我很想进去帮他倒一杯热水，但也只能是想想而已。

月牙儿升高了，我无意继续寻找，决定离开。

一路上，孩子的模样不断在我眼前徘徊，始终挥之不去。我窝在客厅的单人沙发里，脑子一片空白，屋内也一片空白，似乎回到了石器时代……

“咚咚咚”,不知过去了多长时间,有敲打窗户的声音传来。我吃惊地冲入卧室,看见窗台上又一次赫然躺着一个纸团,纸团旁边还放着我昨夜失落的手机!

我颤抖着打开纸团,上面写着一行字:今晚十点小区健身场见,切记切记!

这个送纸团和手机的神秘人物到底是谁?肯定不是江明月,因为这次的笔迹和上次的一模一样。难道还是龙哥?或者是另有第三人?我突然意识到自己已经不知不觉卷入到了莫名的危险之中。

手机设置了开机密码,这神秘人物无法窥见里面的内容。我打开手机,有一条未读短信,是江明月今天中午发的:有事求你帮忙,今晚十点在吗?

我分身乏术,两个“今晚十点”,必须选择其中之一。神秘人物的“十点”虽高深莫测,但我很可能不虚此行,值得一去。至于江明月的“十点”,我暂且假装没看见,以免自己陷入更大的危险境地。

已经晚上九点四十七分了,我务必提前赶到健身场,先观察观察周围的环境,以防不测。我将小菜刀用废布包好后放入裤兜,昂首出门。这年头,坏人放肆地舞刀弄棒,好人却须赤手空拳,我可不能当一个徒手的好人白白受坏人欺负,然后再去麻烦警察叔叔。

小区健身场空无一人。我不敢大意,站在树下不停环顾四周,等待那个神秘人物现身。

晚上十点,仍然空无一人,只有一辆车驶了过来。车灯锃亮,照得树下的我差点灵魂出窍。在柔柔的月光下,我看出这是一辆漂亮的黑色路虎。车“吱”的一声急刹,差点碾上跷跷板,然后一身粉红色连衣裙的江明月从副驾驶座位钻出来,——驾车的分明是龙哥！

我承认，在这电光石火的一瞬间，我身体内的每个细胞都完完全全呆住了。

龙哥并没有下来，而是等江明月晃晃悠悠走远后才将车驶到小区一栋二单元的门前。

江明月之所以反对杀狗，原来是和龙哥有一腿呀！我恍然大悟。现在的她很可能去我的住所敲门求见，但我不仅不在乎，相反还生出一股拒之于门外的快意。

那神秘人物会是龙哥吗？不太可能，除非他故意引我出来目睹这一幕，但他这样做的意图是什么呢？假若不是龙哥，这神秘人物就一定另有他人，一个我不认识的陌生人。他究竟是谁？为什么不与我见面？难道约我出来只是为了让我看到江明月和龙可在一起的画面吗？

午夜已过，我独自在健身场徘徊。这的确是一个危险又刺激的游戏，我既害怕又好奇。

不能再像无头苍蝇一样的乱撞了，我得理理头绪。目前首要的任务是调查江明月的职业，再顺藤摸瓜，彻底弄清她的真相。

九

几个小时的光阴溜走了，太阳再次悬挂我的窗前。这个上午我特意去超市买了一套便于跟踪的行头，下午又足足睡了一个长觉。晚上六点差十分的时候，我已经头戴灰色遮阳帽，身穿黑色T恤和深蓝色休闲裤，脚蹬黑色球鞋，隐于热热闹闹的小区健身场，等待江明月的出现。

晚上六点，江明月出小区大门向右，走上夕阳残照的街头。

被午困压抑的人群恢复了活力，他们悠闲地逛街，流汗地吃烧烤，热热闹闹地摆地摊……在这闹哄哄的地方跟踪一个人，容易得很。可江明月着实不是一般的女子，我提醒自己千万小心，不能跟丢，更不能被她发觉。

二十分钟后，她拐入街旁的一条岔路。我暗吃一惊：这府林路一里多长，八九米宽，两边按摩店林立，一到夜晚便莺声燕语霓虹闪烁，号称不夜之路；不过现在天尚未黑透，路上几乎无人，再跟下去极有可能被察觉。

我只好站在路口的广告牌边远远盯住江明月，并紧急思考接下来可能发生的意外情况，比如她走到府林路的尽头拐弯后我跟丢了该怎么办。

我的担心终究未成事实。江明月走了一百多米就进了路边一间按摩店，十多分钟不见出来。这使我产生了异样的感觉。

没有别的更好的办法了，我在天黑之前唯一能做的就是原地等待继续观察。

一个多小时的等待里，孤独之水一再涌近，企图麻木或者驱赶我。幸而蚊虫们善解人意，轮番前来问候，逼迫我不断保持清醒，并反复思索人生的意义。

老天爷的脸终归完全黑了下来。府林路上的人越来越多，成了极好的掩护。我假装闲逛，慢慢踱过江明月进入的那家按摩店的门前，眼睛的余光却向店内瞄。店内坐着两个女子，化的妆很浓，很风情，不停朝我招手。我对她们的印象，说不上好，也说不上不好，我们都同样是为生存而辛苦奔波罢了。

我又原路慢慢踱了回来，眼睛的余光再向店内瞄，可仍不见江明月的影子。

怎么办？进店找人我缺乏底气，打道回府我心有不甘。这时，从忽明忽暗的霓虹里闪出两个青年，全是一身黑色休闲打扮，慢慢向我逼近。在两米多远的地方，他们停步，目光直直地审视我。我猝不及防，惊慌得连连后退。他们立刻像获得了什么保证似的扑了过来，我本能地转身奔跑。

风呼呼刮过耳畔，我脑子混沌不堪，仿佛被追上了，仿佛被重重踢翻在地，仿佛很快爬起来再度狂奔。慌乱之中，我被人一把拉进车里，扬长而去。

也就一溜烟工夫，小车停在了小区健身场。我缓过神，看见一个六十多岁的老头在驾驶座上抽烟，烟头却没有点火。他摆手示意我不要出声："你一定有很多话要问我，比如我是怎么知道你住这儿的，我为什么要救你，那两个男的为什么要追你。对不对？"

我连连点头。

"我早就注意你了，还知道你是学法律的呢。"老头得意地笑着，"这里说话不方便。我住小区第一栋，要不你上我家，咱们细聊？"

我与老头素不相识，他却早已注意到我了，并且知道我是干什么的。这些话散发出丝丝的怪味，但究竟是怎样的怪法，仓促之间我也想不出眉目。他还邀我细聊，那会是些什么问题呢，非得去他家聊？

这老头外表和蔼可亲不像坏人。我摸摸裤兜，硬硬的，菜刀还在。

十

"我姓龙，就叫我龙叔吧。"走进一栋二单元一楼的 2 号房间，老头和气地告诉我。

这房子太大了，四室两厅两卫，至少一百五十平方米，但装修一般，仅仅刷了刷墙，铺了铺地砖。客厅里的家具看上去已被主人用了许多年，一个个累得筋疲力尽。

龙叔指指我的衣裤，又指指卫生间。我知道他的意思是让我收拾收拾。透过卫生间的窗口，我能清楚望见自己所住的房间，怪不得龙叔说他早就注意到我了。

衣裤上有几处倒地后留下的痕迹，我边刷边骂那两个追击我的家伙。龙叔走过来倚住门框："骂骂也好。知道他们为什么胆敢对你下手吗？因为你犯了一个致命的错误！"

见我一脸迷茫，他淡淡地说："那两个家伙是给府林路按摩店看场子的黑社会小弟。你总在店外鬼鬼祟祟地晃来晃去，他俩便怀疑你要么是便衣警察，要么是其他道上来捣乱的。"

"他们动手，难道不怕我是便衣吗？"

龙叔笑了："是啊，刚开始他们不敢动手，只盯着你看。结果你慌得要死，哪像个便衣的样子？"

"真的便衣会怎样？"

"要真是便衣执行任务，说不定带枪，周围也肯定埋伏支援的同伴，怎么会慌慌张张呢？"

原来如此。这龙叔不简单啊。

"你知道我为什么帮你吗？"龙叔一屁股坐沙发上，自问自答，"因为我恨他！"

"恨谁？"

"住我楼上的那个恶人！你们都叫他'龙哥'的那个恶人。"

这一刻，我好像对几天来发生在自己身上的种种难解之事有些领悟了。

龙叔长舒一口气，半躺在沙发上："这小区原是城郊村，住着三十多户姓龙的。村叫龙家村，靠着一大片湖，风水宝地啊。四年前拆迁后盖了现在这两栋楼。第一栋补偿给村民，第二栋属于开发商，对外出售。"

我忍不住打断他的话："湖边那排砖瓦房怎么做得那么奇

怪啊?”

龙叔闻听此言气愤起来:“还不是那恶人干的好事！他常住市区,户口和老房子却在村里,哥哥姐姐在市里工作。拆迁消息在政府公布之前他就知道了,于是就想趁村民不知道拆迁的事回村多买宅基地抢建房子,这样可以捞一大笔拆迁补偿款。”

“龙叔,这和您有什么关系呢?”

“怎么没关系?湖边那排砖瓦房的建设用地本来是我和另外五家村民的宅基地。那恶人三天两头回村对我们又逼又骗,非要转让宅基地给他盖一排平房,说是打算雇人在湖里养鱼用。他后台硬,说一不二,大家平时多少有些怕他,还经常求他办事,没法子呀,勉勉强强答应转让了。半年后才明白他是想借拆迁发大财!”

我点点头:“原来那排砖瓦房是龙哥临时赶着做的。可后来为什么没让开发商拆迁呢,不是可以赚一大笔钱吗?”

“还不是因为我鼓动其他五户村民到处告状嘛！——我不服啊,带他们到处告那恶人强买宅基地,公安局、法院都说查无实据,没法受理。不过开发商见我们告得凶,一时也不敢拆迁,这排砖瓦房就搁置起来了。唉,也怪我们一时糊涂,没有留下宅基地被强买的证据啊!”

“龙哥没有得逞,估计不会善罢甘休吧?”

龙叔微微一笑,转而很悲凉:“那是当然了,别看小小的一排砖瓦房,他一下子损失十多万拆迁补偿款呢！他恨死我了,先是串通开发商将这一排砖瓦房当围墙使,嘲弄我说再怎么样告状,那一片还是他的地盘。这也就算了,没想到他又收买一个小弟将我儿子故意灌醉后带到湖里游泳。我唯一的孩子就这样溺死在围墙边的湖里,才二十三岁啊!”

“他们害您儿子的事,是您亲眼所见,还是您的猜测?”

“你果然是学法律的，讲究证据。这事是那个小弟良心上过不去，偷偷告诉我的，货真价实，绝对没错。可这人是外地的，很快离开了这个地方，不知跑哪里去了。又是查无实据啊！我老婆受不住刺激，两年后死了。一家人就剩我老头子一个了。”

我想说一些安慰的话，却无从说起。

龙叔指指房顶：“那恶人还不肯放过，存心买我楼上的房子，扬言要一辈子压得我不得翻身！”

我顺着他的手势朝上望，发现客厅屋顶的墙面布满了或大或小、或老或少的凹洼，触目惊心，好似满天愤怒的星星。

“这些洼都是我用竹竿戳的，生气了就戳一戳，心里好受点！”龙叔越说越激动，咳嗽起来，脸上的青筋跳跃不停，“他住二楼装修豪华的大房子，银行存着大把的不义之财，每年收砖瓦房的租金，府林路还开着两家按摩店。他派手下人收租金管按摩店，自己整天和一帮酒肉朋友吃喝玩乐，活得要多滋润有多滋润！”

我连忙转移话题：“您恨龙哥和您帮我，这中间有关系吗？”

“当然有，就是你跟踪的女人。”龙叔一脸认真，“你那么喜欢她，那恶人却天天在逼她，逼她干不情愿的事。你是男人，难道一点都不心痛吗？”

我喜欢江明月？短暂的惘然之后，我激动地拍着转椅：“龙哥逼她做什么，为什么逼她？”

龙叔看看我的手，呆了一呆，表情古怪。沉默了片刻，他凝视着我：“那女人是干什么的，你真的不清楚还是假装不清楚？”

“实话实说，我认识她也就半个月，以前真不清楚她是干吗的，不过今晚有些懂了。”

“我第一次见那女人就知道她不是正经人。你知不知道前些日子小区里狗咬人的事？其实她并没被狗咬，是假装的，想讹人钱财！我亲眼看到的，货真价实，绝对没错。只不过当时我不想管那恶人的闲事，懒得戳穿那女人。”

我心中五味杂陈。我看见窗外的狂风卷过大海，希望与失望的波涛在海面此起彼伏互相撞击，掀起片片黑色的浪花。如果这时能从窗外飞进一匹马，我愿意骑着它流浪到那无比遥远的边疆，永远不再回头。

“你年纪轻轻，我担心你陷得太深，一直暗中跟着你、提醒你。”龙叔叹了口气，“就像我担心我儿子一样！”

“窗台上的两个纸团，我丢失的手机，都是您放的？”

“我还翻过你窗台上的书呢。”龙叔点点头，再一次凝视我，“昨天晚上我是有意让你亲眼看见那恶人已经缠上了你喜欢的女人。不这样做你怎么会答应跟我合作呢？咱们一起除掉那恶人吧，神不知鬼不觉地干，不会有事的。我身体很不好，说不准什么时候就死了。得抓紧干啦。”

“我不想杀人，只想杀他的狗！”

“你要杀那恶人的狗？”龙叔沉吟了一会儿，“我不恨狗，只恨人。这样吧，我先帮你杀狗。没我帮忙，你杀不了那狗！”

见我没有答话，龙叔站起身笑着说：“太晚了，不耽误你回去睡觉。留下你裤兜里的菜刀吧，说不定哪天我要借它用用呢！”

我心中一凛，匆匆告辞而去。

十一

龙叔早有杀人的预谋，只等我入伙便动手。看来，杀狗的事得放一放了，暂时逃离这片是非之地才是目前我最明智的选择。

然而我又能逃到哪儿去呢？掰开手指头数数，这偌大的省城，我没有一个亲戚，即便是远亲；也没有一个朋友，一个危难之际能够聊以解忧的朋友。

要不天一亮就去找桃形脸吧？说不定这阵子她正后悔当初“永别了”的誓言，想和我重归于好呢？就给她一个机会，她会惊喜交加的。

省画院，桃形脸的工作单位，办公楼和集体宿舍虽略显老气，但新鲜的花草和常绿的松树，我也曾近距离领略过两三次。挤了一个多小时的公汽，中午十二点的时候，我终于坐在画院大门对面的小餐馆，一边吃午餐，一边盯着走出画院的下班人群……下午两点，这群人又懒洋洋地返回画院继续上班。——但我始终不见桃形脸的身影。

我倒很淡定：桃形脸的老家在省城郊县的县城，父母是当地有点脸面的人物，想方设法托人将女儿安置在省画院工作；桃形脸住画院内部的集体宿舍，中午下班后可能出大门溜达，也可能直接回宿舍休息，实在无法预料。

不妨再等等，等到画院下晚班的时间吧。

于是我就等着，任凭时光之水徒然从身旁哗哗流过，但转念一想，谁能断言人世间所有结局未卜的等待都一定毫无意义呢？恰恰相反，人生的很多美丽时光正是在这看似百无聊赖的等待中幸福度过的，比如此刻正在画院门边来回踱步的我，还有那个不停下雪的冬天……

现在想起来，在这几个小时的时光里，我的脑子塞满了桃形脸的身影，我的眼前不时出现她朝我挥手打招呼的幻觉。我承认这些幻觉当时深深蒙蔽了我，以致这段时间里我根本不愿接听江明月打来的任何电话。

下班后的桃形脸穿衣打扮比先前洋气得多。她看了我一眼，没有惊喜，也没有厌烦。我无奈地朝她笑笑，不知怎么开口，只管跟在后头，她也不拒绝。我们就这样一路默默前行，直到她买了一大袋水果后转身往回走。我伸手拎过水果袋，她依然一路无语。我意识到我们之间真的是彻底完蛋了，但还幻想着最后再哆嗦一下：“天还早，你进宿舍放水果吧，我在大门口等你出来一起吃饭！”接过水果袋，桃形脸一言不发钻进画院幽暗的大门，消失了。

我虔诚地等了很久很久，等到脑袋发麻，已无法坚持计算身边一共路过了多少个人，天空一共飘过了多少片云。以前热情似火的我们，今夜形同陌路的我们，交相叠映在这夏夜的星空，恍如梦幻。

当最末一班夜间公汽驶来时，我失魂落魄闯了上去。

一进房间，我就将准备送给桃形脸的一盒巧克力扔到沙发上。庞大的虚无感毫不留情地扑过来咬我，我疼得流泪，赶紧去冲澡，才稍觉清爽。

我习惯性地望了望窗台。如今的窗台变成了我个人的专用信箱，不过这次接收到的不是纸团，而是一把钢锯。显然，江明月今天来过。

我平静似水，走过去拿起钢锯，发现下面压着一把钥匙，靠短短的灰色丝绳与钢锯相连。

钥匙，江明月屋门的钥匙？！

我看看时间，已经快到夜半时分了。此时的江明月定然在屋子里，那么她送我屋门钥匙，就显得意味深长了。

去，还是不去？这注定又是一个令人不安的夜晚。

十二

月光下的砖瓦房静谧祥和，宛若童话世界。我决定先敲门，尽管夜半的敲门声怪怪的。无人应答，我只好取钥匙开门。

门果真开了。一缕西晒气息阴魂未散，上来热情拥抱我。我推开这缕阴魂，点击门边的电灯开关。屋内的摆设一如我初来时的模样，一桌一椅还有那幅巨大的老虎年画依然健在。

我慢慢揭起老虎年画，一道门迎面而来，像极了舟行三峡时迎面突现的岩石。犹疑片刻，我伸手敲门，没想到房门没关，直接被敲开了。

在外屋电灯的余光里，我看见床上静静地躺着一个人，不是江明月，是那孩子！

我马上拨打江明月的手机，结果显示对方已关机。

“有事求你帮忙，今晚十点在吗？”我想起了前天中午江明月发给我的这条短信，顿生不祥的预感：她深夜不归，莫非是遇上了什么麻烦？我不敢多想，也不愿转身离开，索性以不变应万变，待在房间里等她回来。

男孩缥缈的鼾声回荡在空气中，如春日原野上的微风，酥得我连打几个哈欠。我来到厨房，放自来水冲脸保持清醒，又推开后门，看见了披满月光的秋千架，粼粼波动的湖面，深夜无人陪伴的树林。

如果江明月还不回来，怎么办？报警当然不行，我无法启齿，谁让她从事那样的职业呢？继续等待又无聊至极。但想到江明月为人精明，既然肯将屋门钥匙交给我，其中定有原因。至于原因是什么，我也百思不得其解。

半夜两点多的时候，孩子突然重重打了一下趴在床边的我。我睡眼朦胧，满脸迷惑。男孩也呆住了，一动不动地望着。我猜到他想干什么，便打开里屋的灯，朝他笑了笑，紧走几步来到北窗旁的桌子边倒热水。这时，我发现水壶下压着一张字条。我拿起字条，无暇多看，先将水杯递给孩子。他咕噜噜喝完，倒头又睡了。

字条上写着：前天夜晚上门找你帮忙，你不在我只好走了，没想到你今天下午又不在，打你手机也不通，只好放锯子和门钥匙在你窗台上了，我想老天爷会保佑你来帮我的，如果这几天我不能回来，麻烦你照下面的食谱给孩子做做饭，你放心，这都是临时的，我会尽快回来。

我去厨房查看，食谱上列着的蔬菜大致都有，大米奶粉也在。

江明月呀江明月，你可真会使唤人。我有些气恼，又一次拨打她的手机，可结果仍然显示关机。

既然如此，那我就帮帮她，总不能看着这可怜的孩子饿肚子吧。

天亮了，孩子仍在熟睡。按照江明月规定的时间，我泡米洗菜，准备孩子的早餐。很奇怪，这米粒似乎比我常见的要小些。菜也放几天了，不很新鲜。

做完早餐，我摇醒孩子。他颤巍巍地穿衣，缺乏一个五六岁儿童应有的灵敏协调。我旁观了几分钟，实在无法忍受，干脆上去帮他一并穿好衣裤鞋子。随后的大小便刷牙洗脸吃饭也是诸事不顺：这孩子几乎没有一个动作是熟练的，甚至不会使筷子，只能手握勺子将菜和饭舀进嘴里，弄得菜叶子和饭粒四处飞舞。我在旁边着急，连连叹气，更觉燥热。

终于，他算是吃够了，喝完奶粉，便摇摇晃晃、驾轻就熟地开门直奔秋千架。他荡起秋千来倒是动作灵活、像模像样。

上午的骄阳尤为多情，特意穿越天窗陪我叠被子收拾碗筷。我大汗淋漓，简单吃了两个西红柿充饥，提一桶水到屋后的草地冲凉。孩子荡秋千正高兴呢，笑容定格在脸上，十分真切。这是我平生第一次收获他的笑容。

玩得太痛快了，孩子浑身爬满汗水。我伺候他简单洗洗身体，又伺候他吃午饭。午饭之后便是午睡。这孩子和衣而卧，静悄悄的，没有一点声响。

我匆忙吃了一碗面条，第三次拨打江明月的手机，还是处于关机状态。难道她失踪了吗？如果是真的，那我将不得不继续面对伺候这孩子吃喝拉撒的枯燥生活。

整个下午，我周而复始地胡思乱想，对前途极其悲观失望。

逐渐地，天色开始转暗，凉气四起，雨意渐浓。闷雷之音隐隐从远方传来，夹杂着屋外窸窸窣窣的钥匙开锁声，随后一个身穿连衣裙的人撞了进来。

十三

一定是被我呆若木鸡面如死灰的表情吓着了，江明月缓缓靠近，拍拍我的肩。她一反常态的柔弱，不像我记忆中那个风风火火精明干练的女子。

或许屋内的光线有些压抑，我看了看她，懒得说话。

“辛苦你啦！”江明月露出苍白的笑，侧卧床边，右手搭住孩子，纹丝不动，似乎困了一个世纪的人终于盼到了一张床。

我觉得不太对劲，上前查看。江明月脸颊潮红，身子不时微弱发颤。我摸她额头，果然烫得惊人。

“喂，你醒醒！快醒醒！”我接连摇晃了她几下，她才睁开眼。

“你发高烧了，你自己不知道么？”

“我受凉了。给我水喝！”

我赶紧调好一大杯温水，左手托她后背，右手端杯子搁她嘴边，眼瞅她一口一口喝将下去。

“你好好歇歇，买完药我马上回！”

江明月点了一下头。我脚底飞快，觉得无穷的幸福感想从胸口喷涌出来，满腔的热血也想有朝一日洒遍这小区的角角落落……

江明月刚吃完药，孩子就醒了。他拍拍母亲的头，显出欢喜模样；见母亲一动不动，便爬下床，抓起杯子喝水后，自个荡秋千去了。

当夜风裹挟着雨点汹涌而至时，我已经做好了孩子的晚饭，又熬了一大碗很稀的白米粥。等孩子用完饭，这烫粥也变成了温粥。江明月确实又饿又困，埋头慢慢喝完粥，感激地望了我一眼，再次昏昏而睡。

我打了几个喷嚏，没有任何食欲。那孩子今晚睡得早而且甜，想必是趴在了母亲身旁的缘故。

窗外雷电阵阵、大雨横飞。这样的夜雨，如同高高的方形围墙，屏蔽了四面，使我产生了此时此刻的地球表面只余这一间小小屋子的错觉。这小小的屋子，好像一艘小小的船，正载着我们三个，独自航行在风雨交加的夜的海洋上。我喜欢这种相依为命的错觉。

江明月动了一下。我走过去摸她额头，凉凉的。烧退了，很好。

"满身是汗，真痛快！我要换衣服。"江明月嗖地起身去衣柜取出内衣。我关上灯，屋内漆黑。

"开灯吧，我怕黑！你转身就可以啦。"

江明月脱衣服的声响，诱惑我忍不住回过头。她的后背，很像我少年时多次梦见的那尊细腻的充满质感的乳白色瓷器。在梦里，少年的我经常怀抱瓷器，却始终找不到回家的路。

江明月脸色绯红，白了我一眼。我情不自禁从背后搀住她的腰，闻到了混着药品挥发气味的幽幽清香。

"你孩子是怎么回事啊？"

"遗传病。医生说坚持治就会好些，不治就会死！老公要抛弃这孩子，我不答应，他就跑了，几年没消息。"

"要坚持多久？"

“不知道。医生说坚持下去就一定有希望!”

我不忍心谈论与希望有关的任何话题,又问她:“你昨晚和今天白天是怎么了,一直没有音讯?”

“你知道我是干什么的吗?”

见我不吭声,江明月叹了一口气:“我干的是女人来钱最快的那种工作。你介意吧?这孩子每个月要花好多钱,是每个月。以后还有多少这样的每个月在等我,我不知道,我不想知道。”

原来如此。但为了多挣钱,你就有理由骗我来看孩子吗?我脸色阴阴的,换了一个话题:“你和龙哥怎么认识的?”

“你说的龙哥就是那姓龙的养狗的胖子吧?这个坏蛋,害我不浅。不过我也是罪有应得:谁让我碰巧冒犯他,碰巧租住他的房子,碰巧去他开的按摩店找活干呢?这就是天意吧。”

“他怎么害你啦?”窗外寒意袭来,我心头一紧,用力搂住了江明月。

“几天前的夜晚,九点钟的时候,他让我提前下班,说开车顺道带我回来,结果半路上在车里强行害了我。我开始确实是反抗过一阵子的,他就往死里揍我,抽我耳光,勒我脖子,边打边说这算是当初给我一百块狗咬费的利息,还威胁说以后必须随叫随到去伺候他,不听话就撵我走,别想拿一分钱。我的身份证和我挣的好多钱都被他押下了,挣的钱是每三个月扣除费用后结清。”

我淡漠如水,心底却烧得通红。

“你怎么不说话呢?姓龙的害我的那天夜晚,我去敲你门,你恰巧不在。”

我悲愤得不知道应该说些什么表示安慰,或者表示惭愧。

“我那时是想找你帮忙。”江明月语气平和,仿佛诉说别人的故事,“最近警察抓得凶,生意不好做,又不能不做。我如果被抓了，就麻烦你帮我看一看孩子。没想到昨天晚上刚刚天黑就被抓了，关在闷热的小屋子里。半夜迷迷糊糊的，有人拿凉水从我头顶灌下来，说是惩罚。今天下午才交清罚款走人，被缴的手机也给了我，我就赶紧跑回来了。这几天风声紧，不用上班。——那桶水太凉，肯定事先放冰箱里冰过的。”

“没接你的电话确实是我不对！万一我没有及时发现你放在窗台上的门钥匙，或者发现了也想不到来你这儿，这孩子怎么办呢？”

“打你手机不通后，我本来想发短信给你说说这些事的，但这种事发到你手机里存起来多不好啊！你说是不是？再说我想你一定会来我这儿的，一定！我相信天意！”

我一时无语，拥着她走近那张老虎年画前微笑道：“你看，画得真神气、真喜庆！你为什么用它装饰房门呢？”

“我一到晚上就害怕，靠它壮胆啊！”

“从今夜开始，我一定陪着你和你的孩子。我发誓！”

江明月紧紧抱住我，发出一阵呢呢喃喃的声音，让我想起春天小燕子重回故居时发出的那种柔软可爱的声音，可惜雨夜里听不太分明。后来这呢喃声消失了，她已安然睡去。

那孩子也在平静地沉睡。他还不知道自己母亲此时正在遭受的苦痛。多年以后，他的病如果能治好，我就可以向他亲口讲述他母亲现在所遭受的一切。至于他，或许很悲痛，也可能无动于衷，甚至把我视作一个落伍于时代的另类。谁知道呢？

我了无睡意，站在厨房排气孔前远望大湖。电闪雷鸣的夜光里，大片大片的湖面被粗暴的雨点击打着，发出噼噼啪啪的巨响，引得湖边的树木频频侧目，甚是恐怖。我不敢再看，正想回房间，蓦然发现湖心似乎有人隐隐现现，紧接着一个孩子爬出湖面，披着长发，跌跌撞撞来到狂风暴雨的湖边草地唱歌、跳舞、荡秋千，时而无心无肺地大笑，时而心事重重地哀号。我胆战心惊害怕极了，却又凑近排气孔细看。那身影转眼之间没入湖水，无影无踪。

可怜的孩子，在这恐怖的夜晚无家可归，只能飘零野外任凭狂风暴雨虐待，难道他也像少年时的我迷失了回家的路么？我难受至极，拨通了那个对我期待已久的号码，狠狠地嚷道："龙叔，咱们一起杀掉那恶人吧！"

不等龙叔回答，我就关上了手机。我担心他反悔，担心湖边闪烁的雷电之火会随着手机信号钻入这屋子，引发一串轰隆隆的爆炸声。

十四

未曾料想，我和龙叔上午的谈话竟然闹到不欢而散的地步。所幸昨夜的大雨在天亮之后又持续了一段时间，才使得一栋二单元一楼 2 号房间里的空气能够洋溢出一点点的清凉。

我们产生了分歧，在如何对付龙哥的方式上。这也是我们之间唯一的分歧。

龙叔打算趁龙哥经过一楼的时候，假装邀他进屋说事，顺便给他吃掺了毒鼠强的西瓜；龙哥肥胖怕热，肯定中招；他本身患高血压和糖尿病，到时一定会全身抽搐，昏迷不醒，倒地而亡。

虽然我恨龙哥，但听了龙叔的这番话还是暗吃一惊。我看了看眼前这个人，似乎很生疏，但他真真切切就是龙叔。

"龙叔，这样子杀人，你一个人干足够了，为什么非得拉上我一起干呢？"

"我单干没把握。万一那恶人中毒不深，大喊大叫，反过来杀我，我一个老头子斗不过的！"

我沉默了几秒钟，鼓起勇气告诉他："要不咱们到公安局报案，请他们重新立案调查那恶人故意杀害您儿子的事，行不行？”我隐瞒了江明月被龙哥凌辱的情形，原因很简单：除了江明月的口述之外，我找不到其他物证和人证，警察不能拿龙哥怎么样。

“什么，你要报官？”龙叔闻听此言，脸上气得红白相间，“报官有屁用？他们当时就说查无实据，现在过了这么多年，那更是想查都没法查了！”

我何尝不知自己的设想很难变为现实，但我却彻彻底底地明白，这种随意剥夺一个公民生命的行为在现代社会是绝对不被法律允许的。

“龙叔，我们不能私自杀人啊！”说完这句话，我顿觉脸红，因为自己转眼间变成了一个今天的龙叔和昨夜的自己都不再熟悉的陌生人。

龙叔长长一叹，咳嗽了几声：“那我问你，你昨天三更半夜约我一起杀人，不是说梦话吧？”

“当然不是！可是龙叔，我们真的不能随便杀人！要不我们再想想别的办法？”

“没什么别的办法可想！这么多年了，我不分白天黑夜地想。要是有更好的办法，早想出来啦！”

我无言以对，可我并不后悔昨夜的狠话，也不后悔今天的实话。我不想长久陷入这场无谓的争论中，于是选择了礼貌的告辞，伴随我背影的是身后龙叔的吼叫：“你不干，我一个人干！”

江明月坐北窗下发呆，见我进门，微微一笑：“孩子吃过午饭了，我正等你一块儿吃呢。”我将微型录音机放桌上：“你听听这段吧。时间有些长。”

我关好房门躺在床边，小心翼翼，生怕惊醒了午睡的孩子。我想象着江明月听录音时的表情，进而幻想着我们今后的生活——当然是离开这片小区之后的生活，一种删除了所有过往不堪记忆的无比崭新的新生活……

“谈话也要偷偷录音，你心计太深了！”不知什么时候，江明月推门而入，满脸的不屑。

我觉得自己受了莫大的委屈：“这还不是为了咱们的未来吗？”

“咱们的未来？”江明月一愣。

“你想想，龙叔要是真的杀了人，万一事情败露，他肯定会将咱俩咬出来立功，到时这段录音不就能派上用场吗？你忘了，我的菜刀还放在他那儿呢！”

“可你是不是谨慎得太过分了！你在这件事上谨慎过分，就会在别的事上也谨慎过分，那活得还有劲吗？！”

这句话深深击溃了我。是的，像我这样的人群早已谨小慎微了几百年几千年，但最终得到的，除了眼前的苟且，还能有些别的什么呢？

江明月紧挨我而坐：“你不是只想杀狗吗，怎么想到杀人了？”

“仅仅杀狗没用。像姓龙的这样的恶人，多活一天就多害人一天！”

“你也只能嘴上说说，”江明月激动起来，“可又不敢真的动手，不是吗？”

“怎么连你也不理解我啦？”她嘲弄的模样让我备感失望，我不禁开始怀疑并且冷笑自己刚才的那些美好幻想。

午后天晴，我粒米未进，不顾闷热地独自荡秋千。我是多么怀念昨夜那个孤苦无依温柔似水的江明月啊，我终于意识到我们之间事实上隔着一条巨大的鸿沟，不是仅仅依靠同情甚至爱情就能轻易填平的巨大鸿沟。

天黑之后，江明月不再劝我进屋。整整一夜，我都坐在秋千架上，一会儿远望大湖，一会儿仰望星空。这夏夜的星空，经过暴风雨的冲洗，闲云微渡，纤月无痕，一派和谐安宁的景象。

十五

我得到龙哥死亡的消息，正好是北京时间上午十点。

这个上午，我本打算在砖瓦房补睡一觉——昨夜与秋千架一宿相伴，我困得实在忍无可忍。走到床边时，我诧异地发现江明月仍在酣睡，睡得很沉很沉。我悄悄离开砖瓦房，回到了自己租住的房间。快要睡着时，我收到了龙叔发来的龙哥已死的手机短信！

一个活生生的人就这么没了，我简直不敢相信。当然，我对龙哥的死不抱一丝一毫的怜悯，他的确死有余辜，但我还是不能立刻消化这样的事实。

我回短信问龙叔是怎么杀掉龙哥的，他竟矢口否认。这也可以理解：世界上有哪个杀人犯会愚蠢地承认自己曾经杀过人呢，即使他面对的是曾经的同盟者。

我睡意全无，决定亲自去探个究竟。

一栋二单元门前的空地上已经搭好了灵棚，手臂缠着黑纱的男男女女或坐或立，他们中间有两个人的外貌极像龙哥，表情也尤为悲戚，应该就是龙哥的哥哥和姐姐。龙哥的遗像高挂在灵棚里面，依旧一副满脸横肉、斜眼瞧人的神态。

龙哥死了，确凿无疑。

我敲龙叔家的门，无人应答。我拨打龙叔的手机，无人接听。我假装闲逛的样子，在灵棚周围偷听那群人的谈话。很奇怪，他们居然没有怀疑到龙哥可能死于他杀，反而纷纷谴责这可恶的闷热天气，毕竟死者患有严重的高血压和糖尿病。

我谈不上同情，更谈不上喜悦，只觉内心茫然，无着无落，仿佛在月球表面散步时失重了一般。

黄昏的砖瓦房光线幽幽，我将龙哥死去的消息告诉了江明月。我以为她会咬牙切齿欢呼雀跃，但她却并未如此，只是心平气和地吐出一句话："我明天早上要永远离开这地方了！"

"去哪儿？真是太突然了！"

"我也不知道下一站在哪儿，反正以后肯定不干这种担惊受怕的工作了。先回老家看看吧！"

"决定了？"

"决定了！"

这就是江明月。我可以片刻拥有她，却永远无法改变她。她的生活经历，造就了她这样的性格。生活经历的不同，使得我们之间互不理解、互不习惯。无所谓谁对谁错，我们只能责怪这苦难的生活，这至今还在被许多人廉价赞美的苦难生活。

江明月叫孩子尽情玩秋千，以便我们腾出手来拾掇屋子。然后我们一起做晚饭，吃晚饭。洗刷完碗筷的时候，天已经黑了下来。

"我走了。明早来送你。"

"你的誓言呢，哪里去了？"江明月倚着北窗，挑衅地笑着看我。

我不再犹豫，上前一步死死抱住她，使劲吻她，吻她的脸，吻她的脖子，吻她的每一寸肌肤，带着生离死别的悲苦，带着无可救药的迷茫，也带着报复的快感。

整个夜晚，我们都在不停地忙碌，但始终没有踏入同一条河流……

十六

凌晨五点的郊外客运站，太阳还没有出，只余一些微白的光。

想到江明月即将带着孩子坐四个多小时的客车，再走三十多里山路，我隐隐作痛，却无计可施——她昨夜一再拒绝我送她们母子回老家的心意。

“就要走了，告诉你一个秘密，好不好？”

我打了一个哈欠：“秘密？在我面前你还能有什么秘密？”

江明月脸一红，贴我耳边悄悄说：“你知道谁杀了姓龙的吗？不是龙叔！”

我惊诧不已，脸色大变。

“是我，又不是我！”

我紧紧抓住她的手，恳求地看她眼睛。

“前天夜晚，就是你生我闷气不回屋的那个夜晚，姓龙的发短信威胁我去他家里。”江明月低低耳语，“我本来不想去，可还是去了。知道为什么吗？”

我摇头不语。

“我要收回我挣的钱，还要顺便教训教训他，替自己，也替龙叔！不知怎么回事，姓龙的那天夜晚非常兴奋，很可能是吸毒了。他把我的工资扔到地上，嚷嚷着要我陪他乐一乐。我陪他喝了好多酒，还怂恿他吃了几片药——做那种事用的药。我拿钱离开时，他睡得很死。”

我点头示意明白，心里空空荡荡的。

“这样做对他身体有害，但我就是要教训教训他，让他身体变坏，越变越坏，不再有力气去害人。我实在想不出别的办法教训他，但确实没料到他会死！”

我小声安慰：“这也不能怪你。姓龙的是成人，应该懂得对自己的身体健康负责任！”

“那我就放心了。”江明月松了一口气，转身拉孩子登车。我帮她安顿完行李，然后在车窗外招手逗孩子玩。

江明月搂住身边的孩子："你右手到底怎么回事啊？我总想问，又怕勾起你伤心。"

"我也告诉你一个秘密吧。右手的小指头是被狗咬掉的，那时我十二岁。每年冬天戴上手套，女孩子们看不出来，但一到春天就露馅了。她们嫌弃我，骂我是骗子。我恨狗，恨了二十年！"

"要不给你唱首《失去了春天》吧？"

不等我答应，江明月已经小声哼起来：

"幸福的事，在你生之前的世界一直有；幸福的事，在你死之后的世界依然在。是谁让你欺骗了冬季，却失去了春天。痛苦的事，在你生之前的世界一直有；痛苦的事，在你死之后的世界依然在。是谁让你欺骗了冬季，却失去了春天。啊，我们无能为力，活在这生前死后之间，只能拥有缥缈的爱。啊，我们别无选择，活在这生前死后之间，只能进行无望的等待。

——不用怕，告诉她们真相。喜欢你的不会在乎，在乎的不值得你喜欢！"江明月从背包里掏出一个方形纸盒，"送你一件礼物，等车开后再看！"

客车启动了。我迫不及待打开纸盒，里面放着一副手套，羊皮做的，柔软灵巧，大小合适，而且右手那只刚好余下四根指套，显然是买后加工改造过的。

江明月渐行渐远，带走了一路灰尘，也带走了我们之间曾经拥有的半月时光。

半月时光，宇宙中的一瞬，自然很短，如果我们以后还能相聚；当然也会很长，如果我们以后永不相见。

我眼含泪水，戴着手套连连挥舞，盼望她看见，全然不顾旁人奇形怪状的目光。

我走出客运站。

一轮朝阳染红了东方的地平线，向人间传来炎热的气息。

是的，每年的八月正是这座历史悠久的江南省城最热的时候，热得让人作呕，热得让人绝望，热得让人无比期盼暴风雨的快快到来。只是这暴风雨，可能早来，可能迟来，也可能根本不来。

我问天问地，然而这一切到底又有谁能真正知道呢？

2016 年 1—8 月

是的，我热爱北方
（代后记）

“你是哪里人？”

“湖北人。”

“哦，你们湖北人都很聪明的呀！”

这样的对话在我的印象里似乎出现过很多次，而我的心态也从最初的窃喜发展到不安以至于最终的悲哀。不为别的，只因那三十二年的生活，使我渐渐感觉“聪明”一词的可怜与可憎。老实说吧，我憎恶那三十二年里在我身边的一切“聪明者”，其中也自然包括那时的我。

去北方换换空气，如何？于是2003年的夏天，我只身来到秦皇岛这座很北很北的北方小城。其实当初从武汉大学研究生毕业后留在武汉或者去湖北之外的南方诸省也未为不可，但我却一心憧憬北方，这显然无关乎名利，相反倒有一点点自我改造的图谋。——现在想想，那时已经三十二岁的我仍然不乏幼稚的色彩，然而的确很真诚。

转眼之间，十八年过去了。这十八年里，我对于北方的土地和北方的人民，从最初的不解发展到理解以至于最终的热爱。——是的，我热爱北方！

北方的土地苍莽辽阔，树林不是那样的茂盛，房屋不是那样的密集，却隐隐流淌出朴实刚正、包容万物的厚重之气。北方土地上的人民也是一样的仁厚大气，身材虽然普遍高大壮实，性格却极亲切随和。比如我去路边陌生的小店买菜，却忘了带钱，店主也不以为意，只是让我方便时来店里补上；比如我在医院排队交费，正好差八块钱，身后陌生的大姐主动替我补齐，我却再也寻她不着；比如我打出租车到小区门口，微信付款时手机突然断电，陌生的司机就给我一个号码，让我到家后给手机充上电再加微信转账不迟；比如我到机关事业单位办事，工作人员客客气气的，很少发生爱理不理、话说三句就不耐烦的情形……

当然，我对北方的热爱并非从来如此，相反，初到北方时，也有过不解甚至于暗自嘲笑。——现在想想，这无非是当时的我还深染着“聪明者病毒”的缘故吧。感染这种“聪明者病毒”的人，症状之一便是总以为自己很聪明，并由此目中无人且格局狭小，缺乏与他人和善相处的大海般的气度；症状之二便是唯恐他人不知道自己很聪明，喜欢以开玩笑为借口肆意贬损他人以显示自己很聪明；症状之三便是喜欢以关心他人的口吻去“关心”他人，从而表现出自己比他人活得聪明的优越感，然而自己却绝对反感于接受他人同样的关心口吻；症状之四便是控制欲强，喜欢指使他人却不愿被他人所左右，否则会显得自己没有他人聪明。

感染“聪明者病毒”的人，自命不凡、无情无义而且习惯于各行其是。感染“聪明者病毒”的人群，求团结是奢望，闹分裂则是常态。

我憎恶那些“聪明者”，想将他们忘却。我热爱这些“智慧者”，他们固然不乏缺点，但却厚重大气、有情有义，这于我而言，已经足够了！

因此，本书的出版，实际上也蕴含着回馈的意味。当然，用以回馈的不仅有此书本身，还包括书中部分内容所获得的一些荣誉:《汉初藩国文化与文学研究》被评为2017—2018学年度河北省优秀博士学位论文;《论汉初的纵横之儒》一文的核心观点收录于《新华文摘》2016年第21期“论点摘编”,并被《新华文摘》网络版2017年第1期全文转载;《历史题材电影应准确体现历史的核心文化精神》则于2019年获评第十届河北省文艺评论奖文章类三等奖。

在本书出版之际,衷心感谢我的博士生导师王长华先生,以及参加博士学位论文开题报告会和答辩会的詹福瑞教授、张国星教授、廖可斌教授、朱万曙教授、廖群教授、李金善教授、阎福玲教授、霍现俊教授、杨栋教授、张蕾教授;衷心感谢燕山大学博士基金项目的出版资助(立项时间:2018年9月),以及燕山大学出版社陈玉社长和本书责任编辑柯亚莉老师的支持与付出;最后特别感谢我的夫人顾秀丽女士在本书定稿期间所提出的宝贵意见,以及对于我的生活的关心。

是为后记。

2021年1月11日于秦皇岛

▲在通山(1999 年)

▲与博士同学在一起(2014 年)

▲在北方(2021 年)